AF509064

VOYAGE

DU TOUR

DU MONDE.

VOYAGE
DU TOUR
DU MONDE,

Traduit de l'Italien

DE GEMELLI CARERI,

Par L. M. N.

Enrichi d'un grand nombre de Figures.

TOME CINQUIEME
DES ISLES PHILIPPINES.

A PARIS,

Chez Etienne Ganeau, Libraire
rue S. Jacques, aux Armes de Dombes,
vis-à-vis la Fontaine S. Severin.

M. DCC XIX.

Avec Approbation & Privilege du Roy.

TABLE

DES CHAPITRES
du Tome V. Des Isles
Philippines.

LIVRE PREMIER.

Tom. V. Des Isles Philippines.   ã

TABLE

LIVRE SECOND.

DES CHAPITRES.

LIVRE TROISIEME.

ã ij

TABLE DES CHAPITRES.

Fin de la Table des Chapitres.

VOYAGE

VOYAGE
DU TOUR
DU MONDE.

TOME CINQUIE'ME.

DES ISLES PHILIPPINES.

LIVRE PREMIER.

CHAPITRE PREMIER.

Voyage de Macao aux Isles Philippines.

A dignité & l'excellence de
la nature humaine est si grande, & la vertu de ce feu ce-
leste dont elle est animée est
si active, que ceux, qui par une pusil-
lanimité à laquelle ils donnent le nom
de prudence, ou par une paresse qu'ils

Tome V. Des Isles Philippines.   A

honorent de celuy de modération, ou
enfin par une avarice qu'ils appellent
œconomie, évitent autant qu'ils peuvent tous les moyens de faire des actions
nobles & glorieuses ; ceux-là, dis-je,
font bien méprisables & indignes de
porter le nom d'hommes. Il y en a
beaucoup qui se font une application
d'élever jusqu'aux Cieux, soit en prose,
soit en vers, dans les termes les plus
étudiez, les belles entreprises des autres ; mais peu veulent s'exposer à me-
riter de telles louanges. On trouve affez d'Orateurs & de Poëtes qui font
les éloges d'Alexandre, de Cefar, de
Temistocle & de Scipion, & qui n'ont
pas le courage de les imiter en aucune
chose. Pour moy, qui dès ma tendre
jeunesse ai appris par experience à souffrir toutes les incommoditez aufquel-
les on est exposé dans les longs voyages, je me déterminai affez promptement à passer de Macao aux Isles Philippines fur la Patache Espagnole chargée d'étoffes de foye, dont j'ai parlé
dans le volume précedent ; pour essuyer
ensuite les perils du plus pénible voyage que l'on puisse s'imaginer, puisque
pendant l'espace de sept mois, je souf-
fris de continuelles & effroyables tempêtes,

Le 7. Avril 1696. le Capitaine qui étoit prêt de mettre à la voile, traita ce jour-là magnifiquement chez luy ses amis qui restoient à terre, pour leur dire adieu. Je fus du repas, & après le dîner, je me rendis à bord de la Patache; mais les Marchands Espagnols qui étoient plus délicats, resterent à terre pour jouir encore une nuit de leurs lits.

Le lendemain avant le lever du Soleil, le premier Commis de l'Oupou arriva avec plusieurs autres Officiers subalternes pour faire la visite de la Patache, selon la coûtume, & voir s'il n'y avoit point de Chinois ou de Chinoises qui s'y fussent embarquez. Quoyque le Capitaine les eût regalez parfaitement bien, cependant leur avarice insatiable leur fournit de nouveaux pretextes de demander, après être cependant tombez d'accord de tout, le jour d'auparavant. Ils dirent qu'ils vouloient faire une nouvelle visite des étoffes, & voir s'il n'y en avoit point de jaunes, ou quelques-unes sur lesquelles il y eût des dragons à cinq griffes (ce qui est la devise particuliere de l'Empereur) & comme il y en avoit des unes & des autres, & que la sortie de

toutes les deux est défendue , il fallut
accommoder l'affaire avec un nombre
de pieces de huit ; & sur le midi , ils
s'en retournerent tous fort contens.

A peine fut-on délivré des gens de
la Douane , que l'on mit le couvert,
& l'on dîna agreablement. La marée
se trouvant favorable après le dîner,
on leva l'ancre , & l'on avança peu ,
parce que le vent ne nous seconda pas,
A peine fûmes-nous arrivez au Fort de
la Barre , que nôtre Patache échoua,
mais un Biscayen nommé Savaletta, bon
Marinier , la tira d'affaire avec le secours d'une ancre. Après avoir salué le
Fort de cinq coups de canon , des six
de fonte que le vaisseau portoit , nous
continuâmes nôtre route. Vers le minuit, nous mouillâmes entre des Isles
qui font éloignées de Macao d'environ
douze lieues. Pendant la nuit , il arriva
une barque chargée de quelques balles d'étoffes pour le compte du Pilote ;
& pendant le temps que l'on déchar-
geoit les marchandises, un More & un
autre esclave de Timor se cacherent
dans nôtre Patache pour pouvoir passer à Manille , mais le Capitaine fit
chercher le More , & l'obligea de retourner dans sa barque , quoyqu'il dit

qu'il vouloit se faire Chrétien.

Le Lundi 9. le vent contraire fut cause que nous levâmes l'ancre fort tard, & ne fîmes que deux lieues. Le lendemain, le vent se trouvant bon, on mit à la voile à midi, on fit route non seulement toute la nuit suivante, mais le Mercredi, on se trouva en pleine mer au sortir de tous les canaux étroits que forment toutes ces Isles. Sur le soir, on passa auprès de la Roche blanche si funeste aux vaisseaux. Le vent devint si frais le Jeudi, que nous fîmes beaucoup de chemin ; & comme jusqu'alors nous avions fait toûjours l'Est pour éviter les Seches qui s'étendent jusqu'à douze milles en mer, nous commençâmes à faire l'E. S. E. qui est la route que l'on doit prendre pour découvrir Manille.

Le Vendredi, le vent fut si contraire. que nous ne pûmes nullement avancer ; & le lendemain ce fut encore pis, car nous eûmes un courent contraire qui nous enleva vers le S. Le Dimanche, le vent s'appaisa un peu, & le Lundi, le Mardi, & le Mercredi, nous eûmes un calme entier jusques sur le soir qu'un peu de vent s'étant élevé, nous commençâmes à faire route.

A iij

On peut dire que nôtre bonheur paſſa
comme un ſonge, puiſqu'il ne dura que
pendant cette nuit là, & que le lendemain nous fumes repris du calme. Les
Matelots prirent à la ligne le jour du
Vendredi Saint, un grand Requin, &
lui trouverent trois autres petits dans le
ventre, qu'ils jetterent dans la Mer, &
qui s'enfuirent auſſi-tôt. Il y en avo t
qui diſoient que c'étoit une femelle qui
avoit avalé ſes petits, de peur de les perdre; & que leur coûtume étoit de les porter auſſi ſous leurs nageoires. D'autres
ſoûtenoient que c'étoit ſes œufs qui
avoient éclos dans ſon ventre, ce qui eſt
plus vrai-ſemblable ſi nous faiſons reflexion qu'il y a pluſieurs poiſſons, dont les
œufs éclofent dans le ventre, comme
on le voit tous les jours dans les an-
guilles.

Le calme continua encore le Samedi, & le Dimanche jour de Pâques que
l'on celebra avec toute la pompe, que
peut exercer une Patache; ce fut la même choſe le Lundi; le vent devint favorable le lendemain, mais le Mercredi nous fumes encore pris du calme. Le
Jeudi après midi le vent fut ſi bon, que
le lendemain nous vîmes la terre d'Il-
locos qui eſt dans l'Iſle de Manille. Nous

côtoyâmes l'Ifle tout le Samedi, & le Dimanche nous découvrîmesle Cap Bolinao, & Pangafinan qui eft la Capitale de la Province. Nous fimes la même chofe le Lundi.

Le vent devenant moins fort le Mardi premier de Mai, nous approchâmes de terre, & le lendemain nous eûmes un fi grand calme que nous ne pûmes pas paffer deux petites Ifles, que l'on appelle Las dos Ermanas, ou les deux fœurs. On avança fort peu le Jeudi, & le Vendredi à peine pûmes nous arriver devant Playa onda. Il y a dans cet endroit un petit fort avec vingt Efpagnols de garnifon, de ceux que le Gouverneur de Manille y envoie par punition. Les Dominiquains y ont une maifon de Miffion, pour inftruire les Indiens convertis.

Le Samedi nous vîmes en pleine Mer, une chofe fort étonnante; c'étoit une grand quantité d'eau élevée en l'air, & ce que les Efpagnols appellent Manga. Il y en avoit qui difoient que cela fe formoit comme l'arc en ciel, mais ils ne vouloient pas demeurer d'accord, que toute la difference qui fe trouvoit entre l'un & l'autre étoit que le premier étoit compofé de plus groffes goû-

A iiij

tes, & que l'arc en Ciel l'étoit de plus petites. Cela nous annonça la violente tempête qui arriva vers minuit, nous mit en grand danger, & dura jusqu'au lendemain midi. Lorsqu'elle fut passée nous doublâmes le Cap, dit Capones, ainsi nommé à cause des deux petits rochers qui sont à sa pointe, il s'étend fort avant dans la Mer, & il est difficile à doubler. La nuit nous mouillâmes devant la Baie Mariouman, parce que l'on ne trouva pas à propos d'y entrer à cause des seches que l'on y trouve.

On leva l'ancre le Lundi de bonne heure, mais on avança peu faute de vent, & à peine pûmes nous gagner le Cap de Batan. Sur le soir il s'éleva un grand vent avec éclairs & tonnerre, qui nous fit avancer beaucoup, non sans danger. Nous passâmes ensuite les rochers que l'on appelle las Porcas y Porquitos, c'est-à-dire les Truies & les petits cochons ; il y en a deux grands & cinq petits qui se trouvent proche de l'Isle de Maribeles, & un autre que l'on appelle la Monja, ou la Religieuse. En entrant dans le canal qui est formé par l'Isle de Maribeles & la Pointe du Diable, le Village de l'Isle alluma le fanal, afin d'empêcher que le vaisseau n'approchât

trop près de la terre pendant l'obscurité de la nuit ; quant à nous, voyant que
la garde de l'Isle ne nous avoit point
apperçûs à cause de l'obscurité, nous
allumâmes aussi un fanal pour leur faire sçavoir nôtre arrivée. Peu de temps
après le Sergent de Garde vint dans
une chaloupe pour nous reconnoître,
& sçavoir d'où nous venions. Il mon-
ta abord du vaisseau, & après avoir
passé une heure à nous entretenir des
affaires de Manille, il s'en retourna.
Ayant avancé pendant toute la nuit,
nous nous trouvâmes le Mardi au matin vis-à-vis du Château de Cavite, &
continuant nôtre route vers Manille,
nous rencontrâmes le Mestre de Camp
Andaya qui venoit rendre visite au Capitaine de la Patache. Lorsqu'il fut proche de nous, on le salua avec six pier-
riers, ainsi que l'on fit lorsqu'il s'en retourna ; il entra ensuite dans le vaisseau avec plusieurs de ses amis, parmi
lesquels se trouva Dom Gabriel de Sturis, de Pampelune, avec qui je con-
tractai bien-tôt amitié, parce qu'il faisoit profession du Droit comme moi.
Ils apporterent des rafraichissemens de
chocolat, de raisins, de melons & d'autres fruits du païs, dont veritablement

A v

nous avions bien besoins pour nous racommoder des fatigues que nous avions souffertes.

Je n'eûs pas sitôt appris que le Pere Antoine Tutio de Messine étoit Recteur à Manille, que je me fis mettre à terre le jour même, pour l'aller voir, & le prier de m'aider à me trouver un logement. Il fut fort réjoui de mon arrivée, parce que le Pere Turcotti lui avoit fait sçavoir de la Chine, le dessein de mon voyage, sans oublier de lui faire croire que j'étois un Nonce Apostolique, qui venoit s'informer des differens dont nous avons parlé; chose que croyoient encore plusieurs autres dans Manille.

Je demandai au Pere Recteur quel jour il étoit & combien nous avions du mois; il me répondit qu'à Manille il étoit Lundi septiéme de Mai, lorsque dans mon journal je trouvois le Mardi huitiéme de Mai. Cela me surprit d'abord de voir deux Mardis dans une semaine, l'un en Mer & l'autre à Manille : mais faisant reflexion que les Tables de la Declinaison du Soleil ne sont faites que pour un certain Meridien déterminé, & que tout cet espace de tems que le Soleil employe avec le mouvement du premier mobile, à chaque tour qu'il fait en partant d'un Meridien pour y revenir, fe divife en vingt quatre efpaces, que l'on appelle heures, ma furprife ceffa. Car, que deux vaiffeaux partent d'un même Meridien, le même jour; que l'un faffe voile vers l'Eft, & l'autre vers l'Oueft avec les mêmes Tables de Declinaifon; lorfqu'ils auront fait tous les deux le tour du monde, & qu'ils feront revenus à l'endroit d'où ils font partis, on trouvera que celui qui a été vers l'Eft, comptera un jour de plus que le veritable jour, parce qu'à mefure que le vaiffeau avance vers l'Eft, il gagne des degrez, dont quinze font une heure : & il s'en faudra autant de la déclinaifon que marqueront les Tables ce jour-là. Ainfi quand un vaiffeau a fait le tour du Monde par l'Eft, après avoir parcouru les trois cent foixante degrez qui répondent à un jour entier, le Navigateur qui arrivera dans le Port, croira que c'eft un certain jour felon fon journal, au lieu que felon la verité & les Tables dont fe fervent les Habitans du Port, il s'en trouvera un autre. Le contraire arrive au vaiffeau qui aura été vers l'Oueft, parce que plus il s'éloigne du Port, plus il laiffe le Soleil en arriere; & par confequent le Navi-

A vj

gateur comptera des jours plus grands
que les naturels , en forte qu'à chaque
quinze degrez il gagnera une heure , à
quatre-vingt-dix fix heures , plus que
les Tables ne le font voir ; & enfin après
avoir fait le tour du Monde , il trouvera
qu'il a employé dans fa Navigation un
jour moins qu'il ne croyoit , & qu'il eft
arrivé , felon fon compte , un jour avant
celui que les Tables font voir , & que
les Habitans du Port comptent. Tout ceci paroîtra plus clairement par l'exemple que j'en vais donner.

Deux Vaiffeaux partirent de Lifbonne le premier de Mai 1630. l'un pour
l'Eft , & l'autre pour l'Oueft ; ayant fait
tous les deux le tour du Monde ils arriverent dans le même Port de Lifbonne le premier de Mai de l'année 1631.
qui étoit la troifiéme depuis la Biffexti-
le. Comme felon les Tables la Déclinaifon du Soleil étoit ce jour-là de quinze degrez fix minutes , & qu'elle croif-
foit d'un jour à l'autre de dix-huit minutes ; il arriva que ce jour-là étoit un
Jeudi à Lifbonne : mais parce que celui qui avoit navigué vers l'Orient ,
avoit fait des jours plus petits , il fe
trouve neceffairement qu'à la fin de fon
voyage , il en a un tout entier de fur-

plus, & croit selon son compte être arrivé à Lisbonne le Vendredi second de Mai ; il disoit outre cela que la Déclinaison du Soleil étoit quinze degrez vingt-quatre minutes : ce qui n'étoit pas vrai, puisque selon les Tables il est arrivé le premier de Mai, jour auquel la Déclinaison n'est que de quinze degrez & six minutes. En ôtant donc les dix-huit minutes dont la déclinaison du Soleil croit d'un jour à l'autre, il en restera la veritable du premier de Mai 1631. mais celui qui navigua vers l'Ouest en faisant des jours plus grands se trouva au bout de son voyage un jour de moins : de sorte que selon son compte il crût être arrivé à Lisbonne le Meréedi dernier jour d'Avril, parce qu'il trouvoit dans ses Tables la déclinaison être de 14. degrez 48. minutes, & vit qu'il s'étoit trompé, puisqu'il trouva que l'on comptoit dans le Port la déclinaison de 15 degrez 6 minutes, ainsi ajoûtant les 18. minutes au 14 degrez 48. minutes, on trouve 15 degrez 6 minutes, qui est la déclinaison du Soleil au premier jour de Mai. De cette maniere ces deux Vaisseaux se trouvoient en difference de deux jours selon leur compte, puisque celui qui étoit allé vers l'Est pensoit

être arrivé à Lisbonne le Vendredi deuxiéme de Mai, & que l'autre qui avoit
été vers l'Ouest, croyoit être arrivé le
dernier d'Avril : mais selon la verité
des Tables & le compte des Habitans
de Lisbonne, ils font arrivez tous les
deux le premier de Mai.

S'il étoit possible d'avoir une montre si
juste & si égale qu'elle ne variât jamais;
un Navigateur en partant de Naples
pour faire le tour du Monde trouveroit
à son retour le même jour; car en partant de Naples à six heures & faisant
quatre-vingt-dix degrez en six heures,
comme fait le Soleil (si cela étoit possible) quand on croiroit qu'il en seroit
douze dans le Meridien où l'on arrive-
roit, comme il le seroit dans le Meridien que l'on a laissé, on seroit fort
étonné de voir qu'il n'en seroit que
six.

Pour confirmer par l'experience ce
que j'ai dit, je continuerai mon journal suivant la maniere de compter à
Manille ; en laissant un jour que je com-
ptois de plus, & au lieu de dire Mardi
huit je dirai Lundisept.

Je pris congé le lendemain du P. Recteur pour aller chercher mes hardes à
bord du Vaisseau. J'y dînai avec Dom

Dominique de Seila, le Facteur qui se
tenoit sur la Patache jusqu'à ce qu'on
en eût fait la visite. Sur les trois heures le Capitaine Basarte envoya avertir
que chacun pouvoit emporter son ba-
gage, parce qu'on avoit accordé pour
les droits du Roi à 3000 pieces de huit;
ce qui étoit bien peu pour 100000 que
la charge valoit; les Chinois payent six
par cent.

Ayant fait embarquer mon coffre &
mes valises, je mis pied à terre à la
porte de Saint Dominique, où je trouvai un ajudant que le Gouverneur avoit
envoyé, pour me dire qu'il m'atten-
doit dans son Palais. Je m'y rendis sur
le champ, je fus reçû avec beaucoup
de civilité; & l'on me regala de confitures & de chocolat. C'étoit un Gentilhomme aussi curieux que plein d'honneur; ce qui fit qu'il me retint pendant
quatre heures, me faisant mille ques-
tions sur les coûtumes des Royaumes
& des Nations où j'avois passé; de sorte qu'il ordonna qu'on détellât les chevaux de son carosse qui étoit tout prêt
pour aller prendre l'air, afin de satisfaire
sa curiosité. Je pris enfin congé de lui,
& il m'offrit ses services en tout où j'en
aurois affaire. J'envoyai mes hardes

dans un appartement du College, où
le Pere Recteur vint m'honorer de sa
compagnie, comme il avoit fait le soir
d'auparavant.

CHAPITRE II.

Description de la Ville de Manille & de ses Fauxbourgs.

MANILLE est située au quatorziéme degré quarante minutes
de latitude, & au cent trente-huitéme
de longitude, ce qui fait qu'elle jouit
presque toûjours d'un Equinoxe perpe-
tuel, la longueur des jours ne different
pas de celle des nuits d'une heure pendant toute l'année, mais la chaleur y est
excessive, étant ainsi située sous la Zone torride. Elle est sur la pointe de terre que forme la riviere qui se rend du
lac dans la Mer, & dans l'endroit d'où
Michel Lopez chassa le dix-neuviéme
de Juin de l'année 1571. le Raja More
qui s'y étoit fortifié avec des ramparts
bien palissadez de palmiers, & garnis
de quelques petites pieces de canon.
La place peut avoir deux milles de circuit, & de longueur environ un tiers

de mille ; fa figure eſt irreguliere , étant
fort étroite aux deux bouts & large au
milieu. Il y a fix portes , ſçavoir celles
de Los Almazenes , de Saint Dominique , de Parian , de Sainte Lucie , la
Royale & une Poterne. La muraille du
côté de Cavite a cinq petites tours garnies de pieces de fer ; mais à la pointe
il y a un fameux baſtion qu'on appelle
della Fundizione , & un peu plus loin
un autre pareil entre leſquels ſe trouve la Porte Royale , qui eſt auſſi garnie de bonne artillerie de fonte , avec
pluſieurs ouvrages exterieurs : on trouve enſuite le baſtion de Parian , que
l'on nomme ainſi , à cauſe qu'il eſt vis-
à-vis le Fauxbourg de ce nom ; il eſt
fourni de pluſieurs pieces de fonte. En
continuant le long de la riviere , on
voit la tour de Saint Dominique proche du Couvent des Religieux de cet
Ordre , & on acheve le tour de la Ville en venant du Château dont on a parlé , & qui termine la longueur de la
Ville. De cette maniere elle eſt bai-
gnée au Midi par la Mer , au Septen-
trion & à l'Orient par la riviere ſur laquelle il y a des ponts levis , pour entrer dans la porte Royale & celle de
Parian.

Les maisons de Manille, quoique de charpente depuis le premier étage jusqu'en haut, ne laissent pas d'être assez agreables à cause de leurs belles galleries. Les rues sont larges, mais les fréquens tremblemens de terre en ont gâté la simetrie, parce qu'on y voit quantité de maisons ruinées, qu'il y a peu d'apparence qu'on rebâtisse, c'est ce qui est cause aussi que la plûpart des Habitans demeurent dans des Maisons de bois. On compte trois mille Habitans dans cette Ville, mais ils sont tous nez de l'union de tant de differentes sortes d'hommes & de femmes, qu'il a fallu inventer des noms extravagans pour les distinguer. Cela est arrivé par les alliances qu'ont fait ensemble les Espagnols, les Indiens, les Chinois, les Malabares, les Noirs, & autres qui demeurent dans la Ville & dans les Isles qui en dépendent : on voit la même chose dans les païs que les Portugais ont conquis dans les Indes, dans les Royaumes du Perou, de la nouvelle Espagne ; & autres païs de l'Amerique. On donne le nom de Creole à celui qui est né d'un Espagnol & d'une Ameriquaine, ou au contraire, le Metiz vient d'un Espagnol & d'une Indienne, le Castiz ou Terceron d'un Metiz & d'une Metize, le Quartaron, d'un Noir & d'une Espagnole; le Mulatre, d'une Noire & d'un blanc; le Grifo, d'une Noire & d'un Mulatre; le Sambo, d'une Mulatre & d'un Indien; le Cabra, d'une Indienne & d'un Sambo, enfin ils ont plusieurs autres noms extraordinaires.

Les femmes de qualité dans Manille sont habillées à l'Espagnole, mais celles du commun n'ont pas besoin de tailleur, car une piece d'une toile des Indes, qu'on appelle Saras, qu'elles s'attachent de la ceinture en bas leur sert de juppe, & une autre qu'elles appellent Chinina, leur sert de manteau. La grande chaleur du païs fait qu'elles n'ont besoin ni de bas, ni de souliers. Les Espagnols sont habillez à l'Espagnole, mais ils se servent de hautes sandales de bois, à cause des pluies. Il est défendu aux Indiens de porter des bas, c'est pourquoi ils sont obligez d'aller nuds jambes. Les gens aisez se font porter par un domestique un large parasol, pour les garantir des ardeurs du Soleil. Les femmes se servent de belles chaises, ou d'un hamac, qui est une espece de filet attaché à une longue barre que deux personnes portent, dans lequel on est fort à son aise.

Quoique Manille foit petite, par rapport à l'enceinte de fes murailles & au
nombre de fes Habitans, elle eft cependant bien grande, fi on y comprend fes
fauxbourgs ; car à une portée de fufil de
la porte de Parian, eft le quartier où
demeurent les Marchands Chinois,
qu'on appelle Sangleys ; cet endroit a
plufieurs rues toutes remplies de boutiques pleines d'étoffes de foies, de belles porcelaines & autres fortes de marchandifes de prix. On y trouve toutes
fortes d'Artifans & de Métiers ; c'eft ce
qui fait que tout le bien des Bourgeois
eft entre les mains de ces Sangleys, qui
achetent & vendent tout, les Efpagnols
& les Indiens ne voulant pas s'en donner la peine. On en compte près de
trois mille dans Parian , autant dans
les Ifles : & fi on leur permet cela, ce
n'eft pas comme à des Chrétiens, mais
comme à des gens qui pourront le devenir, plufieurs fe convertiffant dans
la crainte qu'ils ont d'être chaffez. Il
y en avoit autrefois jufqu'à quarante
mille, mais on en tua beaucoup dans
les feditions qu'ils exciterent plufieurs
fois , & fur tout en 1603. la veille de
Saint François, ce qui fit que fa Ma-
jefté Catholique leur défendit de de-

meurer dans l'Ifle à l'avenir. On n'ob-
ferve guere cet ordre, ou plutôt point
du tout ; parce que tous les ans il en
refte beaucoup de cachez de ceux qui
viennent dans quarante & cinquante
Chiampans qui apportent quantité de
marchandifes, fur lefquelles ils font un
bien plus grand profit qu'ils ne pourroient efperer d'avoir dans la Chine,
vû que toutes les Manufactures y font
à très-bas prix.

Les Sangleys de Parian font gouvernez par un Alcalde ou Prevôt, à qui
ils payent une fomme confiderable ;
comme auffi à l'Avocat Fifcal leur protecteur, à fon Intendant & aux autres
Officiers ; outre les tributs & les im-
pôts qu'ils doivent payer au Roi. Pour
la permiffion de jouer à la Metoua au
commencement, de leur nouvelle année, ils donnent 10000 pieces de huit
au Roi, & cependant cette permiffion
ne dure que pendant très-peu de jours,
afin qu'ils ne courent pas rifque de perdre le bien d'autrui. La Metoua eft un
jeu de pair ou non ; ils mettent une
quantité de petites monnoies en un
monceau, qui fera pour celui qui de-
vinera. Ceux qui tiennent le jeu, y font
fi adroits, que de la longeur & de la

hauteur du petit monceau, ils en connoiſſent le nombre, & quelquefois en
enlevent ſubtilement une piece, pour
faire le nombre qu'ils ſe ſont propoſez.
Les Eſpagnols tiennent ces Chinois
très-rigoureuſement dans le devoir, ne
leur permettant pas de paſſer la nuit
dans la maiſon des Chrétiens, & ne
voulant pas que leurs boutiques ou maiſons ſoient ſans lumieres, pour les dé-
tourner de ce vice abominable, qui eſt
ſi commun à la Nation.

Lorſque l'on a paſſé ſur le pont de
la riviere qui eſt proche de Parian, on
trouve les Fauxbourgs de Tondo, Mi-
nondo, Sainte Croix, Dilao, Saint Michel, Saint Jean de Bagumbaya, Saint
Jacques, Nôtre-Dame de l'Hermite,
Malati, Chiapo, & autres juſqu'au nombre de quinze, qui ſont tous habitez
par des Indiens, des Tagalis & autres
Nations, ſous la direction d'un Alcalde.

La plûpart des maiſons ſont de bois,
& bâties ſur des piliers le long du Fleu-
ve. On y va en bateau comme à Siam :
Elles ſont couvertes de Nipas ou de
feuilles de palmier, les côtez ſont garnis de cannes, on monte dans pluſieurs
par des échelles à cauſe que le terrein
eſt humide, & ſouvent plein d'eau. Dans

le tems du petit Roi Matanda, Tondo
étoit fortifié de ramparts garnis d'artillerie, mais il resista peu aux armes
des Espagnols.

On trouve dans l'espace qui est entre ces Fauxbourgs, sur l'un & l'autre
bord de la riviere, jusqu'au lac de Bahi, quantité de jardins, de fermes, de
maisons de campagnes assez agreables
à voir, de sorte qu'en considerant le
tout ensemble, cela ressemble assez à
ces gands Villages étendus de Siam.

Je fus le Mercredi rendre visite à
Dom Alonso de Villafuerte, à Dom
Juan la Sierra d'Asturias, & à Dom Gi-
rolamo Barrera l'Avocat Fiscal, qui
prirent beaucoup de plaisir à m'entendre parler des divers païs où j'avois passé. Après dîner j'en fus faire autant au
Pere Provincial des Jesuites, & comme il étoit fort sçavant, & qu'il avoit
voyagé beaucoup, sur tout en Amerique, nous passâmes le reste de la journée à discourir de diverses choses, &
sur tout à examiner si la Californie étoit
une Isle, comme quelques-uns le pré-
tendoient, ou une terre ferme conti-
gue à la nouvelle Espagne. Le Pere Provincial croyoit que c'étoit une terre ferme, parce que quelques Peres de la

Compagnie étant entrez dans le Golfe
qu'elle forme, qui a soixante lieues de
largeur, & ayant penetré fort avant,
trouverent à la fin si peu d'eau qu'ils
ne purent aller plus loin : & de là il ju-
geoit que ce Golfe là n'avoit aucune
communication avec la Mer du Nord,
pour faire que la Californie fut une
Isle.

J'entrai le Jeudi dans Sainte Claire :
l'Eglise est petite, mais les trois Autels
sont fort beaux. Il y a dans le Monas-
tere quarante Religieuses de l'Ordre de
Saint François, qui vivent des aumô-
nes que le Roi & plusieurs particuliers
leur font ; l'austerité de leur regle ne
leur permettant d'avoir ni dot ni do-
mestiques. Ces bonnes Religieuses vinrent de la nouvelle Espagne en 1621.

Je fus voir ensuite la Chapelle Royale, qui est devant le Château, separé-
ment du Palais du Gouverneur. Elle est
ornée de quantité de stucs ; & le grand
Autel est entierement doré, aussi bien
que les deux autres qui sont à ses côtez, & celui qui est contre la muraille
à droit. Il y a huit Chapelains qui la
deservent ; le Roi donne à chacun quinze pieces de huit par mois, & cinquante au Doyen ; le Gouverneur a le pouvoir

voir de les changer quand il lui plaît.
Ils font obligez d'enterrer les Soldats,
& ont une certaine fomme fixe pour les
Meffes qu'ils celebrent pour le repos
de leurs ames. Aux jours folemnels le
Gouverneur fe met du côté de l'Evangile, où il y a un fauteuil placé fur une
eftrade; & les Auditeurs du Roi du côté de l'Epître, après lefquels font les
Alcaldes de la Ville.

Le Vendredi je fus voir l'Eglife de
la Mifericorde, qui eft dédiée à Sainte
Elizabeth ; c'eft dans ce Monaftere
qu'on reçoit les orphelines filles d'Efpagnols & de Metiz ; fi elles fe marient
on leur donne trois cent, & quelquefois quatre cent pieces de huit pour
dot, & fi elles fe veulent faire Religieu-
fes, on paye ce qu'il faut pour leur entrée ; elles font au nombre de quarante
ou cinquante. Le grand Autel de l'E-
glife, & les deux qui font à fes côtez
font fort beaux.

J'entrai le Samedi dans le Couvent des
Auguftins, qui eft fpacieux, & dont les
dortoirs font voutez : l'Eglife l'eft auffi,
mais fort baffe. Il y a quinze Autels
tous dorez, & quelques-uns qui ont
des paremens d'argent maffif. La Sa-
criftie eft auffi fort riche, & merite

Tome V. des Ifles Philippines. B

qu'on la voie. Le portail eſt aſſez beau, mais la plus grande partie eſt de bois, à cauſe des tremblemens de terre qui arrivent ſi ſouvent, ce qui en cauſa facilement l'incendie en 1582. Le Monaſtere eſt occupé par trente Religieux.

Le Dimanche après dîner je fus voir le Château de Saint Jacques qui eſt ſitué, comme je l'ai déja dit, ſur la pointe Occidentale de la Ville; la Mer le baigne d'un côté & la riviere de l'autre. Le foſſé qui le ſepare de la Ville eſt fort profond, & ſe remplit d'eau lorſque la Mer monte; on le paſſe ſur un pont levis. Aux deux extrêmitez de ce foſſé il y a deux bons baſtions bien garnis d'artillerie : l'autre pointe du triangle vers l'Occident eſt défendue par une tour, qui garde l'entrée de la riviere, & le port, qui n'eſt propre que pour de petits bâtimens; il y a outre cela deux petits ravelins à fleur d'eau. Lorſqu'on a paſſé deux portes on trouve le Corps-de-Garde, & puis une grande place d'armes, au bout de laquelle eſt le ſecond Corps-de-Garde; la maiſon du Gouverneur du Château & une autre place d'armes.

Le College des Peres de la Compagnie de Jeſus eſt fort grand, & orné de très longues & hautes voutes, avec

des dortoirs ſpacieux, mâis depuis le
premier étage juſqu'en haut, tout eſt
de bois, à cauſe des tremblemens de
terre. C'eſt pour cette même raiſon que
le tout eſt appuyé par des hautes colonnes, afin que le poids ne ſoit pas ſi
grand ſur les murailles qui ne pourroient pas reſiſter à tant de ſecouſſes: c'eſt
ce qui ſe fait dans toutes les maiſons
des Iſles. On voit dans le milieu du College un magnifique cloître, & une Egliſe qui eſt une des plus belles de la Ville : le Grand Autel eſt fait en demi cercle, (ce que les Architectes Italiens ap-
pelleroient à la Borromine) orné de colonnes & de très-beaux morceaux de
ſculpture dorez très-richement, & qui
brillent d'autant plus qu'ils ſont proches de la coupole. Il y a ſix autres
Autels tous bien dorez, qui répondent au grand. Le portail eſt d'une
pierre bien travaillée, & fait un bel
effet. Ce College s'appelle de Saint
Ignace, & fut fondé en 1581. ſous le
premier Evêque de Manille, par le Pere Antoine Sediño Alonſo. Proche de
ce College eſt celui de Saint Joſeph,
où il y a preſentement quarante étu-
dians pour les Humanitez, la Philoſo-
phie & la Theologie, & l'on y reçoit

tous les degrez. Il y a des revenus particuliers, outre ce que le Roi donne;
& il y a des Etudians qui payent cent
cinquante pieces de huit par an. Ils sont
habillez de couleur de pourpre, avec
des robes d'étoffes rouge. Les Graduez
pour se distinguer des Humanistes portent une espece de collier de la même
étoffe.

Je fus viter le lendemain l'Eglise Ar-
chiepiscopale. Elle est grande, mais le
dedans est fort peu orné, les murailles
y sont noires, & les Autels en mauvais
ordre. Il y a douze Chapelles avec autant d'Autels, outre le grand. Le toit
est soûtenu de six pilastres de chaque
côté. Le Chœur est proche de la grande porte; & c'est là où se met l'Archevêque (qui a six mille pieces de revenu) avec douze Chanoines, dont les
uns ont quatre cent, d'autres cinq cent
pieces, qui sont toutes tirées du Tré-
sort Royal. Le Pere François Dominique de Salazar Dominiquain a été le
premier Evêque de Manille en 1581. &
le Pere Ignace de Santi Bañez de l'Ordre de Saint François en a été le premier Archevêque en 1598.

Le Mardi je vis l'Eglise des Peres
Augustins déchaussez, qui quoique petite, est cependant bien ornée; ses sept

Autels sont bien dorez & son platfonds est fort beau. Le Mercredi je vis celle de Saint Dominique, qui sans son obscurité, seroit une des plus belles de la Ville ; les huit Autels qu'on y trouve sont bien peints, mais mal dorez, aussi bien que le platfonds. Ces Religieux vinrent s'établir à Manille en 1587. Proche de cette Eglise est le College de Saint Thomas, dont les revenus servent à entretenir cinquante Etudians. Leur habit est verd, & la robe est de satin incarnat. Il y a encore un autre College de Saint Jean de Latran, qui dépend des mêmes Peres, où l'on enseigne à soixante-dix enfans à lire & à écrire, pour passer ensuite dans celui de Saint Thomas, & y apprendre les Humanitez, la Philosophie, la Theologie, & enfin y recevoir les degrez, comme dans celui de Saint Joseph. Il y a une difference cependant entre ces deux Colleges, c'est que dans celui de Saint Thomas, il n'y entre que des enfans d'Espagnols, & dans l'autre les Metiz y entrent aussi, qui sont tous habillez de bleu, & obligez d'assister à la Chapelle Royale aux jours de Fête, comme étant entretenus dans un College de fondation Royale. On est reçû gratis dans l'un & dans l'autre.

Sa Majesté Catholique par sa bonté
fournit d'huile pour les lampes & de vin
d'Espagne pour les Messes, non seulement toutes les Eglises dont nous avons
parlé, mais encore toutes celles qui
sont dans les Isles. Cependant où il y a
Seigneurie ou Baronnie, le Seigneur paye
le Curé, & chaque cinq cent maisons
sont taxées à vingt-cinq livres d'huile.

CHAPITRE III.

L'Auteur continue à rapporter ce qu'il vit
dans Manille, après son retour de
Cavite.

AYANT appris qu'il y avoit un
Galion qui devoit partir dans peu
de temps pour la nouvelle Espagne, où
j'avois fort envie de passer, je priai le
Gouverneur de m'accorder le passage;
ce qu'il fit avec beaucoup d'honêteté,
malgré toutes les difficultez qui s'y rencontrent ordinairement; parce qu'il y a
quantité de Marchands Espagnols qui
veulent venir negocier aux Philippines,
& il n'y a qu'un seul vaisseau qui retourne & qui n'en peut pas ramener un si

grand nombre , c'eſt ce qui fait qu'à
force de recommandations , ils tâchent
d'obtenir leur paſſage une année auparavant. Cependant le Gouverneur , ſoit
parce que j'étois étranger, ou parce qu'il
avoit été ſatisfait dans toutes les con-
verſations que j'avois eues avec lui, me
prefera à un autre, & me dit d'aller à
Cavite où étoit le Galion , & que pendant ce tems-là il donneroit ordre que
l'on m'y procurât une place commode.

Je m'y rendis donc le Jeudi, & je
vis le Caté, ou la petite cabine qui devoit me ſervir de priſon pendant ſix
mois ; mais je trouvai beaucoup de difficultez par rapport à la nourriture,
parce que le Général auſſi bien que les
Pilotes, le Maître & le contre - Maître, quoique le Gouverneur de Cavite
les priât de me recevoir à leur table,
s'en excuſerent, diſant qu'ils s'étoient
chargez d'autant de paſſagers, qu'ils en
pouvoient nourrir avec les proviſions
qu'il leur étoit permis d'embarquer. Je
fus donc contraint de m'accommoder
avec le gardien du Galion, qui ne le
fit qu'avec peine, & en faveur du Gouverneur , moyennant cent pieces de
huit : quoique l'ordinaire ſoit de payer
cinq ou ſix cent pieces pour la cabine

& la table , parce que l'endroit pour dormir coute beaucoup plus que le manger.

Le Vendredi je logeai à Cavite dans la maison de Joseph de Milan , qui étoit marié en cet endroit depuis 30. ans. Il étoit Pilote en chef d'une Patache qui devoit partir dans peu pour les Isles Marianes , y porter ce dont on y avoit besoin , & ensuite aller à la découverte des Isles Meridionales , & sur tout de la Caroline , que l'on avoit découverte depuis peu , & dont on avoit negligé de prendre possession.

Je retournai le lendemain à Manille , & comme j'entendis que les Religieux murmuroient fort de ce que je demeurois dans le Couvent , je songeai à quitter mon appartement, afin que le Pere Recteur , qui m'avoit reçû avec tant de civilité , n'eût point le chagrin d'entendre ces plaintes indiscretes. Ils disoient que cette chambre devoit servir à ceux qui vouloient se mettre en retraite , & qu'ils sçavoient que mon départ qui approchoit, ne pouvoit pas me permettre de faire ces exercices spirituels , à cause des affaires que je pourrois avoir dans la Ville & ailleurs ; que cependant , si c'étoit mon dessein de pra-

tiquer cet acte de pieté, je pouvois y
demeurer. Je vis d'abord leur but, &
connus l'artifice ; ce qui m'obligea à
leur répondre que je n'avois pas assez
de temps, & que mes affaires ne me
permettoient pas d'avoir l'esprit aussi
tranquille qu'il le faut avoir, dans un
tel cas : & ainsi je quittai l'appartement
si fort envié.

Le Dimanche je fis porter mes valises dans une chambre de l'appartement du Pere Antoine de Saint Paul de
l'Ordre de Saint François, Chapelain
de l'Hôpital Royal. Lui & un autre
Pere son compagnon, me reçurent avec
beaucoup de civilité, sur la recomman-
dation du Pere André de Bersavana élû
Gardien du futur Chapitre de 1700. qui
se tiendra à Rome pour l'élection d'un
nouveau Général ; & sur celle du Pere
François de la Conception, Religieux
d'une vie fort exemplaire & mon ami.

Cet Hôpital a été fondé pour la guerison des Soldats Espagnols ; le Roi fournit deux cent cinquante pieces de huit
tous les mois, dont on en donne quarante au Chapelain, vingt-cinq à l'A-
potiquaire, vingt-cinq à l'Intendant,
vingt-cinq au Medecin, & à d'autres
Officiers, le reste est pour le service des

malades : outre cela le Roi fournit les
poules, le ris, les legumes, le bois, le
ſel, les confitures & la toile qu'il leur
faut. Quánt au bâtiment, il eſt fort
grand, avec des corridors qui peuvent
contenir trois cent malades, & des
chambres pour les Domeſtiques. Cet
Hôpital fut brûlé en 1603. auſſi bien
qu'une grande partie de la Ville avec
l'Egliſe de Saint Dominique & les ma-
gazins du Roi.

Je fus le lendemain remercier le Gouverneur des bontez qu'il avoit eues pour
moi. Il étoit dans ſa petite maiſon de
campagne, ſituée dans une Iſle formée
par la riviere à une demie lieue de la
Ville. Il étoit retiré là pour travailler
plus à loiſir aux dépêches qu'il envoyoit
par le Galion ; c'eſt pour ce ſujet auſſi
que la Cour étoit fermée. Cela dure un
mois, afin que les Miniſtres ayent le
temps d'écrire en Cour, & de mettre
en ordre les procès & les informations
qu'on doit tous exaĉtement y envoyer.
Pour revenir à la petite maiſon, elle
eſt fort agréable, quoique le premier
appartement ſoit de bois. Le jardin en
eſt petit, mais beau, & jouit de la vûe
de la riviere, ſur laquelle on voit continuellement des barques monter & deſ

cendre pour porter à la Ville, les provisions qui viennent du Lac de Bahi.

Le Mardi je fis une promenade jusqu'à deux milles hors de la Ville pour voir la Paroisse des Augustins, qu'on appelle Nôtre-Dame des Remedes. Tout le frontispice, & le dedans de l'Eglise a été orné avec beaucoup d'art, d'écailles, d'huitres & d'autres poissons, par un Religieux Portugais, aussi bien que le cloître & les corridors d'en haut ; ce qui recompense bien la curiosité d'un étranger qui se donne la peine d'y aller. Avant d'entrer dans la porte, on trouve un parterre de fleurs divisé en croix, avec plusieurs arbrisseaux qui l'embellissent beaucoup.

Le Mercredi je vis Saint François des Observantins. L'Eglise est petite, & a six Autels assez bien dorez, & autant ornez que le permet la pauvreté de leur Institution. Ces Peres vinrent à Manille le 2. d'Août en 1577. & on les chargea du soin des Paroisses.

Le lendemain je me rendis à Ste Potentiane, Couvent fondé par le Roi pour 16. pauvres orphelines, ausquelles il fournit ce qui est necessaire pour leur entretien, & une dot lorsqu'elles se marient. Les femme mariées y entrent aussi &

les débauchées , lorſque la Juſtice les y condamne, mais elles n'ont aucune communication avec les Orphelines. Les femmes débauchées ſont nourries aux dépens du Roi , mais on les fait travailler pour cela. L'Egliſe a trois Autels fort en ordre.

Je ſorti le Vendredi par la Porte Royale & fut à l'Hôpital de Saint Lazare, qui n'eſt qu'à un mille de la Ville , pour parler au Pere Michel Flores, Procureur de la Miſſion des Peres Obſervantins de la Chine. Les hommes ſont dans les corridors d'en bas, & les femmes dans ceux d'en haut , tous les deux aſſez bien ſervis aux dépens du Roi ; j'y reſtai le Samedi.

En me promenant le Dimanche pour prendre un peu d'exercice, je m'éloignai ſi fort, ſans y penſer, que je me trouvai proche de l'endroit où l'on fait la poudre, qui eſt à plus de trois milles de la Ville. J'y entrai , je trouvai un petit fort flanqué de ſes petites tours garnies de fauconneaux ; & dans la place je vis pluſieurs chambres où l'on travaille la poudre pour le ſervice du Roi.

J'eus le plaiſir le Lundi de voir un combat de cocqs ; jeu dont on eſt ſi fort entêté dans les Philippines que des familles entieres s'y ruinent. On nourrit ces animaux dans la maison, & ils font fort doux ; mais on les nourrit féparement, afin qu'à caufe de cette averfion naturelle qu'ils ont les uns pour les autres, ils puiffent s'attaquer plus fierement lorfqu'ils viennent à fe rencontrer.. Les maîtres voulant que le combat foit fans quartier, après avoir fait gageure de plufieurs pieces de huit, leur lient au pied gauche, un petit couteau fait en forme de faux, mais dont le taillant pointu eft de revers. Après cela ils leur font bequeter la crête l'un de l'autre, afin de les irriter d'avantage, & puis les mettent en plein champ avec leurs armes. On les voit combattre comme des lions, & non pas comme des cocqs, s'attaquer, fauter l'un fur l'autre, jufqu'à s'ouvrir les entrailles à force de coups, & qu'il en refte un mort, ou au moins fi bleffé qu'il eft obligé d'abandonner le champ de bataille au vainqueur.

Le Mardi le Portier de l'Audience Royale, ou de la Cour, vint m'ouvrir la fale pour me la faire voir. On y entre par une porte féparée de celle qui conduit dans les appartemens du Gouverneur ; on monte par un grand efca-

lier, au bout duquel on trouve une ga-
lerie, & enfin la fale, qui eft tapiffée
de damas. Dans le fonds il y a un grand
dais, & au-deffous un long banc couvert d'une étoffe de foie, fur lequel s'af-
feyoit le Gouverneur au milieu des Auditeurs, chacun felon fon ordre d'an-
cienneté, & au-devant une grande table couverte de damas cramoifi ; & le
tout élevé de huit degrez du plancher.
Les Avocats s'affoyoient fur deux bancs
bas qui font hors du dais, & le Gref-
fier fur un autre petit banc en bas, vis-
à-vis des Miniftres, à qui on donne le
titre d'Alteffe, lorfqu'ils font affemblez.
On paffe de cette fale dans une chambre voifine, où ils ont coûtume de s'af-
fembler pour les affaires d'importance.
Il y a auffi la Chapelle où l'on celebre
la Meffe ; le tout eft bien orné de damas & d'autres étoffes de foie, & l'édi-
fice a plufieurs galeries vitrées où les
Miniftres vont fe recréer.

Le Palais du Gouverneur qui en eft
tout proche, quoique de charpente pour
la plus grande partie, eft grand & affez
beau ; il eft de figure quarrée ; les fe-
nêtres & les galeries font difpofées fi-
metriquement fur les quatre côtez, tant
en dehors qu'en dedans ; rien n'y man-

que pour l'ornement & la commodité
des chambres. L'on voit au-devant une
grande place d'armes, dans laquelle,
tant par fa grandeur, que pour être peu
frequentée, il y croit tant d'herbe que
l'on y pourroit nourrir une bonne quantité de chevaux.

Le Mercredi ayant quelques affaires
à Dilao, je fus voir la Paroiffe des Religieux Obfervantins de Saint François.
L'Eglife eft petite, & le Couvent ne
peut contenir que huit Peres. Le Jeudi
je vis Sainte Croix Paroiffe de Peres
de la Compagnie, qui eft hors des murailles de la Ville; l'Eglife eft grande,
mais peu ornée; on y adminiftre les
Sacremens aux Chrétiens Chinois, &
on y prêche en leur langue.

Le Vendredi premier de Juin, je
fus voir l'Eglife de Parian, qui eft dé-
fervie par les Dominiquains; elle eft fort
ornée, & trois Prêtres ont le foin des
Chrétiens Chinois & Indiens. Voilà
tout ce qu'il y a de remarquable dans
Manille pour les Eglifes, les Palais &
autres chofes.

Je finirai ce Chapitre par un fait extraordinaire, qui m'a été rapporté par
le Pere François Borgia Jefuite, Procureur de la Miffion des Philippines,

& par plusieurs Religieux & Bourgeois dignes de foi. En 1680. Dom Maria Quiros femme de Dom Joseph Armixo accoucha dans Manille, après deux ans de grossesse, & l'enfant a été déclaré legitime. Le fait est notoire & tout récent ; mais il me semble qu'il est presque impossible qu'une femme soit grosse pendant deux ans ; que le Lecteur en croie ce qu'il voudra.

CHAPITRE IV.

Voyage de l'Auteur jusqu'au Lac de Bahi.

AYANT une envie particuliere de voir le Lac de Bahi, je partis à cheval le Samedi de bonne heure. Après avoir fait six milles, je passai à Paragnach, Paroisse des Peres Augustins, où ne trouvant qu'un pont de cannes sur la riviere, je fus contraint de faire passer les chevaux à la nage ; ce que je fus encore obligé de faire une lieue plus loin en passant un autre canal, sur lequel il n'y avoit aussi qu'un pont, comme le précedent. Je fus enfin surpris de la nuit, tant par ces retardemens, que parce que le guide ne sçavoit pas bien

les chemins , auprès de la ferme de
Saint Pierre, qui appartient aux Peres
Jefuites, où je fus obligé de paſſer la
nuit. Ces Peres me regalerent de ce que
la campagne & la petiteſſe du lieu pouvoit fournir.

Je me remis le Dimanche en chemin , mais l'ignorant Indien qui m'a-
voit conduit comme le jour d'auparavant au travers des terres labourées &
des bois , fit que ne pouvant retrouver
le chemin , je fus obligé de m'arrêter
à Vignan , ferme qui appartient aux Dominiquains. J'y entendis la Meſſe, &
pour n'être plus expoſé à l'ignorance
de mon guide, je pris le meilleur bateau que je pûs trouver, avec lequel,
après avoir laiſſé mes chevaux à un Religieux, je remontai la riviere juſqu'au
Lac, non ſans être bien mouillé de l'eau
que le vent faiſoit entrer dans le bateau.
Me trouvant dans l'impoſſibilité de tra-
verſer une petite baie, pour me rendre aux bains où j'avois deſſein d'aller,
j'eus le bonheur de trouver un plus
grand bateau dans lequel je me mis,
& j'arrivai ſur le ſoir à l'endroit, où je
fus reçû très-civilement des Peres Obſervantins.

Le Lundi matin l'Indien me dit que

la barque étoit partie, parce que les gens n'étoient en cet endroit, qu'en quelque façon malgré eux ; comme j'avois envie d'aller à un autre petit Lac, je pris un autre bateau qui m'y porta : ce Lac est petit à la verité, mais très-profond, & dans le milieu on ne trouve point de fonds. L'eau est somache, quoiqu'il soit sur une montagne qui n'est pas fort éloignée de la grande, ce qui peut provenir des mineraux qui sont dessous. On y trouve une certaine sorte de poissons pleins d'arrêtes qui ont fort mauvais goût.

On voit tout à lentour une infinité de grandes chauvesouris, qui pendent des arbres attachées les unes aux autres, comme si elles étoient enfilées, & qui sur le soir, prennent le vol en troupe, pour aller chercher de quoi manger dans des bois fort éloignez ; elles volent quelquefois en si grand nombre, & sont si serrées qu'elles obscurcissent l'air avec leurs grandes aîles, qui ont quelquefois six palmes d'étendue, comme je l'ai vû moi-même pendant le séjour que j'ai fait aux bains. Elles sçavent discerner au travers de l'épaisseur des bois, les arbres dont les fruits sont meurs en certains tems, & elles les dévorent pendant toute la nuit, avec un si grand bruit qu'on les entend de deux milles. Quand le jour est prêt à paroître elles retournent dans leurs retraites.

Les Indiens qui voyent que ces méchans oiseaux détruisent le meilleur fruit que le Seigneur ait créé pour leur subsistance, sur-tout les Goyaves ou poires, en tuent autant qu'ils peuvent ; & s'en vangent ainsi en conservant leur fruit & se pourvoyant de viande, puisqu'ils mangent les chauvesouris mêmes. Ils disent que leur chair a le même goût que celle du lapin, & effectivement quand ils leur ont coupé la tête & enlevé la peau, cela lui ressemble assez. Ils en ont autant qu'ils veulent, car d'un coup de fleche, ils en abattent plusieurs.

Le Mardi je fus voir l'eau des bains, dont un grand ruisseau passe au travers du Couvent, pour se rendre dans deux bains voisins. Elle est si chaude qu'on n'y peut pas souffrir la main, & si l'on y met une poule, non seulement elle fait tomber les plumes, mais même la chair de dessus les os. Si un crocodile en approche, elle le fait mourir, & fait tomber ses dures écailles. La fumée qui s'éleve au-dessus de la source n'est pas

moindre que celle d'une fournaife en-
flamée. Elle vient de la montagne voifine, & en paffant par le Couvent, elle
communique une fi grande chaleur à
l'étuve, qu'il eft impoffible de l'endu-
rer un quart d'heure ; pour moi à peine
y fus-je entré, que j'en fortis auffi-
tôt.

Un Portugais avoit autrefois foin de
ces Bains avec le fecours des perfonnes
charitables ; mais dans la fuite le Roi
voulut qu'on y bâtit un Hôpital, quoiqu'affez inutilement, puifqu'on n'y reçoit plus de malades, & que les Peres
qui y demeurent prennent feulement le
foin des ames & non des corps : on doit
auffi fçavoir que cette eau quoique mi-
nerale, eft très-claire & excellente à
boire quand elle eft refroidie. J'en ai
bû pendant tout le temps que j'ai refté
chez les Peres qui n'en boivent jamais
d'autre.

Le Mercredi je fus à une demie lieue
du Couvent pour voir une petite riviere qui vient de la montagne, dont les
eaux font exceffivemenr froides & très-
faines. Son lit eft cependant fur des mineraux, puifqu'en creufant tant foit peu
dans fon fable, il en fort une eau fort
chaude.

Quant au grand Lac de Bahi, il eſt fort long, mais étroit. Son circuit eſt de quatre-vingt-dix milles, & l'on y trouve pluſieurs Couvens de Cordeliers, d'Auguſtins & de Jeſuites, parce que ſes bords ſont habitez & cultivez par les Indiens. La pêche y eſt abondante en tous temps. On y trouve auſſi des crocodiles & des poiſſon à l'épée, mais non pas comme les nôtres. Ces deux animaux ſe battent avec grande furie; le crocodile ſe croyant maître abſolu des Lacs, ne peut ſouffrir qu'aucun autre poiſſon de rapine y entre. Le poiſſon à l'épée eſt le plus ſouvent le vainqueur, parce que voyant ſon ennemi tout couvert d'écailles, qui parent les coups de la pointe de ſon épée, ſe plonge & frappe le crocodile au ventre où il n'a aucune défenſe, & ainſi le tue. On me montra une de ces épées qui avoit ſix palmes de longueur avec des dents ſur les côtez, pointues comme des cloux; enfin cela étoit comme une ſcie qui perce & coupe en même-temps. Les crocodiles de ce Lac font beaucoup de dommage, parce qu'il ne ſe paſſe point d'années qu'ils ne dévorent pluſieurs perſonnes, & ne tuent des chevaux & des bufles qui paiſſent ou boi-

vent fur les bords. Les Indiens les prennent en leur tendant des pieges avec
de la viande ou un chien, parce que ce
monftre eft fi goulu & fi friand de la
chair de cet animal, qu'il laifferoit un
homme pour l'avoir.

Je m'embarquai le Jeudi fur les trois
heures pour retourner à Manille, de
compagnie avec le Pere Gardien du
lieu, qui venoit au Chapitre Provincial. Je defcendis le Vendredi à la pointe du jour à Vignan, pour y prendre
les chevaux, mais le Pere affiftant me
dit qu'ils avoient rompu leur licoux,
& qu'ils s'étoient échapez dans la campagne, ce qui me fit refter jufqu'à ce
qu'on en eût pris d'autres dans la Ferme, avec lefquels j'arrivai le Samedi
à Manille.

CHAPITRE V.

*Du Gouvernement de Manille & des Ifles
Adjacentes.*

QUOIQUE les Ifles Philippines
foient fort éloignées de l'Europe
& fur tout de la Cour du Roi Catholique, de qui elles dépendent, elles ne

laiſſent pas cependant d'être très-bien
gouvernées. Quant au Spirituel il y a
un Archevêque dans Manille, nommé
par le Roi, & qui décide non ſeulement toutes les cauſes de ſon Dioceſe,
mais encore celles des Evêques ſes Suf-
fragans par voie d'appel. Si la Sentence du Metropolitain ne s'accorde point
avec la premiere, on peut en appeller
au Suffragant voiſin l'Evêque de Camarines délegué du Pape. L'Archevêque reçoit du Roi, comme nous l'avons
dit, ſix milles pieces de huit, & les Evêques de Sibu, Camarines, & Cagayan
5000. Outre cela il y a toûjours à Manille un Evêque Titulaire ou Coadjuteur
que les Eſpagnols appellent Evêque à
l'anneau; il prend le gouvernement de la
premiere Egliſe vacante, afin qu'il n'y
ait point d'intermiſſion pour le ſoin des
ames qui ſeroient ſix ans à attendre un
nouveau Paſteur. Quant à l'Inquiſition,
il y a un Commiſſaire nommé par le Tribunal du Mexique.

Pour le Temporel il y a un Gouverneur avec le titre de Capitaine général;
il eſt Preſident de la Sale Royale; ſon
Office dure huit ans : les quatre Auditeurs ou Juges, & le Procureur Fiſ-
cal ſont pour toûjours. Quand on éta-

blit ce Tribunal en 1584. il n'y avoit
que deux Auditeurs & un Procureur Fifcal, quelque temps après on y en ajoûta un troifiéme. L'experience ayant fait
voir enfuite l'inutilité d'un tel Tribunal, on le fupprima par l'ordre du Roi
& de fon Confeil, & au lieu de cela on
leva en 1590. un corps de quatre mille
Soldats ; mais en 1598. il fut rétabli, &
l'on fit Francefco Tello Prefident, avec
trois Auditeurs & un Procureur Fifcal.
Cette Cour reçoit non feulement les
appels des Magiftrats de la Ville qui
font deux Alcaldes, mais auffi de toutes les Ifles, elle prend connoiffance des
violences commifes par les Ecclefiafti-
ques, comme le Tribunal de la Force en
Efpagne. Le Gouverneur y affifte comme Prefident, mais il n'a point de voix,
& quand les voix font également partagées, il nomme un Docteur qui fait
pancher la balance. Dom Gabriel de
Sturis a été choifi deux fois pour ce fujet, pendant mon féjour à Manille.

Quoiqu'il faille peu de chofe pour
l'entretien d'un Auditeur, vû que les
vivres, les étoffes & tout ce qui eft neceffaire pour paroître, eft à bon marché, (un cheval de fele ne coûtant que
dix pieces de huit, & fon entretien pendant

dant un mois ou deux seulement) ils ont cependant de grands salaires, chacun deux recevant tous les quatre mois 1100 pieces de huit. Le Procureur Fiscal a plus de six cens pieces tous les ans des Sangleys, comme leur Protecteur, & deux cens comme Procureur della Santa Cruzada. Les appointemens du Gouverneur sont de treize mille trois cens pieces de huit ; quatre mille comme Général, quatre mille comme President de la Cour, & 5300. comme Gouverneur pour le Civil. Lorsque le Gouverneur meurt, le plus ancien Auditeur jouit de ses appointemens, & prend soin des affaires Civiles & Militaires, dont il rend compte au nouveau Gouverneur dans la suite.

Si les Isles Philippines n'étoient pas si éloignées il y auroit bien des Grands d'Espagne qui brigueroient un tel Gouvernement, parce que l'autorité n'est point limitée, la Jurisdiction y est fort étendue, les prérogatives sont sans pareilles, on y trouve toutes les commoditez qu'on peut souhaiter, le gain est immense, & on y est plus honoré qu'un Vice-Roi des Indes. Mais, comme j'ai dit, l'éloignement du lieu, fait que l'onne connoît pas en Espagne la grandeur de ce poſte. Pour en faire voir quelque choſe, je dirai que le Gouverneur outre le Gouvernement Civil & l'adminiſtration de la Juſtice conjointement avec la Cour, donne tous les emplois Militaires, nomme les vingt-deux Alcaldes qui gouvernent autant de Provinces, met un Gouverneur aux Iſles Marianes, quand il en meurt un, juſqu'à ce que le Roi en ait nommé un autre. Autrefois il nommoit les Gouverneurs de Formoſa & de Ternate, lorſque ces Iſles appartenoient à la Couronne d'Eſpagne. Il diſtribue des Seigneuries ſur des Villages d'Indiens par voie de recompenſe aux Soldats qui ont ſervi dans les Indes. On les donne pour deux vies, la femme & les enfans ſuccedans, après quoi la terre revient au Roi. Les Seigneurs reçoivent les droits que l'on payeroit au Roi, c'eſt-à-dire dix réales de ceux qui ſont mariez, & cinq des autres : mais ils ſont obligez auſſi de donner pour l'entretien de la Milice deux réales de chaque tribut, & quatre cavans de ris par tête, outre les deux réales pour le Curé. Le Roi, dans ce qui eſt de ſon Domaine, outre les dix réales, tire deux cavans de ris : un cavan peſe cinquante livres d'Eſpagne.

Ce qu'il y a de plus remarquable, c'eſt que le Gouverneur remplit tous les Canonicats vacans de l'Egliſe Archiepiſcopale, & le fait ſçavoir au Roi, pour en avoir la confirmation, ainſi que de ces Seigneurs dont nous avons parlé. Quand quelque Paroiſſe de Prêtres Seculiers eſt vacante, on tient une aſſemblée en preſence de l'Archevêque, qui nomme trois ſujets, dont le Gouverneur en choiſit un. La même choſe ſe fait pour les Canonicats & Benefices Roïaux. Les Paroiſſes qui appartiennent aux Religieux, ſont pourvûes par le Provincial de l'Ordre dans un Chapitre Provincial. Ceux-ci n'ont pas beſoin de confirmation, & ils peuvent entendre les confeſſions des Indiens, mais non pas des Eſpagnols, ſans l'approbation de l'ordinaire.

Si les Curez Seculiers commettent des fautes qui meritent qu'on les prive de leur Cure, cela ſe fait avec l'avis de l'Evêque & du Gouverneur. Le Général du Galion qui va tous les ans à la nouvelle Eſpagne eſt nommé par le Gouverneur, poſte qui rapporte plus de cinquante mille écus. Il nomme encore les deux Majors de Manille & de Cavite, & plus de Capitaines & d'Of-

ficiers qu'on n'en nomme à Madrid. Il
donne fans beaucoup de peine aux Indiens des Commiffions de Colonels,
Majors & Capitaines, afin qu'ils ne
payent que la moitié du tribut au Roi.
Il y a tous les jours une Compagnie
qui monte la garde devant fon Palais,
tant pour l'honneur, que pour tenir en
bride les efprits mutins des Chinois.

Toute cette grandeur & cette autorité eft contrebalancée par l'amertume
de la recherche que les mauvais Habitans de Manille font faire de fa con-
duite. On n'examine pas dans ce temps-
là, la grandeur des fautes, mais on regarde la quantité des fommes qu'il a
reçûes pendant huit ans, & l'on punit
la bourfe au lieu du corps. Les accufa-
teurs ont foixante jours, après la pu-
blication faite dans toutes les Provinces, pour apporter leurs plaintes, &
trente pour les pourfuivre devant le
Juge, qui eft généralement celui
qui lui fuccede, & qui a pour cela
une commiffion expreffe du Roi & de
fon grand Confeil des Indes, qui fe re-
ferve à lui-même le Jugement de certains chefs d'importance. C'eft pourquoi le Juge ayant reçû toutes les informations, les envoie à la Cour, après

avoir prononcé Sentence sur les cas qui ne sont pas reservez. Les Auditeurs qui gouvernent après la mort des Gouverneurs, ou qui passent à un autre poste dans le Mexique, sont sujets à la même recherche, mais avec cette difference qu'ils peuvent partir, en laissant un Procureur qui parle pour eux. La rigueur est si grande dans cette recherche, que l'on va jusqu'à la prison, sans avoir égard à la grandeur du poste ; comme il est arrivé à Dom Sebastien Urtado de Corcuera & à Dom Diego Faxardo ; le premier a été cinq ans prisonnier dans le Château de Saint Jacques, & l'autre l'a été un peu moins de temps : mais par un ordre exprès du Roi, on leur rendit tout ce qu'on leur avoit ôté injustement dans la recherche. Il est bien vrai que le Conseil des Indes a moderé cette rigueur, en ordonnant que l'on n'emprisonnât point les Gouverneurs, mais que l'on envoyât les informations en Espagne : cependant le grand éloignement fait que cela ne s'observe pas exactement. Les Habitans de Manille épouvanterent si fort D. Saviniano Manriquez de Lara, lorsque l'on fit sa recherche, qu'étant embarqué pour l'Espagne, il ne cessoit

C iij

de demander pendant tout le voyage ſi
le vaiſſeau pouvoit retourner à Manille,
& ayant ſçû du Pilote qu'il falloit mettre pied à terre dans la Nouvelle Eſpagne ou mourir, il dit en riant *Cacome
en todo Manilla*. En effet, depuis la
conquête de ces Iſles, il n'y a eu qu'un
autre Gouverneur, & lui qui ſoient revenus en Eſpagne, parce que les autres, ou meurent de chagrin dans le
temps de la recherche, ou des peines
qu'ils ſouffrent pendant le voyage : cette recherche vaut toûjours 100000. écus
au nouveau Gouverneur, qu'il faut que
l'autre tienne tout prêts pour ſe tirer
d'affaire.

Pendant le ſéjour que j'ai fait dans
ces Iſles, Dom Fauſto Cruzat Gongora Chevalier de Saint Jacques en étoit
Gouverneur, il deſcendoit des anciens
Rois de Navarre, & c'étoit un des
meilleurs Capitaines généraux qu'ayent
eu ces Iſles depuis leur conquête. Tous
les autres Gouverneurs ont toûjours an-
ticipé ſur le Tréſor Royal, pour l'entretien de la Milice ; & lui, pendant ſon
Gouvernement, non ſeulement avoit
acquitté les dettes, mais avoit encore
amaſſé 400000 pieces de huit pendant
que j'étois à Manille ; car par ſon grand

sçavoir, sa prudence, son zele & son application, il avoit augmenté les revenus du Roi de 110000 pieces de huit
par an. Quant à ce qui regarde la Justice & la distribution des emplois, si les
Habitans de Manille veulent ôter de devant leurs yeux le voile de leurs pas-
sions, ils ne pourront que louer sa con-
duite, car il s'est conduit en toutes choses selon la justice, il n'a donné des Seigneuries qu'à des Soldats qui les meri-
toient, les charges d'Alcaldes qu'à des
gens du pays capables selon les ordres
du Roi, & les Benefices qu'aux personnes les plus dignes de les remplir,
sans se laisser corrompre par l'or. Ce
n'est point pour favoriser ce Gentilhomme que j'écris ceci, mais c'est parce que cela est vrai, & que le Roi en
ayant été informé, a déclaré qu'il étoit
si bien servi de ce Gouverneur, qu'il
le confirmoit dans son Gouvernement,
dans le temps qu'il avoit déja reçû
70000 pieces de huit & qu'il avoit donné la patente à son successeur pour en
prendre possession. J'étois au Mexique lorsque les ordres du Roi vinrent
pour rendre les 70000 pieces de huit
hors du Trésor Royal au successeur. Il
a été malheureux pour les Galions, car

C iiij

deux des plus grands qui ayent été bâtis dans les Isles, ont été perdus de son temps. L'un s'appelloit le Saint Joseph & l'autre le Santo Christo : les Habitans de Manille & du Mexique perdirent plus d'un million, ce qui reduisit Manille dans une grande pauvreté, mais elle se racommoda avec l'arrivée d'autres vaisseaux.

CHAPITRE VI.

Des Isles Philippines. Le temps qu'elles ont été découvertes. Les peuples qui les ont habité.

LE nombre des Isles qui sont sous le Gouvernement de Manille étant si grand, il ne sera pas hors de propos de donner une courte relation des principales, d'autant plus qu'elles sont peu connues en Europe, & que l'on n'y prend pas beaucoup garde sur les cartes de Geographie.

L'Auteur de la nature & de la fabrique admirable de ce monde a mis dans les vastes Mers des Indes au-delà du Gange, un Archipel rempli d'Isles, qu'on appelle aujourd'hui Philippines, presque vis-à-vis les grandes côtes des riches Royaumes de Malacca, Siam, Camboia, Chiampa, Cochinchine, Tunquin & la Chine. Le fameux Ferdinand Magelan l'appella l'Archipel de Saint Lazare, parce qu'il y avoit mouillé l'ancre en 1521. le Samedi de devant le Dimanche de la Passion, que les Espagnols appellent communement de Saint Lazare. Le General Louis Lopez de Villalobos leur donna en 1543. le nom de Philippines en l'honneur du Prince successeur de la Monarchie d'Espagne, qui s'appelloit Philippe ; & selon d'autres elles n'eurent ce nom qu'en 1564. sous le regne de Philippe le Catholique lorsque le Général Michel Lopez de Legaspi vint en faire la conquête.

On ne sçait pas l'ancien nom de ces Isles, cependant quelques Ecrivains veulent qu'on les appelloit autrefois les Isles de los Luçones, en général, comme les Canaries, du nom de la principale qui est Luçon ou Manille : le mot Luçon signifie en Langue Tagale un mortier, & ainsi cela auroit voulu dire le pays des mortiers. Les Luçones sont certains mortiers de bois, d'une palme de profondeur & d'autant de largeur, dans lesquels les Indiens pilent

C v

leur ris, qu'ils paffent enfuite avec certains cribles, qu'on appelle Biloas. Il
n'y a point d'Indien qui n'en ait un devant fa porte : même des Habitans de
l'Ifle de los Pintados en creufent trois
tout de fuite fur un même tronc, afin
qu'autant de perfonnes puiffent s'employer en même-temps à un travail fi
neceffaire, parce que tous les Habitans
ne fe nourriffent que de ris, & l'écra-
fent dans un mortier, avant de le faire
cuire. D'autres, comme les Portugais,
les nomment Manilas ; nom connu depuis Ptolomée, à ce que quelques-uns
veulent.

Les vaiffeaux qui viennent de l'Amerique, à l'Archipel de Saint Lazare, ou
Philippines , lorfqu'ils découvrent la
terre, doivent neceffairement voir une
des quatre Ifles, fçavoir, Mindanao,
Leyte , Ibabao & Manille, depuis le
Cap du Saint Efprit, parce qu'elles forment une efpece de demi-cercle de fix
cens milles de longueur en face aux
Mers qu'ils appellent d'Efpagne. Manille eft au Nord-Eft, Ibabao & Leyte
au Sud-Eft , & Mindanao au Sud. A
l'Oueft on trouve Paragua, qui après
Manille & Mindanao eft la plus grande, & avec qui, elle forme un triangle

dont la pointe qui eſt du côté de Borneo appartient au Roi de ce nom, &
l'autre au Roi d'Eſpagne. Au milieu de
cette eſpece de triangle, outre les cinq
Iſles que nous avons déja nommez, il
y en a cinq autres grandes & bien peuplées, ſçavoir Mindoro, Panay, l'Iſle
des Noirs, Sebu & Bool. Enſorte que
l'on ne compte dans cet Archipel que
dix Iſles grandes & dignes de remarque,
ainſi que Ptolemée l'a mis auſſi dans ſa
Geographie.

Entre les dix dont nous venons de
parler, il y en a encore dix autres moindres qui ſont auſſi habitées, & ſe trouvent ainſi dans la route que font les
vaiſſeaux pour la nouvelle Eſpagne. Luban où ſe perdit le Galion le Saint Joſeph, Marinduque, Iſla de tablas, Romblon, Sibugan, Masbate, Ticao, Ca-
pul, & Catanduanes hors du Détroit.

Il n'eſt pas facile de donner une relation diſtincte des autres petites Iſles,
en partie habitées, & en partie deſer-
tes, mais que les Indiens connoiſſent
bien, à cauſe des fruits qu'ils y vont
chercher. Je dirai ſeulement en général que vis-à-vis Manille du côté du
Nord, entre le Cap de Boxeador & ce-
ui de l'Engaño, à vingt-quatre milles

de terre, on trouve les petites Isles, qu'on appelle de los Babuyanes, dont la premiere est habitée par des Indiens Chrétiens qui payent tribut, & l'autre par des Sauvages, qui sont proche des Lequios & de l'Isle de Formosa. Auprès de Paragua vis-à-vis de Manille, il y a trois Isles qu'on arpelle de los Calamianes, & puis ensuite on en trouve huit ou neuf toutes habitées. Retournant après vers le midi à quatre-vingt-dix milles par de là los Calamianes, vis-à-vis Caldera, qui est une pointe de Mindanao, on trouve Taguima & Xolo, avec plusieurs autres petites aux environs.

Les Isles de Cuyo sont entre Calamianes & Panay dans la Province d'Otton & de Maras. L'Isle du Feu est proche de celle des Noirs. Il y a aussi Bantayan proche de Sebu; Pangla touche presque à Bool; Panamao, Maripipi, Camiguin, Siargao & Pannon se trouvent entre Mindanao & Leyte; & enfin quantité d'autres qu'il est très difficile de compter. Ceci fait voir l'erreur de ceux qui disent que le nombre des Philipines n'est que de quarante, car s'ils ne veulent parler que des grandes, il n'y en a pas tant, & si c'est de toutes

en général il y en a beaucoup d'avantage.

Toutes ces Isles sont sous la Zone
torride, entre l'Equateur & le Tropi-
que du Cancer, car la pointe de Mindanao, qu'on appelle Sarrangan ou le
Cap de Saint Augustin se trouve à la latitude de cinq degrez trente minutes,
& los Babuyanes & le Cap de Engaño
au vingtiéme ; l'Embocadero de Saint
Bernardin est au treiziéme ; & la Ville
de Manille au quatorziéme & quelques
minutes. La longitude, selon les meilleures cartes est entre les cent trente-
deuxiéme & les cent quarante-cinquié-
me, quoique Magellan les ait mis aux
cent soixante-uniéme, mais tout le monde ne commence pas à compter d'un
même point. Ptolomée met les Isles Ma-
nioles au cent quarante-deuxiéme. Je
ne sçai quelle fantaisie ont ceux qui
soûtiennent que Manille a été bâtie 160
ans après la Naissance du Sauveur, étant
impossible d'en rien conjecturer par
l'antiquité des édifices, puisque les materiaux dont se servent ces peuples ne
font que du bois & des cannes, dont
ils font leurs foibles bâtimens.

Il y a plusieurs opinions sur l'origine de ces Isles. Les uns disent qu'elles

ont été formées dans le commencement du monde, lorsque l'auteur de la nature decouvrit la terre & la separa des eaux. D'autres, qu'elles se sont formées a-prés le deluge universel. D'autres encore pretendent que cela est arrivé par des inondations particulieres de Provinces, des tempêtes, des trem-blemens de terre, des feux naturels & autres accidens qui font ces altera-tions & ces changemens sur la terre & dans la mer : comme l'on dit qu'il est arrivé à la Sicile qui étoit autre-fois jointe à l'Italie, à l'Isle de Cypre qui touchoit à la Syrie, & à plusieurs autres endroits. Il y en a d'autres en-fin qui veulent que les Isles se forment par un assemblages de matieres & par les changemens naturels de ces deux élemens, sur tout par les Fleuves qui enlevent le terrein d'un endroit & le portent à un autre, ou par ces super-fluitez dont les Fleuves sont toûjours chargez ; & la mer par le mouvement de ses eaux, les rassemble icy & là, & à la suite du tems forme des Isles. On peut appliquer toutes ces causes non-seulement aux Isles des mers O-rientales, mais encore à celles de tout le monde : & sur tout aux Phi-

lippines à cauſe qu'il y a beaucoup de
Volcans & de Sources d'eau chaude au
haut des montagnes. Les tremblemens
de terre ſont frequents & ſi terribles
dans certains tems, qu'à peine laiſſent
ils une maiſon debout, dont Manille
donne un ample témoignage. Les Ou-
ragans que les Indiens appellent Ba-
guyos, ſont ſi furieux, qu'outre les
deſordres qu'ils cauſent en mer, ils
deracinent ſur terre les plus grands
arbres, & chaſſent une ſi grande quantité d'eau dans les terres, qu'elle inon-
de des pays entiers. Le fond entre
les Iſles eſt plein de ſeches, ſur tout
proche la terre ferme, deſorte qu'il
y a beaucoup d'endroits où les vaiſ-
ſaux ne peuvent aborder, & ſont o-
bligez de chercher les canaux que la
Divine Providence à laiſſé, pour la
communication d'un pays à l'autre.
Tous ces indices ſuffiſent pour nous
faire conjecturer que s'il y a eu quelques unes de ces Iſles jointes à la terre
ferme au commencement du monde,
ce n'a été que par les accidens qui
ſont arrivez & ſur tout par le Deluge
univerſel qu'elles en ont été ſeparées,
& diviſées en pluſieurs parties & que
d'une grande Iſle, il s'eſt fait un Ar-

chipel de petites Isles.

Je n'ay pas envie d'examiner si Tharsis est le premier qui soit venu habiter ces endroits-ci avec ses freres ; mais lorsque les Espagnols y entrerent ils y trouverent trois sortes de peuples. Les Mores Malais étoient maîtres des côtes, & venoient, comme ils le disoient eux mêmes, de Borneo & de la terre ferme de Malacca, où il y a un détroit qu'on appelle Malay qui a donné le nom à tous les Malays repandus dans la plus grande partie de cet Archipel.

De ceux-cy sont sortis les Tagales, qui sont les originaires de Manille & des environs, comme on le voit par leur langage qui est fort semblable au Malais, par leur couleur, leur taille, l'habillement d'ont ils se servoient, lorsque les Espagnols y entrerent, & enfin par les coûtumes & les manieres qu'ils ont pris des Malais & des autres nations des Indes.

L'arrivée de ces peuples dans les Isles a pû être causée fortuitement par quelque tempête, parcequ'on y voit souvent arriver des nations dont on n'entend point le langage. En 1690. une tempête y amena quelques Japonois, qui se firent peu de tems aprés Chrêtiens & se mirent dans le service du Roy, parcequ'on les auroit fait mourir, si ils eussent retourné chez eux, pour avoir été dans un pays étranger, quoyque malgré eux. J'ay vû de ces Japonois dans Manille, qui avoient deux robes larges comme des Soutanes d'Abbez, dont les manches étoient rondes & larges. Celle de dessous étoit serrée de deux cintures, l'une venant de la gauche & l'autre de la droite. Leurs hautdechauses étoient fort longs & leurs souliers comme les socs des Penitens. Leurs cheveux étoient courts & rasez sur le devant jusqu'au sommet de la tête.

Outre cela, il pourroit bien être que les Malays seroient venus habiter le païs exprez, par raport au trafic & pour le profit; ou bien même, ils ont pû être bannis de chez eux; mais le tout est incertain.

Ceux qu'on appelle Bisayas & Pintados de la Province de Camerines, comme aussi de Leyte, Samar, Panay & autres Places, viennent vrai-semblablement de Macassar, où l'on dit qu'il y a plusieurs peuples qui se peignent le corps comme ces Pintados,

Pierre Fernandes du Quiros dans la relation qu'il fait de la decouverte des Ifles de Salomon en 1595. dit, qu'ils trouverent à la hauteur de 10. degrez Nord, à 1800. lieuës du Perou, à peu prés à la même diftence des Philippines, une Ifle appellée la Magdeleine habiteé par des Indiens bien faits, plus grands que les Efpagnols, qui allent nuds & dont le corps étoit peint de même que ceux des Bifayas.

On doit croire que les habitans de Mindanao, Xolo, Bool, & d'une partie de Sebu, font venus de Ternate à caufe du voifinage, de leur commerce & de leur religion, qui eft femblable à celle de ces peuples à qui ils ont recours en tems de guerre. Les Efpagnols en arrivant, les trouverent maîtres de ces Ifles.

Les Noirs qui vivent dans les Rochers & les Bois épais, dont l'Ifle de Manille eft pleine, different entiérement des autres. Ils font barbares, fe nourriffent de fruits & de racines, que la montagne leur produit, & de ce qu'ils attrapent à la chaffe, il mangent des Singes, des Serpens & des Rats. Ils vont tout nuds excepté les parties naturelles que les hommes couvrent avec des écorces d'arbres, qu'ils appellent Bahaques, & les femmes avec une toile tiffue de fil d'arbres qu'elles appellent Tapifle. Ils n'ont aucun autre ornement, que quelques bracelets fait de joncs & de cannes des Indes de diverfes couleurs. Ils n'ont ni loix, ni lettres, ni autre gouvernement, que celui de la parenté, parce que tous obeiffent au chef de la famille. Les femmes portent les enfans dans des befaces faites d'écorces d'arbre, ou bien liez autour d'elles dans un morceau d'étoffe, comme font quelques Albanoifes en Italie, ils dorment où la nuit les prend, foit dans le creux du tronc d'un arbre, ou fous des nattes faites d'écorces d'arbres, qu'ils accommodent en forme de hutes. Ils menent ainfi une vie de Brutes pour la feule douceur de la liberté, c'eft-à-dire pour n'être pas foumis aux Efpagnols.

Cet amour de la liberté eft fi grand chez eux, que les Noirs d'une montagne ne permettent point à ceux d'une autre de venir fur la leur, fur quoi ils fe battent fort cruellement. Ils font fi ennemis des Efpagnols, que quand ils en ont tué quelqu'un, ils invitent toute la parenté, & font fête pendant trois jours, bûvant dans le crane du malheureux : cela les fait paſſer pour trés-vaillans & leur procure une femme plus facilement.

Leurs nôces ſe font en ſe touchant ſeulement la main, ce que les Peres font faire aux enfans. Ces Noirs s'étant alliez avec des Indiens Sauvages, il en eſt venu la Tribu des Manghiāns, qui ſont des Noirs qui habitent dans les Iſles de Mindoro, de Mundos, & qui ont peuplé les Iſles des Noirs. Quelques uns ont les cheveux crêpus comme ceux d'Angola ; d'autres les ont longs. La couleur de leurs viſages eſt comme celle des Ethiopiens, quelques uns l'ont plus blanc : & on en a vû parmy eux, pluſieurs avec des queuës de 4. à 7. pouces de longs, comme les Inſulaires dont parle Ptolomée. Les Samboles autres Sauvages, portent tous les cheveux longs, comme les Indiens conquis. Les femmes de ces Satyres accouchent dans les bois, comme les chevres, & vont auſſi-tôt ſe laver & leur fruits auſſi, dans les premieres rivieres, ou autre eau froide ; ce qui feroit mourir une femme d'Europe.

Lorſque ces Noirs ſe voyent pour-
ſuivis par les Eſpagnols, ils font ſi-
gnal par le moyen de certains petits
morceaux de bois, aux autres qui ſont
épars ſur la montagne, de s'enfuir au
plûtôt. Leurs armes ſont un arc, des
fleches, une lance courte & un cris
ou couteau attaché à la ceinture. Ils
empoiſonnent la pointe des fleches,
qui quelquefois ſera de fer ou de piere
bien aiguiſée, ils la percent dans l'extremité, afin qu'elle ſe rompe dans le
corps de l'ennemi, & qu'étant ainſi
rompuë on ne puiſſe s'en ſervir conte
celui qui l'a tirée. Ils portent toûjours
à leur bras pour leur defenſe un Bouclier de bois long de 4. Palmes &
large de deux.

Quoyque j'aie eu pluſieurs conver-
ſations avec les P P. de la Compagnie
& pluſieurs autres Miſſionaires, qui
ont affaire avec ces Noirs, il ne m'a
pas été poſſible de ſçavoir leur religion. Tous m'ont dit unanimement,
qu'ils n'en avoient point, qu'ils vivoient comme des bêtes, & que toute
la marque qu'on en a pû voir parmy
les Noirs ſur les montagnes, c'eſt une
pierre ronde, ou un tronc d'arbre bien
fait, ou des animaux, ou ce qu'ils

trouvent en chemin, pour lesquels ils font voir une espece de veneration que la crainte produit. Il est cependant vray, comme on l'a sçû par le moyen des Chinois Païens qui traitent avec eux, sur les montagnes, qu'on a trouvé dans leurs cabannes de petites Statues mal faites. Les trois autres nations dont nous avons parlé auparavant, paroissent avoir quelque inclination aux Augures & aux Superstitions de Mahomet, par la correspondance qu'ils ont avec les Malais & ceux de Ternate.

L'opinion la plus reçuë est, que les Noirs ont été les premiers habitans de ces Isles, & qu'étant poltrons d'eux mêmes, ils ont laissé prendre les côtes à ceux qui sont venus de Sumatra, Borneo, Macassar & d'autres Païs, & se sont retirez dans les montagnes. Aussi dans toutes les Isles où sont ces Noirs & ces hommes Sauvages, les Espagnols ne possedent que les côtes, encore pas par tout, comme depuis Maribeles jusqu'au Cap de Bolinao dans l'Isle même de Manille, ou pendant 50. lieues de rivage il n'y a pas moyen de descendre, de crainte des Noirs, qui sont les plus inveterez ennemis qu'ayent les Europeans.

Tout l'interieur de l'Isle étant de cette maniere occupé par ces Brutes, contre lesquels quelque armée que ce fût seroit inutile dans l'épaisseur des bois, à peine le Roy a t'il de dix habitans de l'Isle un qui soit son sujet, comme les Espagnols me l'ont dit plusieurs fois.

Les P P. Missionaires font tout ce qu'ils peuvent, pour les mettre dans le chemin du Salut ; ils vont dans les bois prêcher à quelques uns qui ne font pas d'un esprit si farouche, qui font même une petite cabanne pour le Missionaire qui en convertit quelqu'un, mais sur le moindre soupçon, ils brûlent & Eglise & Cabanne & tout ce qu'il y a, & se retirent dans le plus épais du bois. Cela vient de ce que les Indiens Chrêtiens, afin d'avoir eux seuls le gain de la cire que les Noirs recueillent dans les bois, leur ont mis dans la tête d'éviter autant qu'ils pourroient, le joug des Espagnols, parce qu'ils feroient contraints ensuite de payer le tribut. Celui qui en prend un, a droit de le retenir comme son esclave, mais s'il se fait Chrêtien, il est obligé de luy donner la premiere li-

berté aprés dix ans de service, & alors,
par l'inclination qu'il a pour la montagne où il est né, ils s'y en retourne
à la premiere occasion qu'il trouve.

Il y a encore une autre sorte de peuple, pas si poli que les premiers, ni si barbares que les seconds ; ce sont ceux qui
vivent aux sources & que l'on appelle à
cause de cela Ilayas ou Tinghians, comme qui diroit, habitans de montagne. Il
y en a encore d'autres appellez Zambales & Igolottes, qui ont commerce
avec les Tagalis & les Bisayas. Quelques uns d'eux payent le tribut, quoi
qu'ils ne soient pas Chrêtiens ; & l'on
croit qu'ils sont Metiz des autres nations barbares ; parce qu'il se trouve
beaucoup de ressemblance dans la taille, la couleur & les manieres. Au
reste il n'est pas non plus sans vrai-
semblance, qu'il n'ait passé des habitans de la Chine , du Japon , de Siam,
de Camboia & de la Cochinchine
aux Philippines.

C H A P.

Chapitre VII.

De l'Isle de Luçon appellée vulgairement Manille.

APrés avoir parlé des Isles en ge-neral, il faut presentement tâ-cher de les décrire en particulier. Commençant par Luçon ou Manille selon les Espagnols, qui est la principale. Son extremité Orientale est au 13. degré 30. minutes & sa Septentrionale est presque au 19. sa figure est comme celle d'un bras plié, inégal, pourtant dans son épaisseur, puisque du côté de de l'Orient, on peut la traverser en un jour, & que de celui du Nord, elle s'élargit si fort, que sa moindre largeur pour aller d'une mer à l'autre sera de 30. à 40. lieues. Toute sa longueur est de 160. lieues Espagnoles, & son circuit est d'environ 350.

Dans le coude de ce bras, il y a une grand riviere qui se rend dans la mer & forme un Baie de 30. lieues de circuit. Les Espagnols l'appellent Bahia, à cause de la riviere du grand lac de Bahi, qui est à 18. mille de la

Ville. Les Indiens avoient en cet endroit leur principal Village, qui étoit d'environ 3800. maisons dans l'angle formé par la mer & la riviere. Ils avoient derriere eux plusieurs marais, qui fortifioient naturellement la place, & un terrain qui produisoit en abondance tout ce qui est necessaire pour la vie humaine; c'est pourquoy Michel Lopez, le premier qui a conquis l'Isle, trouva à propos de fonder en cet endroit la ville principale avec l'ancien nom de Manille, ce qui fut executé le jour de saint Jean en 1571. cinq jours aprés la conquête; mais comme ce fut le 19. du mois qu'elle arriva, jour de sainte Potentiane, on l'a choisie pour la Patrone de l'Isle.

A trois lieues de Manille dans la même baye, est le port de Cavite; la baye est profonde presque par tout & fort poissonneuse, ses rives sont bordées de villages & de quantité d'arbres. A son entrée à 8. lieues de Manille on trouve Maribeles, qui a 3. lieues de circuit & est fort haute. Il y a là un Officier reformé avec 6. soldats de garde, qui fait aussi l'office de Corregidor dans un village de 50. maisons, qui est du côté de Manille, ſon plus grand profit vient des Noirs qui luy apportent quantité de bois, pour un peu de tabac & de ris, ce qu'il vend enſuite bien cher à Manille. Il y a trois paſſages pour entrer dans la Baye : le premier eſt le plus fre-quenté, à cauſe qu'il eſt plus profond & qu'il a une demie lieue de largeur, c'eſt celui qui eſt entre ladite Iſle & la pointe du diable ; le ſecond a un quart de lieue de large entre la côte oppoſée & l'écueil des Chevaux, il n'eſt pas fort ſeur à cauſe du peu de fond & de quelques petits rochers ſous l'eau. Le troiſieme qui a trois lieues de large eſt entre l'écueil des Chevaux & la pointe de Marigondon, il eſt rempli de ſeches & il faut bien pren-dre garde en y entrant.

En ſortant de ladite Baye ſur la gauche par la route que prennent les vaiſſeaux de la nouvelle Eſpagne on trouve aprés 14. lieues de chemin la Baye de Balayan & Bombon, qui a 3. lieues de tour, derriere laquelle il y a un lac avec beaucoup d'habitations. En allant vers l'Eſt on paſſe la pointe du Soufre & l'on entre dans la Baye de Batangas, qui eſt habitée par des Indiens ; auprés de la pointe il y a la petite Isle de la Caza qui est toute remplie de gibier. Entre cette Isle & la pointe est le port de Malcaban, où le Gouverneur Gomez Perez de la Marinas fut assassiné avec plusieurs autres sur la Capitane par des rameurs Chinois.

Aprés avoir passé la Baye de Batangas on trouve les villages de Lovo & de Galban, dans le voisinage desquels on voit des marques de mines. C'est en cet endroit où finit la Province de Balayan, qui commence à Maribeles, & dans laquelle demeurent environ 2500. Indiens qui payent tribut. On entre ensuite dans celle de Calilaya ou Tayabas qui s'étend jusqu'au Cap de Bondo, & dans la terre jusqu'à Maubun sur la côte opposée de l'Isle. Elle est plus grande & a plus d'habitans que la premiere.

On passe aprés dans la Province de Camarines, où sont compris Bondo, Passacao, Ibalon capitale de la jurisdiction de Catanduanes, Bulan où se perdit le vaisseau l'Incarnation revenant de la nouvelle Espagne en 1649. Sorsocon ou Bagatao, port où l'on bâtit les gros vaisseaux du Roy, & Albay qui est une grande Baye hors du détroit, proche de laquelle il y a un Volcan fort haut, que les navire qui viennent de la nouvelle Espagne apercoivent de fort loin.

Il y a dans cette montagne quelques sources d'eau chaude, & entre autres une d'une telle qualité que quand il y tombe quelque chose, soit bois, os, feuille ou étoffe, cela se change en pierre. On a presenté à D. François Tello Gouverneur une écrevisse moitié petrifiée, parce qu'on prit grand soin que le tout ne le fût pas. Au village de Tivi, à deux lieues du pié de de la montagne, on trouve une grande source d'eau tiede, qui a aussi la proprieté de petrifier jusqu'aux animaux, comme des écrevisses, des serpens & des crocodiles. Le Pere Jean de sainte Croix, dans le tems qu'il étoit Curé de cet endroit, en trouva un pet rifiéqui étoit long comme le bras. Les bois de Molaye, de Binanuyo & de Naga se petrifient sur toutes autres choses. On voit de pareilles choses dans les autres Isles.

Au dela d'Albay vers l'Orient est le Cap de Buysaygay, & icy la côte remonte vers le Nord, en laissant à droit les Isles de Catanduanes, qui

D iij

en font éloignées de deux lieues ; enfuite en côtoiant l'Ifle on trouve la riviere de Bicor, qui vient d'un lac & baigne la ville de Caçeres, fondée par D. François de *Sande* fecond Gouverneur & Proprietaire de ces Ifles. L'Evêque du nouveau Caçeres y fait fa refidence, & les Provinces de Calilaya, de Camarines & d'Ibalon font fous fa jurifdiction.

On entre de la Province de Camarines, dans celle de Paracale, où font de riches Mines d'or, d'autres Mines de differens metaux & de la meilleure pierre d'Aimant. Il y a environ 7000. Indiens payans tribut, qui l'habitent. Le terrein eft bon & plat, il produit des Arbres de cacao & des Palmiers, dont on tire beaucoup d'huile & de vin. Après trois jours de chemin le long de la côte, on trouve la Baye de Mauban dans le ply du bras. Les Navires qui viennent de la nouvelle Efpagne ont quelquefois laiffé l'argent dans cet endroit pour le tranfporter à Manille. Au dehors de la Baye eft le port de Lampon, qui eft femblable à celui de Mauban.

Depuis Lampon jufqu'au Cap del Engaño, la côte n'eft habitée que par

des infideles & des barbares. C'eſt en
cet endroit que commence la Province & la Juriſdiction de Cagayan, qui
eſt la plus grande qui ſoit dans les
Iſles, parce qu'elle s'étend 80. lieues
en longueur & 40. en largeur. Sa Capitale eſt la nouvelle Segovie, qui fut
fondée par le gouverneur D. Conſal-
vo Ronquillo ; il y a l'Egliſe Cathe-
dale dans laquelle Frere Michel de Be-
navides fut élu premier Evêque en
1598. La ville eſt ſituée ſur le bord
d'une riviere du mêne nom, qui vient
des montagnes de Santor dans Pam-
pagna, & qui traverſe preſque toute
la Province. L'Alcalde major de la Province y fait ſa reſidence avec une garniſon d'infanterie Eſpagnole & d'autres nations. On y a bâti un Fort de
pierre & fait d'autres ouvrages pour ſe
defendre contre les Irayas qui ſont des
Indiens revoltez, demeurans dans les
montagnes qui partage toute l'Iſle. Les
Paroiſſes dans cette Province appartiennent aux Dominiquains. Le Cap le
plus ſeptentrional eſt celui del Engaño,
qui eſt fort dangereux pour les vents
de Nord & les grands courants.

Après avoir fait 15. lieues le long
de la côte d'Orient en Occident, on

trouve l'autre pointe que l'on appelle
le Boxcador : ce Cap étant passé, & suivant la côte qui va au midy, au bout
de 20. lieues finit la Province de Cagayan & commence celle d'Iloccos.
Les Cagayans qui sont en paix &
payent le tribut peuvent être au nombre de 9000. outre ceux qui ne sont
pas subjugez. Toute la Province est
fertile, les habitans sont robustes de
corps & fort appliquez à l'agriculture & à la milice ; les femmes font
divers ouvrages de coton. Les montagnes fournissent de la cire, sans aucune peine, les essains de mouches y
étant en si grande quantité non-seule-
dans cette Province, mais encore dans
toute l'Isle, que la cire y est à si vil
prix, que tous les pauvres s'en servent
au lieu d'huile. On fait ainsi les chan-
delles dans un bois perçé ou dans une
canne. On laisse dans les deux extre-
mitez un petit trou, pour y passer la
mêche, on ferme celui d'en bas, &
on l'emplit par celui d'en haut, ainsi
la chandelle est faite en un moment &
de quelle grosseur on la veut, dés que
la cire est refroidie, on brise le moule
pour la tirer dehors. On trouve sur
les montagnes beaucoup de ce bois

que nous appellons de Brefil , de l'E-
bene & d'autres fort eftimez. Les Forêts fon pleines de fangliers, qui ne
fontpas fi bons que les nôtres,&deCerfs
que l'on tue pour la peau & les cor-
nes dont on fait commerce avec les
Chinois. La Province d'Iloccos paffe
pour une des plus peuplées & des plus
riches des Ifles. Elle a 40. lieues de
côte, & eft fituée fur les bords de la
riviere Bigan, le Gouverneur Guido
de Laccazarris , fucceffeur de l'Adelan-
tado fonda en 1574. la ville Fernan-
dine. La Province ne s'etend pas plus
de huit lieues dans les terres, parce
qu'on trouve d'abord les montagnes
& les forets qui font habitez par les
Igolottes, nation de grande ftature &
gueriere, & par des Noirs qui ne font
pas encore fubjuguez. On a vû l'eten-
due du pays entre les montagnes ,
lorfqu'en 1623. l'armée marcha 7. jours,
ne faifant que 3. lieues par jour, paffant toûjours fous des arbres de noix
mufcades fauvages & des pins, elle
arriva enfin au haut de la montagne,
où étoient les principales habitations
des Igolottes. Ils vivent dans ces endroits là à caufe des riches mines d'or
qu'il y a, qu'ils amaffent & troquent

D y

avec ceux d'Iloccos & de Pangasinan
pour du tabac, du ris, & autre chose.
Outre l'or cette Province produit beaucoup de ris & de cotton, dont on fait
de belles étoffes.

On entre ensuite dans la Province
de Pangasinan dont la côte a 40. lieues
d'Espagne de longueur ; elle est à peu
près de la même largeur que celle
d'Iloccos. Ses montagnes & ses campagnes produisent beaucoup de bois
que les Indiens appellent Sibucau,
pour teindre en rouge & en bleu.
Tout le dedans de la Province est habité par des Indiens sauvages, qui
vont comme les bêtes, tout nuds &
errans dans les forêts & sur les montagnes, se couvrant seulement les
parties d'une feuille. Ils sement quelque chose dans leurs vallées, & ta-
chent d'avoir ce qui leurs manque des
Indiens conquis, en leur donnant des
petits morceaux d'or qu'ils ramassent
dans le lit des rivieres. On compte
9000. Indiens payans tribut dans la
Province d'Iloccos, & 7000 dans celle
de Pangasinan. C'est sur la côte de cette derniere qu'est le port de Bolinao,
& la Playa Onda, endroit fameux
dans les Philippines, pour la victoire

qus les Espagnols obtinrent sur les Hollandois.

La Province de Pampanga, où finit le Diocese de la nouvelle Segovie, & commence celle de l'Archevêque de Manille, suit celle de Pangasinan. La Province est grande & importante, parce que les gens du pays étant bien instruits par les Espagnols, sont necessaires pour la conservation de l'Isle, & effectivement ils s'en sont servis non-seulement dans Manille, mais encore dans Ternate & dans d'autres Provinces. Outre cela le terrein est trés-fertile, sur tout en ris, à cause de la grande quantité d'eaux, & c'est où l'on en fait provision pour Manille. Elle fournit aussi le bois necessaire pour les vaisseaux, ses Forêts étant sur la Baye, peu éloignées du port de Cavite. On y compte 8000. Indiens qui payent le tribut en ris. Les Zambales, peuple feroce & les Noirs aux cheveux crêpus, comme ceux d'Angola, demeurent dans les montagnes de cette Province. Ils sont continuellement aux mains entre eux, pour défendre les Limites de leur jurisdiction sauvage, & s'empêcher tour à tour l'entrée dans les bois, où ils ont leurs

D vj

paturages & leurs chaſſes.

La Province de Bahi qui eſt à l'O-
rient de Bahi, n'eſt pas moins importante pour la conſtruction des vaiſſeaux.
Autour du lac de ſon nom & des villages circonvoiſins, viennent les meilleurs fruits que l'on mange dans l'Iſle,
ſur tout l'Areque ou la Bonga, & le
Buyo qui eſt la même choſe que le
Betlé. C'eſt un fruit aromatique trés-
tendre, dont nous avons aſſez parlé
dans le troiſiéme tome, mais on doit
ſçavoir que celuy de Manille ſurpaſſe
tous les autres, & les Eſpagnols ne
font rien autre choſe que d'en mâcher depuis le matin juſqu'au ſoir. Le
fruit qui naît de cette plante, s'appelle Tacloué.

Les habitans de cette Province ſont
fort haraſſez, étant obligez d'aller couper les bois neceſſaires pour la conſtruction des vaiſſeaux; il y en a tous
les mois depuis 200. juſqu'à 400.
d'occupez à ſcier ſur les montagnes ou
dans le port de Cavite. Le Roy leur
donne un piece de huit par mois & du
ris à ſuffiſance. On compte environ
6000. Indiens dans la Province, qui
payent tribut.

Il y a encore la Province de Bulacan

située entre Pampanga & Tondo. Elle est très-petite & habitée par les Tagales, elle abonde en ris & en vin de palme. Il n'y a que trois milles personnes qui payent tribut.

On trouve par toute l'Isle de l'Or, abondance de cire, de la civette, du cotton, du soufre, de la canelle sauvage, du cacao, du ris, même sur les montagnes, de bons chevaux, des vaches, des bufles, & dans les montagnes des cerfs, des sangliers & des bufles sauvages.

Après avoir fait le tour de Manille, il me reste à dire quelque chose d'une petite Province, qui est proche de l'embouchure du canal, & que j'ai laissée exprès; parce que quoique sa Capitale soit sur les terres de Manille, le reste est composé de plusieurs Isles, comme Catanduanes, Masbate & Bourias. La premiere a trente lieues de tour, & sa figure est triangulaire. Elle est des premieres que l'on trouve en venant aux Isles, & si proche de l'Embocadero de Saint Bernardin, que plusieurs Pilotes s'y sont trompez, & ont perdu leurs Navires, parce que croyant entrer dans la bouche du détroit, ils se sont mis entre des seches très-dangereuses, dont

toute l'Ifle eft environnée jufqu'à une
portée de moufquet de la côte. Elle eft
expofée aux vents du Nord, ce qui fait
qu'on n'en peut approcher que depuis
la mi-Juin, jufqu'à la mi-Septembre;
elle abonde en ris, huile de palme, cocos, miel & cire. Il y a plufieurs rivieres dangereufes à paffer, dans le lit
defquelles on trouve de l'or, que les
torrens qui tombent des montagnes en-
trainent avec eux. La plus grande s'appelle Catandangan & Catanduanes par
les Efpagnols, ce qui a donné le nom
à l'Ifle. La principale occupation des
Habitans eft de faire de petites barques
legeres qu'ils portent vendre à Mindoro, à Calelaya, à Balayan & ailleurs,
comme on fait les boettes de Flandres.
Ils en font premierement une grande
fans pont & fans cloux, mais qui eft
feulement coufue avec des cannes des
Indes, & puis les autres plus petites,
qu'ils mettent l'une dans l'autre, & les
tranfportent ainfi pendant cent lieues
de chemin. La nation eft guerriere, & fe
peint comme les Bifayas, ils font fi bons
rameurs & fi bons Mariniers, qu'en
fautant dans l'Eau, ils redreffent en
un clin d'œil une barque qui auroit tour-
né. Comme ils craignent ces accidens

ils portent leurs provisions dans des
troncs de cannes bien serrez & attachez aux côtez de la barque. Ils n'ont
point d'autre habillement qu'un Bagab
ou veste qui leur vient jusqu'aux genoux. Les femmes ont l'esprit mâle &
sçavent cultiver la terre & pêcher, aussi
bien que les hommes. Elles sont habillées modestement à la maniere des Bisayas, elles ont une robe & un long
manteau, leurs cheveux sont liez sur le
haut de la tête d'un nœud fait en forme de rose. Elles portent sur le front
un morceau d'or battu, large de deux
doigts, qui est doublé de taffetas, &
trois pendans d'or à chaque oreille, l'un
comme on les porte en Europe, & les
deux autres plus haut. Elles ont des an-
neaux aux jambes qui font du bruit,
lorsqu'elles marchent.

CHAPITRE VIII.

Des Isles de Capoul, Ticao, Bourias, Masbate, Marinduque, Mindoro, Louban, Babouyanes, Paragua, Calamianes, Cuyo, Panay, Imaras, Sibouyan, Romblon, Batan & Tablas.

A L'entrée du Détroit dont nous avons parlé, se trouve Capoul, & plusieurs autres petites Isles qui rendent le canal étroit & les courans si violens, qu'ils font tourner des Navires de trois ponts jusqu'à deux ou trois fois. Capoul a trois lieues de circuit, son terroir est très-fertile, agréable & commode pour les Indiens qui y ont de bonnes habitations, faites à la maniere de celle des Bisayas. A huit lieues au Nord-Est de la bouche du détroit est Ticao, Isle de huit lieues de circuit, habitée par des Indiens, dont la plus grande partie sont Sauvages. Il y a un assez bon port, l'on y trouve de l'eau fraîche & du bois ; c'est la derniere terre que touchent les vaisseaux qui vont à la nouvelle Espagne.

On trouve Bourias à quatre lieues à

l'Oueſt de Ticao; cette Iſle a cinq lieues de circuit, contient quelques Indiens Tributaires qui dépendent de la Paroiſſe de Masbate, qui eſt dans une autre Iſle au Sud de la derniere, dont les Eſpagnols ſe rendirent maîtres en 1569. On dit que Masbate a trente lieues de tour, qu'elle eſt large de huit, & longue à proportion : ſes ports ſont commodes à tel vaiſſeau que ce ſoit pour y faire de l'eau. Elle eſt habitée par deux cent cinquante familles Indiennes, qui payent le tribut en cire, ſel & civette. Mais ceux qui demeurent dans les montagnes & ſont venus d'autres pays, ſont en fort grand nombre. Il y a de riches mines d'or à vingt-deux carats, & le contre-maître du Galion le Saint Joſeph, ſur lequel je paſſai à la nouvelle Eſpagne, y étant un jour deſcendu, en tira en peu de temps une once & un quart d'or très-fin. On ne travaille point aujourd'hui à ces mines, à cauſe du peu d'attention qu'y font les Eſpagnols, qui ayant tous les ans de la nouvelle Eſpagne, pluſieurs centaines de mille pieces de huit, à dix pour cent de commiſſion, ſe ſoucient fort peu d'aller chercher l'or dans les mines. Les Indiens d'un autre côté, lorſqu'ils ont un plar de ris, ne fongent pas à un fi prétieux métal : & s'ils en ramaffent quelque-fois dans les rivieres, ce n'eft que quand on les preffe pour payer le tribut, n'en prenant pas plus qu'il n'en faut pour le payement. Les bords de cette Ifle font fouvent enrichis d'ambre gris, qu'y jettent les courans du canal qui s'y termine.

Laiffant derriere Ticao, Masbate, Bourias, & fuivant la route des vaif-feaux, qui viennent d'Acapulco, on trouve Marinduque à quinze lieues de Manille. Son circuit eft de dix-huit, fon terroir eft élevé & abondant en cocos, & autres fruits dont fe nourriffent les Habitans, parce qu'on y trouve peu de ris. On y fait beaucoup de poix, & la cire n'y eft pas fi commune que dans les autres Ifles. Elle eft habitée par cinq cent familles d'une Nation tranquille, qui s'eft incorporée à la Nation & à la Jurifdiction des Tagales, quoiqu'ils foient d'une autre origine, comme on le voit par le langage particulier qu'ils ont entre eux.

Mindoro qui eft à huit lieues de Ma-nille, & cinq de Marinduque, a foi-xante-dix lieues de circuit. Sa figure eft longue, & fa plus grande largeur eft au Cap du Sud, où avec une autre petite

Ifle élevée, qu'on appelle Ebin, elle
forme un détroit entre elle & Panay,
à qui l'on donne le nom de Potol. Il
y en a encore un autre entre cette Ifle
& Luban, qui eft connu fous le nom
de Calabite. Les Habitans de Mindoro
fe rendirent fur le champ, lorfque le
Capitaine Dom Juan de Salzado leur
eût fait entendre, qu'il ne venoit pas
pour leur faire aucun mal. Ils lui don-
nerent par reconnoiffance certains or-
nemens d'or, appellez Oimos, qui
éto'ent en ufage dans ce temps-là.

La terre de Mindoro eft élevée &
pleine de montagnes, elle eft abondante en palmiers, & toute autres fortes de fruits, mais on ne trouve du ris
qu'en certains endroits. Les canaux &
les embouchures des rivieres font habitez par des Indiens paifibles, qui
du côté de l'Eft du Nord-Eft & de la
côte de Manille font Tagal, & du côte de celle de Panay, font Bifayas.
Ceux qui vivent dans le cœur de l'Ifle
font Manghiens, qui quoique different
dans leur langage, s'accordent en ce
qu'ils n'ont aucune forme de gouvernement. Ils vont nuds, fe couvrant feulement les parties avec des écorces d'arbre, & comme ils ne fe nourriffent que
de fruits fauvages, ils changent de de-

meure selon les saisons. Quoiqu'ils
soient voisins de Manille, ils ont encore la simplicité de changer la cire de
leurs montagnes, pour des cloux, des
couteaux, des éguilles, des plats, &
autres bagatelles. Quelques Peres de la
Compagnie très-dignes de foi, m'ont
assûré que ces Manghiens ont une queue
de quatre à cinq pouces de longueur.
Ils sont d'ailleurs braves & payent le
tribut, mais jusqu'à present ils n'ont
point embrassé la foi Catholique, sinon
quelques-uns du territoire de Nauhan,
& cela parce qu'ils se sont retirez, &
vivent sur le haut des montagnes. La
Capitale de l'Isle où l'Alcalde fait sa
residence, est Baco ; l'endroit est plein
d'eaux fort saines, qui coulent des montagnes, sur lesquelles on trouve quantité de salsepareille. On trouve proche
de Baco le vieux Mindoro, qui a donné
le nom à l'Isle. Un de ces Caps, appellé le Varadero s'étend vers Tal Village de la côte de Manille, entre les
Baies de Bombon & de Batangas, &
parce qu'il se trouve entre les deux une
petite Isle que l'on appelle Verte, le
passage pour les Navires qui vont &
viennent de Cavite, n'a pas plus d'un
mille de large, ce qui cause des tour-

nans & des courans d'eau, qui mettent les vaiſſeaux en grand danger, lorſqu'ils n'entrent pas dans le canal avec un vent & un courant favorable. On compte dans Mindoro & dans Louban mille ſept cens Habitans qui payent le tribut en cire & en une eſpece de chanvre noir dont on fait des cables pour les vaiſſeaux du Roi que l'on bâtit à Tal. Louban eſt une petite Iſle baſſe qui a cinq lieues de circuit. Proche de cette derniere eſt la petite Iſle d'Ambil, où ſe trouve un volcan fort haut, que les Navires des Indes découvrent de loin, à cauſe des flammes continuelles qu'il vomit. Le peuple de Louban eſt violent, & ſujet à l'ivrognerie. Cette Iſle a été la premiere qui ait fait reſiſtance aux Eſpagnols, à cauſe de quelques petites pieces de canon qu'ils avoient dans un Fort. Ce fut en 1694. que le Galion le Saint Joſeph, dont on a déja parlé, & dont la charge deſtinée pour Acapulco étoit eſtimée environ 2000000. ſe perdit ſur la côte de cette Iſle, & qu'il n'y eût que quelque peu de perſonnes de ſauvées.

De Louban en remontant vers le Nord, on ne voit aucune Iſle digne de remarque ; ſeulement après avoir paſſé

le Cap Boxeador, à huit lieues vis-à-
vis la nouvelle Segovie, on trouve les
petites Isles basses de los Babouyanes,
qui s'étendent jusqu'à l'Isle de Formosa, & de los Lequios. Dans la plus proche que l'on a conquise, il y a cinq
cens originaires qui payent tribut. Elle
produit de la cire, de l'ébene, des batates, des cocos, des platanes & autres
choses qui servent à nourrir les Habitans, & certains animaux qu'on appelle Babouyes en Langue du pays, d'où
est venu le nom de Babouyanes.

A 14. ou 15. lieues au Sud-Ouest de
Louban, se trouvent las Calamiones,
Province composée de 17. petites Isles
soumises, outre plusieurs autres qui
ne le sont pas encore. Parmi les premieres, il y en a une grande, que l'on
appelle Paragua, dont une partie appartient aux Espagnols & l'autre au
Roy de Borneo. Cette Isle est la troisiéme en grandeur parmy les Philippines ; sa figure est longe, comme un
bras avec lequel Manille & Mindoro
paroissent se donner la main avec la
grande Isle de Borneo. Son circuit est
de 250. lieues, sa longueur de plus de
100. & sa largeur quelquefois de 12.
& quelquefois de 14. Le milieu de

l'Isle est sous le 10. degré, & son Cap appellé Tagusau vers le Nord-Ouest, n'est éloigné de Borneo que de 50. lieues, dans cet espace, il y a une si grande quantité d'Isles basses, qu'elles paroissent joindre les deux grandes Isles. Les habitans des lieux maritimes de ces Isles & de Tagusau, sont sujets au Roi de Borneo, qui est Mahometan ; mais le milieu du pays est habité par des Indiens sauvages, barbares, sans loi, ni Roi, & qui apportent tous leurs soins, pour ne se pas laisser soumettre au Roi de Borneo, ou aux Espagnols. Ils sont maîtres de la moitié de l'Isle. Les Espagnols peuvent avoir douze cens Indiens qui leur payent tribut ; ces Indiens sont aussi noirs que ceux d'Afrique, & n'ont jamais de demeure fixe. Lorsqu'il fait froid, ils allument un grand feu, & toute la multitude se met autour. Ils sont fort fideles aux Espagnols qui tiennent une garnison de deux cens hommes, partie Espagnols, partie Indiens, avec un Alcalde qui fait sa residence à Taytay sur le Cap opposé à celui de Tagusau, que les Epagnols appellent Bornei, où il y a un Fort assez mediocre. Le Lampuan ou Gouverneur pour le Roi de Borneo fait fa refidence à Layo. L'Ifle eft fort montagneufe, & pleines de toutes fortes d'arbres & d'a-nimaux ; on trouve beaucoup de cire fur les montagnes, mais la recolte du ris eft fort legere. Le Capitaine Dom Manuel d'Arguelles d'Oviedo, perfon-ne de merite & de credit, m'a dit qu'il alla un jour pour conferer avec le Lam-puan touchant quelques affaires, & qu'après qu'il l'eût traité pendant cinq jours avec toute forte de civilité, il fe tira une goute de fang qu'il mit dans un verre de vin qu'il lui prefenta, pour lier l'amitié encore davantage ; le Ca-pitaine le but, & lui en prefenta tout autant. Quand les Mores ont fait cette ceremonie, ils feroient plutôt tort à leur frere qu'à leur ami.

Il y a encore une autre barbare coû-tume en ufage parmi les Chrétiens de Paragua, que les Miffionnaires n'ont pû abolir, comme me l'a conté le mê-me Capitaine, qui a été Alcalde pen-dant deux ans, qui eft, que fi un enfant vient au monde aveugle, boiteux, ef-tropié ou defectueux enforte qu'il ne puiffe travailler, ils le mettent tout vivant dans le tronc d'une canne & l'enterrent ainfi, comme inutile à fes

parens

parens & au monde. L'Alcalde commen-
doit autrefois une petite flotte de gale-
res, outre la garnison, pour se défendre
contre ceux de Borneo, mais on la re-
trancha lorsque la paix fut conclue en
1685. par les soins de D. Juan Morales
Gouverneur du château de Manille.

Dans les conversations que j'ay eues
plusieurs fois avec ledit Morales, je me
suis informé du ceremonial qui s'obser-
va dans son Ambassade; il me dit que le
Roi de Borneo le reçut en public, assis
à la Mahometane dans un trône élevé de
plusieures marches, qu'il le fit seoir sur
quelques oreillers qui étoient sur des tapis; mais que cette reception étoit toute
singuliere, puisque le Roi ne donne audience à d'autres, que deriere un ri-
deau. Cela ne doit pas étonner, parce
que ce Prince est si fier & si reservé, qu'il
ne permet qu'à son premier Ministre
de voir son visage, encore faut-il que
ce soit dans des cas de la plus grande
importance : & il ne peut pas faire
autrement, puisqu'il a fait serment à
son avenement à la Couronne, d'être
ainsi retiré. Ledit Morales passa trois
mois à Borneo, & fut fort bien traité
au dépens du Roy.

Proche du Cap septentrional de Pa-

ragua, vers l'Eſt on trouve les 3. Iſles
appellées Calamianes, qui donnent le
nom à une Province. Ces Iſles & 9.
autres voiſines, toutes petites ſont habitées d'Indiens paiſibles. Dans les unes
il y en a 150. qui payent tribut, dans
les autres moins. La principale choſe
que leur rapportent leurs montagnes
eſt la cire, dont ils font la recolte
deux fois par an. On trouve ſur les
rochers proche de la mer, de ces nids
d'oiſeaux ſi eſtimez, & l'on y peche
auſſi de trés belles perles le long des
côtes.

Au dela de Calamianes, à la vue
de la haute montagne de Mindoro,
ſont les 5. Iſles de Cuyo, peu éloignées
les unes des autres. Il y a environ 500.
familles qui payent tribut, & qui ſont
plus raiſonnables & plus affectionnées
aux Eſpagnols, que celles de Calamianes & de Paragua. Ils s'attachent fort
à travailler, & par cet endroit recueil-
lent grande quantité de ris, de legumes & d'autres fruits. Les montagnes
ſont pleines de toutes ſortes d'animaux
& d'oiſeaux. La Province de Calamianes finit à ces Iſles, & l'on entre dans
celle de Panay, dont la premiere terre
eſt Potol. Panay eſt l'Iſle la plus habitée

& la plus fertile de tout l'Archipel ; sa figure est triangulaire, & son circuit est de 100. lieues. Les noms de ses principaux Caps sont Potol, Naso & Boulacabi. La côte depuis Boulacabi jusqu'à Potol court de l'Est à l'Ouest ; celle de Potol à Naso , du Nord au Sud ; celle de Boulacabi jusqu'au Cap d'Iloilo qui est plus petit que les autres, va encore du Nord au Sud, & celle d'Iloilo à Naso & de l'Est au Ouest. Le milieu de l'Isle est situé sous le 10. degré de latitude. Du côté du Nord presque au milieu des deux Caps de Boulacabi & de Potol, la fameuse riviere de Panay se rend à la mer, vis-à-vis de la petite Isle Lutaya, où les Espagnols trouverent une seure reretraite dans son port, avant la decouverte & la conquête de Manille & de Cavite. La fertilité de Panay vient, de ce que cette Isle est arrosée de plusieurs rivieres, ce qui fait que l'on ne peut pas faire une lieue sans trouver un ruisseau, qui se rend à la mer, & sur tout proche de la grande riviere qui donne son nom à tout le pays & qui l'arrose pendant 40. lieues de chemin. Des Espagnols m'ont assûré que quand il tonne dans

cette Ifle, aulieu de foudre ce font des
petites croix de pierre d'une couleur
de verd noiratre qui tombent & qui
ont une grande vertu, j'en ay vû entre les mains des Efpagnols, & il eft
trés-poffible qu'ils en ayent fait, des
mêmes pierres qui font tombées; mais
ils affurent qu'elles font naturelles &
font ainfi tombées du Ciel, ce que je
ne garantis pas.

L'Ifle divifée en deux jurifdictions,
afin que la juftice foit mieux adminif-
trée. La premiere qui eft celle de Panay, comprend tout ce qui eft entre
le Cap de Potol, & celui de Boulacabi : le refte de l'Ifle dépend de l'Alcalde d'Otton, qui fait fa refidence à
Iloilo, qui eft fur un Cap qui s'avance vers le Sud entre les rivieres de
Tig, Bavan & Jaro, & vient à for-
mer, avec l'Ifle d'Imaraz un détroit
qui n'a pas plus de demie lieue de large, ou pour mieux dire, un port ou-
vert. Ce fut fur ce Cap que le Gouverneur D. Confalvo Ronquillo fit
bâtir un Fort en 1681. Il y a dans l'Ifle
16361. perfonnes qui payent tribut,
parti au Roy, partie aux Seigneurs
particuliers, mais le tout en ris; l'Ifle
en produifant 100000. boiffeaux me-

sure d'Espagne, mais peu d'autre grain. Les habitans sont de grosse corpulence, bons laboureurs & bons chasseurs; l'Isle leur fournissant des Cerfs & des Sangliers. Les femmes s'occupent à faire des étoffes de diverses couleurs.

Il y a dans l'Isle 14. Paroisses dépendantes des Augustins, trois Benefices déservis par des Prêtres seculiers & un College de la Compagnie de Jesus, dans lequel ils administrent les Sacremens à la garnison d'Iloilo. Outre ceux qui payent tribut, il y a encore de ces Noirs, qui ont été les premiers habitans de l'Isle, & que les Bisayas ont obligé de se retirer dans l'epaisseur des bois. Ils n'ont pas les cheveux si crêpus & sont de plus petite taille que ceux de Guinée. Ils vivent dans les lieux les plus escarpez des montagnes avec leurs femmes & leurs enfans; ils vont nuds comme des bêtes, & sont si legers à la course que souvent ils attrapent des Cerfs & des Sangliers. Ils demeurent autour de l'animal, jusqu'à ce qu'il soit mangé, puisqu'ils ne peuvent faire d'autre recolte que celle que leur donne leurs arcs & leurs fléches. Ils fuient les Espagnols, non pas qu'ils les haïssent, mais ils les craig-

E iij

nent. Il y a 8. ans que l'Auditeur D.
Juan de la Sierra, Miniftre d'une trés
grande integrité, étant allé voir l'Ifle,
quelques uns de ces Noirs defcendi-
rent de leurs montagnes & demande-
rent aux PP. Miffionnaires d'être inf-
truit dans notre Sainte Religion, &
lui apporterent dans un panier une petite Noire âgée de 20. ans, qui n'a-
voit que 2. palmes & un quart de haut
que l'on baptifa & à qui l'on donna
le nom de Marie.

Parmi les Ifles qui font autour de
Panay, fe trouve celle d'Imaraz vis-
à-vis d'Iloilo, qui eft longe & baffe,
elle a 3. lieues de largeur & 10. de
circuit : fon terroir eft fertile & abondant en falfepareille & en bonnes
eaux : on trouve dans fes montagnes
des Cerfs, des Sangliers & quantité
de bons arbres. Il y a le port de Ste.
Anne, qui n'eft qu'à 3. lieues d'Iloilo.

A 10. ou 11. lieues au Nord de Boulacabi, & l'Ifle de Sibouyan, pareille
à celle d'Imaraz. Deux lieues plus au
Nord, on trouve Romblon & Batan,
& enfin l'Ifle de Tablas, qui eft plus
grande que les dernieres & n'eft éloignée du Cap de Potol que de 5. lieues
Ony trouve beaucoup d'Indiens qui par-

sent le même langage que ceux de Panay & ne different presque en rien les uns des autres.

CHAPITRE IX.

Des Isles de Samar, Leyte, Bool, Sibu, Bantayan, Camotes, Negros, Fuegos & Panamao.

ENtre les deux grandes Isles de Manille & de Mindanao, on trouve celles de Leyte, Samar & Bool, la premiere est la plus proche de Manille s'appelle Samar du côté des Isles, & Ibabao du côté de la grande mer. Sa figure est comme le tronc d'un corps humain, sans têtes ni jambes ; sa plus grande longueur est depuis le Cap de Baliquaton, qui avec la pointe de Manille, forme le détroit de S. Bernardin sous le 13. degré 30. minutes vers le Nord jusqu'à celui de Guiguan sous le 11. vers le Sud. Les deux autres Caps qui font les coudes du buste & la plus grande largeur de l'Isle, sont le Cap du S. Esprit, dont les hautes montagnes se font voir de loin aux vaisseaux qui viennent de la nouvelle Espagne, &

E iiij

l'autre à l'Occident, vis-à-vis Leyte, qui forme un détroit qui n'eſt pas plus large qu'un jet de pierre, & cependant le vaiſſeau S. Juanillo y a paſſé en venant de l'Amerique. L'Iſle a environ 130. lieues de tour. Entre le Cap de Guiguan & celui du S. Eſprit, on trouve le port de Borongon & pas loin de là ceux de Palapa & de Catubig, la petite Iſle de Bin & la côte de Catarman.

Il y a ſouvent des barques de nations inconnues qui font nauffrage ſur la côte de Palapa. Des perſonnes dignes de foi m'ont conté, que depuis quelques années il y arriva des gens, qui diſoient venir d'iſles peu éloignées. Une deſquelles n'étoit habitée que par des femmes, & que les hommes alloient en certain tems habiter avec elles & en rapportoient les enfans mâles. Les Eſpagnols l'appellent ſur cela l'Iſle des Amazones. Ils racontoient encore qu'ils s'y trouve une ſi grande quantité d'ambre gris, qu'ils s'en ſervent en guiſe de poix pour leurs barques ; ce qui paroit aſſez probable , vû que les tempêtes en jettent beaucoup ſur la côte de Palapa. Le Pere Antoine Borgia Jeſuite, Procureur

General des Philippines, m'a conté, aussi bien que Michel Martinez General du Galion, sur lequel j'ay passé à la nouvelle Espagne, qu'un Indien Chrêtien en avoit un trés grand morceau, & que ne le connoissant point, il s'en servoit comme de poix pour sa barque, mais que cela étant venu à la connoissance du Curé, qui étoit Jesuite, il l'acheta à trés bon marché. Le P. Borgia & le General Martinez croyoient que ces Isles qui ne font pas encore découvertes, étoient celles de Salomon, riches en or & en ambre, que les Espagnols cherchent depuis long tems.

En entrant par le détroit de S. Bernardin, aprés avoir passé Baliquaton on trouve la côte de Samar, le long de laquelle font les villages d'Ibatan, Bangahon, Catbalogan, où l'Alcalde Major & le Commandant des troupes font leurs residences, Paranos & Calviga. On passe ensuite le détroit de S. Juanillo, & on va jusqu'au Cap & à la petite Isle de Guiguan, qui finit le tour de l'Isle. Elle est fort pleine de montagnes escarpées, mais ses plaines font abondantes. Les fruits font comme ceux de Leyte, mais elle en a un

E v

particulier que les Espagnols appellent Chicoy, & les Chinois, qui l'estiment fort, Seyzu; il est sans noyaux. Il croit auprés de Catbalogan, une plante qui a des vertus surprenantes & est peu connue des Europeans, vû que les P P. de la Societé n'en ont fait les experieces que depuis quelques années. Les Hollandois, qui font negoce à Batavia, en ont connoissance, & ils payoient au commencement ses fruits jusqu'à une pistole la piece. La plante ressemble au lierre & s'attachent à un arbre. Le fruit qui croit aux nœuds & aux feuilles de la plante, est de la couleur & de la grandeur des pavies, & a en dedans 8. 10. & 16. noiaux, de la grosseur d'une noisette, verds & jaunes; quand ils font meurs, ils tombent d'eux mêmes à terre. Quelques uns l'appellent le fruit de Catbalogan, d'autres de S. Ignace & les Indiens, Bisay, Igasur. Il en croît dans les Isles de Bantajan, d'Ilabao, d'Igasur & de Caragas, mais les plus estimez font ceux de Panamao & de Leyte. Ils font plus d'effet si l'on y ajoûte un autre fruit que les Indiens appellent L'igazo & les espagnols Pepinillo dit S. Gregorio, qui ressemble fort au baume,

auſſi bien que la plante, mais qui eſt
plein en dedans d'une ſubſtance ſemblable à un paquet d'étoupes de chanvre. J'ay apporté de l'un & de l'autre
en Europe, afin que les curieux puiſ-
ſent faire l'experience de ces grandes vertus, qu'on leur attribue dans
ces pays là. En voicy la liſte telle que
me l'a donné l'Apotiquaire des P P. de
la Compagnie, ſuivant les experiences
qu'en a faite le P. Molero de la même
Compagnie.

La doze doit être proportionée à la
force du malade & à la violence du
mal ; mais l'ordinaire eſt le poids d'une
demie reale, c'eſt-à-dire la 16. partie
d'une once, pulveriſée & détrempée
dans de l'eau ou du vin. Si la doze ne
fait pas d'effet la premiere fois, on
peut l'augmenter avec prudence.

Premierement c'eſt un preſervatif
contre toute ſorte de poiſon, ſoit qu'on
l'ait reçû par des herbes venimeuſes,
ou par le ſoufle, comme ſont d'ordinaire les Indiens de Borneo, des Philippines & des autres Iſles ; parce que
ſi on porte cette poudre ſur ſoi, le
poiſon ne peut pas nous incommoder
mais au contraire incommodera celui
qui voudroit nous faire mourir. Cela

E vj

eſt ſi vray que le P. Alexis Jeſuite,
ayant mis par hazard dans ſa poche,
un de ces noiaux qu'il avoit trouvé dans
le jardin, un Indien qui étoit venu pour
l'empoiſonner avec le ſoufle d'herbes
venimeuſes, tomba en foibleſſe devant
luy. Et comme l'on s'informoit de la
cauſe d'un telle accident , les autres
Indiens avouerent la verité, (car ils
connoiſſent parfaitement bien la vertu de leurs herbes). & ainſi découvrir
la force merveilleuſe de ce fruit. Si
on la boit dans le vin, elle fait vo-
mir le poiſon , qu'on auroit avalé. Secondement elle eſt merveilleuſe contre
les coliques & les vents , quand on la
porte ſur ſoi , auſſi bien que la Tom-
baga, ou qu'on la boit dans du vin.
Troiſiémement elle ſoulage les maux
de ventre & d'eſtomac , quand elle
eſt priſe dans l'eau. Quatriémement
elle eſt bonne contre les convultions,
quand on en boit & qu'on en fait un
cataplame. Cinquiémement elle aide à
l'accouchement, & ſon effet eſt ſi ſen-
ſible, que ſi on l'appliquoit avant le
tems , elle cauſeroit du deſordre. Sixié-
mement elle eſt excellente contre les
douleurs de mere. Septiémement contre les morſures des bêtes venimeuſes,

foit en l'appliquant fur la plaie , foit en la mêlant avec quelque liqueur & la bûvant. Huitiémement, contre la morfure du ver Baful qui fe trouve dans les Philippines, en s'en fervant de la même maniere. Neuviémement, contre les fiévres tierces & quartes , fi on la prend quand l'accès commence. Dixiémement, elle étanche le fang des plaies, appliquée en poudre ou toute entiere. Onziémement, elle guerit les catarres, les maux de dents, & les douleurs des gencives. Douziémement, fi on la met dans la bouche, & qu'on avale fa falive, elle fortifie l'eftomac. Treiziémement, lorfqu'on la porte fur foi, elle eft bonne contre toutes fortes de fortileges. Quatorziémement, elle guerit tout cours de ventre , foit qu'il foit caufé par le chaud ou par le froid : on croit cependant qu'elle a encore bien davantage de vertus , mais l'ufage que l'on en fera nous les découvrira.

On a encore éprouvé que l'huile dans laquelle on aura fait frire de ces noyaux, a toutes les mêmes vertus , fi on la boit, ou fi on l'applique : mais de plus elle foulage les maux d'oreilles , & renforce la vûe.

L'Ifle de Leyte prend fon nom du

Village de Gleyte, situé dans une Baye,
vis-à-vis de Panamao. De la pointe de
cette Baye, la côte s'étend pendant
vingt lieues au Nord, jusqu'au Détroit
de Saint Juanillo : puis de là revenant
du Nord au Sud, on trouve l'Isle de Panahan, à trente lieues de distance, où
il y a deux Caps éloignez l'un de l'autre de trois lieues. Le premier s'appelle Cabalian, & l'autre Motavan,
nom qui vient d'un rocher qui est tout
vis-à-vis, & que l'on appelle aujour-
d'hui *Sogor.* Ferdinand Magellan, le
premier qui a découvert ces Isles en
1521. y entra par le Détroit de Panahan. Celui qui le reçût le mieux, ce
fut le Seigneur de la petite Isle de Di-
massavan, qui le conduisit jusqu'à Sibu, & reçût là le saint Batême avec le
Roi de l'Isle. Il y avoit dans les Villages de Cabalayan & d'Abuyog, un
nommé Tendaya, qui étoit le principal Seigneur, & qui fut l'unique refu-
ge des Espagnols & de la Flote de Villalobos en 1543. sur les traces duquel
sont venus ensuite les Capitaines du
Gouverneur Michel Lopez de Legaspi.

De Dimassivan ou Sogor, en allant
vers l'Ouest, on trouve encore quarante lieues de côte jusqu'à la pointe de

Leyte, & ainſi ſon tour eſt d'environ
quatre-vingt-dix ou cent lieues. Elle eſt
très-peuplée du côté de l'Eſt, c'eſt-à-
dire, depuis le Détroit de Panamao juſqu'à celui de Panahan, à cauſe des plaines fertiles, qui rendent cent & deux
cent pour un. Il y a de très-hautes montagnes qui partagent l'Iſle en deux, &
qui font une ſi grande alteration dans
l'air, que quand il eſt Hiver du côté
du Nord, dans le même-temps qu'en
Europe, il fait Eté du côté du Sud, &
ainſi du contraire. De ſorte que quand
une moitié de l'Iſle fait la moiſſon, l'autre ſeme, & qu'ils ont deux abondantes recoltes dans une années. Ces montagnes ſont pleines de cerfs, de vaches,
de ſangliers & de poules ſauvages, auſſi-
bien que de mines de pierres jaunes
& bleues. La terre produit pluſieurs racines (dont les Habitans ſe nourriſſent
également comme de pain) des legumes, des cocos, & du bois propre à
bâtir des vaiſſeaux ; la mer ne cede rien
à la terre, en leur fourniſſant quantité
de bon poiſſon. On compte neuf mille
perſonnes qui payent le tribut en ris,
en cire & en toiles ; les Peres Jeſuites
ont ſoin de leurs ames. Le peuple eſt
ſuſceptible de tout ce qu'on lui veut en-

feigner, & a deux bonnes coûtumes ;
l'une de fe recevoir les uns chez les autres, lorfqu'ils voyagent ; & l'autre de
ne point changer le prix des vivres,
quelque difette qu'il y ait, & cela fous
des peines très-grandes. L'air eft plus
frais à Leyte & à Samar qu'à Manille.

Du côté de Baybay & d'Ogmua,
l'Ifle de Leyte confine à celle de
Bool qui eft la troifiéme dont les Peres
de la Societé ont le foin. Sa longueur
du Nord au Sud eft de feize lieues, &
fa largeur de huit, & de dix; fa partie
meridionale eft la plus habitée, c'eft-
à-dire depuis Lobog fa Capitale, jufqu'à
la prefqu'Ifle ou petite Ifle Panglao. Il
y en a encore trois autres, mais qui
font moins peuplées, & l'on ne compte
en tout que mille deux cent perfonnes
qui payent le tribut. Le terroir ne produit point de ris, mais il eft riche en
mines d'or, & abondant en palmes,
batates & radines, qui fuppléent au défaut du ris. Les montagnes font pleines de bêtes fauves, & la mer fournit
quantité de poiffon, dont les Habitans
font échange avec ceux des Ifles
vofines pour du coton. Leur langage
eft le même que celui des Bifayas, mais
ils font plus blancs, mieux faits que

ceux de Leyte, Samar, & Panay, & plus braves sur terre & sur mer. Leur fierté paroît assez dans le surnom qu'avoit celui qui les commandoit qui étoit Baıay Tupueng, qui veut dire, le sans pareil. Mais elle a été abaissée par ceux de Ternate, les Portugais & les Espagnols, les uns après les autres ; & cela leur fut prédit en vers d'un ton fort lamentable par une de leurs Baylona ou Prêtresse nommée Cariapa.

Sogbu, Sibu ou Cebu, meritoit la premiere place dans cette description, si l'on avoit suivi l'ordre de la conquête, comme étant la premiere Isle où les Officiers de Magellan planterent l'étendart de sa Majesté Catholique en 1521. & d'où ils sortirent en 1564. pour subjuguer Manille & les autres Isles dont nous avons parlé ; mais j'ai voulu suivre l'ordre naturel, en les prenant d'Orient en Occident.

Sa figure un peu longue ne s'étend pas plus de quinze à vingt lieues, sa largeur est de huit, & sa circonference d'environ quatre vingt-quatre. Son Cap principal qui est au Nord-Est s'appelle Burulaque ; & de là ses deux côtes s'étendent, l'une du Nord-Est au Sud-Ouest, jusqu'au détroit de Tanay, & l'autre du Nord au Sud, jusqu'à la petite Isle de Matta, & la Ville du Saint nom de Jesus. Cette place est située sur une pointe presque au milieu de l'Isle, sous le dixiéme degré, & n'est éloignée de la petite Isle de Matta du côté de l'Est que d'un coup de mousquet, & du côté de l'Ouest d'un coup de canon; c'est en cet endroit où Magellan son beaupere le premier pilote, & le Capitaine Juan Serrano furent tuez.

On trouve entre ces deux terres un port où l'on est à l'abri de tous vents & qui a deux entrées du côté de l'Est & de l'Ouest, mais il y a quelques seches à éviter. Magellan trouva en cet endroit plusieurs vaisseaux de diverses Nations à l'ancre; le Roi voulut exiger de lui le droit pour les marchandises & pour l'ancrage, mais il s'en excusa, alleguant la grandeur de nôtre Monarque. Il y avoit alors dans Cebu trois mille familles de peuple guerrier: on fonda dans la suite le premier Village des Espagnols avec des Corregidors, des Alcaldes & autres Officiers de distinction. Le Roi en fit une Ville en 1598. en y envoyant pour Evêque le Pere Pierre d'Agurto Augustin. Il étoit permis dans ce temps-là à Cebu

d'envoyer des vaisseaux dans la nouvelle Espagne, de même que Manille aujourd'hui qui peut seulement y en envoyer deux. Cela est si vrai, que Manille, pour ne pas payer deux fois 70000
pieces de huit, en fait faire un si grand
qu'il porte la charge de deux, & que
l'on fraude ainsi le Roi. Depuis que cette derniere place, est augmentée Sibu a
perdu toute sa splendeur, & n'est plus
qu'un petit Village où demeurent l'E-
vêque, le Justicia Mayor, deux Alcaldes & quelques autres Officiers. La Ca-
thedrale & les maisons des principaux
Habitans sont dans la place d'armes,
vis-à-vis de laquelle il y a un bon Fort
de pierre triangulaire, avec trois cava-
liers pour la défense du Port, de la Ville & de la campagne. La garnison consiste en deux compagnies composées
d'Espagnols, de Pampanghis & de Cagayans. Le plus ancien Couvent est celui des Augustins Déchaussez, (qui y
ont les premiers prêché l'Evangile,)
sous le nom de l'Enfant Jesus, parce
que le jour que l'on fit la conquête de
la place, un Soldat de l'armée de Magellan trouva l'image du Saint Enfant,
parmi les dépouilles des vaincus. Les
Indiens dirent que cette Image (que

sans doute quelque *Soldat de Magellan*
avoit laissée dès la premiere découverte) étoit en grande veneration parmi
eux, qu'ils l'oignoient comme leurs autres Idoles , & qu'ils y avoient recours
dans leurs besoins. Il y a aussi un College des Peres de la Compagnie.

Des deux Bourgs ou Villages , celui
de Paryan est habité par des Marchands
& des Ouvriers Chinois , l'autre par des
Indiens originaires de l'Isle qui sont
exempts de tribut , parce qu'ils ont été
les premiers à se soûmettre aux Espagnols , & qu'ils leur ont aidé à découvrir
les autres Isles. L'on compte dans Sibu cinq mille maisons , & les Augustins sont Curez des Paroisses.

Le principal fruit que le terroir produit est la Borona , dont le peuple se
sert au lieu de ris. Elle est de la couleur
du millet , mais elle a un autre goût &
est un peu plus petite. Il produit encore beaucoup d'Abaca blanche pour
faire des cables , & des toiles les plus
fines. Cette plante est comme un pla-
tane des Indes , & on la seme ; quand
elle est meure , on la bat pour en tirer
les fils. On fait la même chose avec le
Gamuto que l'on tire du cœur de quelques palmiers pour en faire des cordes

noires , mais elles ne refiftent pas fi long-temps dans l'eau. Il y croit enco- re beaucoup de cotton , de tabac, de ciboules, des aulx & autre chofe ; on trouve dans les montagnes quantité de cire & de civette. Ils font du cotton, des toiles très-fines, & des palmes , une toile appellée Mandrenaque , dont la chaine eft de cotton.

Les Ifles qui font proche de Sibu, font du côté du Nord-Eft , comme Ban- tayan , petite Ifle environnée de quatre ou cinq autres plus petites , dans toutes lefquelles on ne compte que trois cens tributaires , occupez feulement à la pê- che , & à faire des toiles & des bas de cotton. A l'Eft entre Sibu & la côte d'Ogmuch & Leyte ; on trouve d'au- tres petites Ifles qu'on appelle Camo- tes , dont la principale eft Poro , qui dépend de Sibu.

Son Cap appellé Tanion confine avec l'Ifle des Noirs, qui a cent lieues de tour , & dont elle eft féparée par un petit canal d'une lieue de large très- dangereux pour les couran . Cette Ifle s'étend depuis le neuviéme degré juf- qu'au dixiéme trente minutes : elle eft fort fertile en ris, dont elle paye fon tribut, en fournit Sibu , & les autres

Isles voisines. Les montagnes sont habitées par des Noirs aux cheveux crêpus, qui ont donné le nom à l'Isle, & qui vivent en liberté comme leurs ancêtres. Le terroir est divisé entr'eux, les uns demeurant sur les sommets des montagnes, les autres sur les penchans, & ils se battent cruellement, si les uns veulent entrer chez les autres ; ce qui arrive souvent, parce que c'est une coûtume entr'eux que ceux d'enhaut ne peuvent point avoir de femme, à moins qu'ils ne l'ayent ravie à ceux d'en bas, & ainsi de même de ceux d'en bas, de sorte que tous les jours il y a du sang répandu, & beaucoup qui meurent de ces fleches empoisonnées, dont la pointe est ordinairement ou de fer, ou de caillou, ou d'os, ou de bois endurci au feu.

Il y a une troisiéme espece de Noirs qui demeurent aux embouchures des rivieres, qui n'ont point de communication avec les autres, & haissent si fort les Espagnols, qu'ils ne leur font aucun quartier. Cependant quand l'Isle est attaquée par les Corsaires de Mendanao & de Xolo, tous courent à la défense commune, & puis ils se retirent après dans les montagnes : ce qui les fait agir

ainſi, c'eſt qu'ils ſe regardent eux-mêmes comme les premiers Seigneurs de
l'Iſle. Les Biſayas, par reconnoiſſance
de ce qu'ils ont été reçûs dans l'Iſle,
leur fourniſſent du ris pour de la cire.

Ces Biſayas demeurent dans les plaines, & le plus grand nombre eſt du côté de l'Oueſt, ſous les ſoins des Peres de
la Compagnie. L'on compte trois mille
tributaires dans l'Iſle ſous un Corrigi-
dor & un Commandant. On y fait beaucoup de cacao, que l'on a apporté depuis peu de la nouvelle Eſpagne aux
Philippines; on trouve auſſi beaucoup
de ris dans les montagnes qui y croit
naturellement ſans eau.

L'Iſle di Fuegos, de Feu, ou autrement Siquior eſt proche de la derniere
& de Sibu. Quoique petite elle eſt habitée par des peuples courageux & re-
doutables à ceux de Mindanao & de
Xolo.

L'Iſle de Panamao eſt vers l'Oueſt,
& n'eſt éloignée de Leyte que d'un
coup de mouſquet. Son circuit eſt de
ſeize lieues, ſa longueur eſt de quatre,
& ſa largeur à proportion. Elle eſt mon-
tagneuſe, arroſée de pluſieurs rivieres,
& pleines de mines de ſouffre & de vif
argent. Elle étoit autrefois inhabitée,

mais depuis quelques années le Roi a permis qu'on l'habitât, & son Gouvernement dépend de celui de Leyte.

L'on compte dans toutes les Isles, dont nous avons parlé, 250000. tant Espagnols qu'Indiens, sujets à la Couronne d'Espagne, quoique, comme nous l'avons déja dit, on n'en ait pas conquis la douziéme partie. Ceux qui sont mariez payent dix réales de tribut, les autres cinq depuis l'âge de dix-huit ans jusqu'à soixante, aussi-bien que les filles depuis vingt-quatre jusqu'à cinquante. Parmi tout cela le Roi a cent mille tributaires, les autres dépendent des Seigneurs ; & les revenus Royaux ne montent qu'à quatre cens mille pieces de huit, ce qui, ne suffisant pas pour entretenir les quatre mille Soldats qui sont répandus dans les Isles, & payer les gages excessifs des Ministres, oblige le Roi d'en envoyer encore deux cens cinquante mille de la nouvelle Espagne.

CHAPITRE X.

Des richesses, du Commerce & du Climat des Philippines.

CEs Isles sont riches en perles, surtout du côté de Calamianes, des Pintados & de Mindanao, en excellent ambre gris, dont on en a trouvé une fois à Xolo un morceau de cent livres pesant, en cotton & en civette exquise. On retire cette derniere d'une espece de chat qui courent dans les montagnes, & que l'on prend avec des pieges. On lâche les mâles quand on leur a ôté la civette, mais on garde les femelles, parce qu'elles en produisent davantage.

L'or est cependant le principal & le plus grand trésor, puisque les montagnes sont pleines de très-riches mines, & que les rivieres en charient avec le sable. Le Gouverneur m'a conté dans diverses conversations que nous avons eus là-dessus, que l'on en ramasse en tout environ pour deux cens mille pieces de huit tous les ans, ce qui se fait sans le secours du feu, ni du mercure;

Tome V. des Isles Philippines. F

d'où l'on peut conjecturer quelle prodigieuse quantité on en tireroit, si les Espagnols vouloient s'y attacher, comme l'on fait en Amerique. Le premier
tribut que les Provinces d'Iloccos & de
Pangasinan rendirent au Roi en or, mon-
ta à la valeur de cent neuf mille pieces de huit, parce que les Indiens s'ap-
pliquoient à le chercher avec plus de
soin qu'aujourd'hui , dans la crainte
qu'ils ont qu'on ne le leur enleve.

La Province de Paracale en a plus
qu'aucune autre , aussi-bien que les rivieres de Boutuan, des Pintados, de Catanduanes, de Masbate & de Bool, ce
qui faisoit qu'autrefois un nombre infini de vaisseaux en venoit trafiquer à
Sibu. Les Provinces des Bisayas ont une
grande quantité d'ambre, de civette &
de cire.

Quant à Manille, l'Auteur de la nature l'a placée entre les riches Royaumes d'Orient & d'Occident, ensorte
qu'on la peut mettre au rang des endroits du monde où l'on fait le plus
grand trafic. Les Espagnols venans par
l'Orient, & les Portugais par l'Occident terminent leur voyage aux Isles
Moluques qui étoient sous la dépendan-
ce des Philippines : & parce que tout

milieu participe ordinairement des extrêmitez, comme ce qui les joint, il arrive de là que les Philippines jouissent
du meilleur des deux Indes. On y trouve l'argent du Perou & de la nouvelle
Espagne, & si l'on parle des Indes Orientales, on y trouve les diamans de Gol-
conda, les rubis, les topazes, les sa-
phirs, & la prétieuse cannelle de Ceylan; le poivre de Java, le girofle & les
noix muscades des Moluques ; les perles & les tapis de Perse ; les toiles &
les étoffes de soie de Bengale ; le cam-
phre de Borneo ; le Mengioy & l'yvoire de Camboja ; le musc de los Lequios ;
les soies, les étoffes, les toiles les cottons,
la belle porcelaine & autres raretez de la
Chine. Lorsque le commerce florissoit
avec le Japon, il en venoit deux ou
trois vaisseaux tous les ans qui laissoient
de l'argent le plus fin, de l'ambre, des
étoffes de soie, des cabinets, des boetes
& des cabarets excellemment vernis en
échange pour du cuir, de la cire & des
fruits du païs.

On peut bien juger combien la situation de Manille est avantageuse, puisqu'un vaisseau qui va de là à Acapulco, en revient chargé d'argent avec un
gain de quatre cens pour cent. Pour

moi je ne crois pas qu'il y ait d'Isles au
monde si abondante ; & en verité où
trouvera-t-on des montagnes qui donnent à vivre à une si grande quantité
d'hommes Sauvages, par les fruits seuls
& les racines que produissent naturellement les arbres & le terroir : car pour
eux ils ne s'occupent qu'à la chasse, &
cependant leur nombre est dix fois plus
grand que celui des sujets d'Espagne.

Le climat des Philippines est généralement chaud & humide. La chaleur
n'y est pas si sensible qu'aux jours caniculaires en Italie, mais elle est plus
incommode à cause de la sueur qui rend
les gens foibles. L'humidité y est plus
grande, parce qu'il y a beaucoup de rivieres, de lacs, d'étangs, & qu'il y
tombe d'abondantes pluies la plus grande partie de l'année : de sorte que, quoique le Soleil y soit vertical deux fois
l'année, aux mois de Mai & d'Août,
& qu'il y darde ses rayons d'autant plus
violens qu'ils sont verticaux, la chaleur n'est pas si grande, qu'elle rende
le lieu inhabitable, comme Aristote &
les autres anciens Philosophes ont crû
que cela étoit sous la Zone torride. J'ai
observé quelque chose de surprenant,
c'est qu'en cet endroit premierement il

pleut & il éclaire ; & puis quand la pluie eft ceffée on entend le tonnerre. Dans les mois de Juin, Juillet, Août, & une partie de Septembre regnent les vents du Sud & de l'Oueft, qui caufent de fi grande pluies & de fi grandes tempêtes, que les champs font tous inondez, & qu'il faut fe fervir de petits bateaux pour aller d'un lieu à un autre.

Depuis Octobre jufqu'à la moitié de Decembre regne le vent de Nord, & puis de là jufqu'à Mai celui d'Eft & d'Eft-Sud-Eft. Il y a ainfi deux Saifons ou Monçons, comme difent les Portugais, qui regnent dans ces Mers, la feche & belle qu'ils appellent la Brife, & l'humide & l'orageufe qu'ils appellent Vandavale.

On doit encore remarquer que dans ce climat les Europeans ne font point fujets à la vermine, fi fales qu'ils portent leurs chemifes, & que les Indiens en font tout remplis. De plus on ne fçait ce que c'eft que la nege, & l'on ne boit aucune liqueur froide, à moins que ce ne foit quelqu'un, qui ne fe fouciant pas beaucoup de fa fanté, rafraichiffe fon eau avec du falpêtre dans le temps que le vent du Nord ne domine point. On ne peut pas dire certainement qu'il faſſe jamais froid dans les Philippines, parce que je viens de dire, & à cauſe de l'Equinoxe, dont on jouit pendant toute l'année ; ce qui fait qu'à Manille on ne change jamais l'heure de dîner, de ſouper, de faire des affaires, d'étudier & de prier; on ne change point d'habits, on n'en prend point de drap que quand il pleut.

Ce mélange d'humidité & de chaleur ne rend pas l'air fort ſain, & empêche en quelque maniere la digeſtion ; il incommode les jeunes gens nouvellement venus d'Europe plus que les vieillards. L'Auteur de tout a pourvu à cela en leur donnant des mets plus faciles à digerer. Le pain ordinaire n'eſt que de ris, & n'a pas tant de ſubſtance que celui d'Europe : les palmiers que l'humidité dominante du terroir fait croître en abondance, fourniſſent l'huile, le vinaigre & le vin. Il y a au reſte de toutes ſortes de viandes, les perſonnes riches ſe nourriſſent de gibier le matin & de poiſſon le ſoir; les pauvres ne mangent gueres autre choſe que du poiſſon mal cuit, & de la viande les jours de Fête. La grande roſée qui tombe dans les jours ſerins contribue à rendre l'air malſain, & il en tombe une ſi

grande quantité, qu'en secouant un arbre cela paroît une pluie. Cependant
cela n'incommode point ceux qui sont
nez dans le pays, & qui vivent jusqu'à
quatre-vingt & cent ans ; mais les Europeans accoûtumez à de meilleurs vivres, ayant l'estomac plus robuste, ne
s'y trouvent pas bien. Dans les deux Indes les lieux montagneux, sont toûjours
meilleurs que les plaines. On ne dort,
on ne mange point à Manille sans suer ;
mais ce mal n'est pas si grand, quand
on est dans des lieux ouverts, à cause
de l'agitation de l'air, c'est pourquoi
les plus riches ont de petites maisons de
campagne, où ils se retirent depuis la
mi-Mars jusqu'à la fin de Juin.

Quoique la chaleur se fasse sentir dans
le mois de Mai avec plus de force qu'en
aucun temps, cependant, souvent pendant la nuit il éclaire, il tonne, il pleut
d'une maniere épouvantable. Cela arrive peut-être, parce que les nuées chas-
sées vers les montagnes par les vents
qu'ils appellent Vandavales, rencontrent en ces endroits les Brises oppo-
sées, qui les renvoient dans la plaine :
& étant ainsi agitées par des mouvemens contraires, les matieres sulphureuses & nitreuses s'allument, & font
l'effet que j'ai dit.   F iiij

Manille est aussi sujette à de grands tremblemens de terre, sur tout dans le beau temps. Plusieurs attribuent cela aux concavitez soûterraines, aux eaux, & aux exhalaisons, sans considerer qu'il n'y a point d'endroit sur la terre, où il n'y ait de telles concavitez, eaux & exhalaisons, & qui n'est pas sujet cependant aux tremblemens de terre. Secondement ils se trompent dans le mot d'exhalaison, comme si une exhalaison étoit une chose renfermée dans les entrailles de la terre, & non pas celle qui en sort poussée par quelque autre chose, ou attirée par quelque cause exterieure. Pour moi, s'il m'est permis de dire mon opinion, je crois que cela vient des feux soûterrains, qui donnent un mouvement vehement à divers mineraux qui se trouvent necessairement aux environs, & qui n'ayant point de place pour se dilater, poussent avec grande force les corps solides voisins, qui n'étant pas capables de se rompre à cause de la bonne connexion de leurs parties (autrement la terre s'ouvriroit en plusieurs endroits) sont ébranlez d'une maniere que leur mouvement est communiqué à tout ce qui est au-dessus jusqu'à la surface de la terre. On en voit l'experience par le salpêtre qui est dans la poudre à canon ; & tous ces lieux qui abondent le plus en mineraux & en feux soûterrains, sont les plus sujets aux tremblemens de terre; comme nous voyons à nôtre grand chagrin dans la Terra di Lavoro, la Pouille, la Sicile & ailleurs.

Or pour revenir à Manille, elle en souffrit un si grand au mois de Septembre de 1627. qu'il aplanit une des deux montagnes qu'on appelle Carvallos, dans la Province de Cagayan. En 1645. la troisiéme partie de la Ville fut ruinée par un pareil accident, & trois cens personnes y perirent ; l'année suivante elle en souffrit encore une autre. Les vieux Indiens disent qu'ils étoient autrefois plus terribles, & qu'à cause de cela on ne bâtissoit les maisons que de bois : ce que font aussi les Espagnols depuis le premier étage.

La quantité de Volcans qui se trouvent dans l'Isle confirment ce que l'on a dit jusqu'à present ; parce qu'en certains temps ils vomissent des flammes, ébranlent la terre, & font tous ces effets que Pline attribue à ceux d'Italie ; c'est-à-dire de faire changer de lit aux rivieres, & retirer les Mers voisines,

F v

de remplir de cendres tous les environs,
& d'envoyer des pierres fort loin avec
un bruit semblable à celui du canon.

D'un autre côté, on ne peut pas trouver de terroir plus agréable & plus fertile. En tout temps & en toute saison
les herbes croissent, les arbres fleurissent & donnent en même-temps des
fruits & des fleurs également sur les
montagnes, comme dans les jardins ; &
les vieilles feuilles tombent rarement
avant que les nouvelles soient venues.
C'est pourquoi les Tinghians ; c'est-à-
dire Habitans de montagnes, n'ont aucune demeure particuliere, mais sui-
vent toûjours l'ombre des arbres, qui
leur servent de toit & leur donnent à
manger ; lorsque les fruits sont finis,
ils vont dans un autre endroit où il y
en a d'une autre espece. Les orangers,
les citroniers, & les autres arbres d'Europe donnent du fruit deux fois l'année.
Si l'on plante un rejetton, il est arbre
portant fruit l'année suivante ; ce qui
fait que je puis dire sans hyperbole que
je n'ai jamais vû ni campagnes si couvertes de verdure, ni bois pleins d'arbres si vieux & si épais, ni arbre qui
fournissent plus pour la subsistance des
hommes,

VOYAGE
DU TOUR
DU MONDE.
LIVRE SECOND.

CHAPITRE PREMIER.

Du langage, des caracteres & des coûtumes des Indiens des Philippines.

LÉs anciens Habitans de ces Isles ont reçû leur langage & leurs caracteres des Malais de la terre ferme de Malacca, ausquels ils ressemble aussi par le peu d'esprit qu'ils ont. Dans leur écritures ils se servent de trois voyelles, quoiqu'ils en prononcent cinq differentes, & ont treize consonnes. Ils commencent à écrire par le bas, & montent toûjours en haut, mettant la premiere ligne à gauche, & continuant

F vj

vers la droite : au contraire des Chinois & des Japonois qui écrivent du
haut en bas, & de droit à gauche. Avant
qu'on y eût introduit l'ufage du papier,
on écrivoit fur la partie polie de la canne, ou fur des feuilles de palme, avec
la pointe d'un couteau. Quant c'eft une
lettre qu'il faut plier, ils font obligez
de fe fervir de feuilles ; ce qui fe pra-
tique toûjours dans Siam, Pegu & Camboia. Mais dans les Philippines les Indiens ont entierement oublié leur écriture, & fe fervent de l'Efpagnol.

Il y a tant de Langues, qu'on en compte fix dans Manille, fçavoir celle des
Tagales, de Pampanga, des Bifayas,
des Cagayans, d'Iloccos & de Pangafinan. Celles des Tagales & des Bifayas,
font celles que l'on entend le plus communement. On n'entend point la Langue des Noirs, des Zambales, & autres
Nations Sauvages.

Quant aux coûtumes, ils fe faluent
l'un l'autre civilement ; ce qui fe faifoit autrefois en ôtant de deffus la tête
un morceau d'étoffe appellé Potong &
Manputon en Langue Tagale, qu'ils
portoient en guife de bonnet ; & je l'ai
encore vû pratiquer parmi des Indiens
du commun. Mais quand ils rencon-

trent quelqu'un d'une plus grande qualité, ils plient leur corps fort bas, en se
mettant une main, ou toutes les deux sur
les joues, & élevant dans le même-tems
un des pieds en l'air avec le genoux plié.
Presentement, quand il passe un Espa-
nol, ils font leur Tave ou reverence en
ôtant le Potong, baissant le corps, &
étendant les mains jointes vers lui.

Les Tagales parlent toûjours en tier-
ce personne, & disent Monsieur, ou
mon Maître, se tiennent sur les pieds
sans s'appuyer nullement, & attendent
qu'on les interroge pour répondre, trouvant qu'il est incivil de parler avant ses
Supérieurs.

Autrefois les meres donnoient le nom
à leurs enfans, & le plus souvent un qui
avoit quelque rapport aux circonstances
de l'enfantement; comme par exemple,
Malivag, qui veut dire difficile, parce
que l'accouchement a été tel ; Malacas,
fort, parce que l'enfant s'est montré
tel en venant au monde : les Chinois
observent encore cette coûtume aujourd'hui. Quelquefois on leur donnoit
le nom de la premiere chose qui se
rencontroit, comme Daan, qui signifie cheminée ; Dama, nom d'une certaine herbe, & on les appelloit par ces

noms là, sans se servir de surnoms jusqu'à ce qu'ils se mariassent. Alors le
premier fils, ou la premiere fille donnoit le nom aux parens, comme Ama-
ni, Malivag, Imani, Malacas, c'est-à-
dire le pere de Malivag, la mere de
Malacas. La terminaison feminine étoit
en *in*, comme Iloge qui est le nom mas-
culin, Ilogin sera le feminin.

Les Indiens sont de moyenne taille,
bien faits de corps, les hommes comme les femmes, & d'une couleur rou-
geâtre, qui approche du noir. Les Tagales portent leurs cheveux jusqu'aux
épaules : les Cagayans les portent plus
longs : ceux d'Iloccos plus courts ; &
les Bisayas encore plus courts. Les Zambales ont tous ceux de devant coupez
& ceux de derriere pendans : ils ne sont
ni si spirituels, ni si entendus que ceux
des Indes Orientales, qui sont très-ha-
biles en quelque métier que ce soit,
& sur tout pour la marchandise & pour
l'écriture.

Toutes les femmes des Isles different
fort peu en couleur, excepté chez les
Bisayas où il s'en trouvent de blanches
en quelques endroits : & toutes portent
leurs cheveux sans tresses, mais ils sont
liez d'une maniere fort agreable. Com-

me la couleur générale est la noire,
celles qui ne le font point assez, tâchent
de le devenir par le moyen de certaines écorces d'arbres, & d'huile mêlée
avec du musc, & quelques autres odeurs.
Tout leur soin & toute leur vanité consiste à se bien nettoyer les dents, & faire en sorte dès leur jeunesse qu'elles
croissent également Elle les couvrent
avec une certaine teinture noire pour
les conserver, & celles qui sont de qualité les ornent avec des petites lames
d'or. Les hommes autrefois ne se sou-
cioient ni de barbe, ni de moustache,
au contraire ils se l'arrachoient avec des
pincettes. Les hommes & les femmes
également se plaisoient en certaines
Provinces à porter des pendants d'oreille, & plus les troux de l'oreille étoient
grands, plus on les estimoit, il y en
avoit même qui en avoient deux. Personne ne pouvoit s'habiller de rouge,
qu'il n'eût tué quelqu'un, ni porter
d'étoffe rayée qu'il n'en eût tué sept.
L'habit des hommes étoit un pourpoint
leger, qui à peine venoit jusqu'aux han-
ches, avec des manches courtes, ils en-
velopoient le reste de leurs corps de
quelque étoffe, souvent ornée d'or, qu'ils
passoient entre leurs jambes, comme

font aujourd'hui les Indiens en deça du
Gange. Ils portoient aux bras des an-
neaux d'or & d'yvoire , ou des brafe-
lets de perles ; aux jambes des cordons
noirs , & aux doigts plufieurs bagues.
Par deffus cela ils avoient un petit manteau qu'ils faifoient paffer par deffous un
bras. Prefentement les hommes & les
femmes , jeunes & vieux paffent toute
la journée à fumer du tabac. Ils portent fur leur tête le Manputon , dont
nous avons parlé , & ceux qui font les
galans chez eux , en laiffent pendre un
bout fur leurs épaules. Ils fe fervent
auffi d'un habillement court , qu'ils appellent Chinina , auquel les femmes
àjoûtent une longue toile qu'elles nomment Saras , pour leur fervir de juppe,
& quand elles vont hors de la maifon ,
elles prenent un petit manteau. Leur
principale ambition au refte , confifte
dans les bijoux qu'elles portent aux
doigts , aux oreilles & au cou. Elles ne
portent ni bas , ni fouliers , à caufe de
la chaleur ; mais les femmes de qualité qui font habillées à l'Efpagnole , en
portent comme nous autres.

Outre ces fortes d'habillemens , ils
ont encore aujourd'hui la coûtume de
fe figurer la peau de plufieurs manie-

res , en se piquant premierement la chair jusqu'au sang , & puis y mettant un peu de poudre noire, afin que ces desseins durent long-temps. C'est ce qui a fait que les Espagnols ont donné le nom de los Pintados à l'Isle habitée par les Bisayas qui se plaisoient fort à cela, comme si c'étoit une marque de noblesse & de valeur. Ils ne le faisoient pas tout d'un coup, mais peu à peu, selon leurs belles actions. Les hommes se peignoient jusqu'à la barbe & aux sourcils , & les femmes seulement une main, & une partie de l'autre. Il n'y a presentement dans Manille que ceux d'Iloccos qui se peignent, mais non pas tant que les Bisayas.

Ils sont assis fort bas , quand ils mangent, & leur table , soit quarrée ou ronde , est fort basse aussi. Il y a autant de tables que de conviez, & l'on y boit plus que l'on y mange, car le mets ordinaire n'est qu'un peu de ris bouilli dans l'eau ; on ne mange de la viande que les jours de Fête.

Ils tirent leur vin des palmiers, en taillant la branche avant qu'ils fleurissent, & ainsi le suc qui devoit monter pour nourrir le fruit tombe dans des vaisseaux mis exprez pour le recevoir. Comme cette liqueur est un peu acide, les pauvres y mêlent certaines écorces d'arbres, qui lui donne une couleur & un goût plus piquant ; alors on l'appelle Tuba. Les gens riches le font distiller, avant qu'il s'aigrisse, plus ou moins, selon qu'ils le veulent avoir fort ou foible, & le gardent comme nous faisons l'eau de vie. Cette liqueur est claire & fort dessicative. La boisson, qu'ils appellent Chilang n'est que le suc des cannes de succre qu'on a un peu fait boullir sur le feu. Elle a la couleur du vin & le goût du sucre. Les Bisayas en font une autre avec du ris ; ils l'appellent Pangati. Ils mettent premiérement certaines herbes dans un pot avec un peu de levain, les couvrent de ris jusqu'à la moitié du pot, & ensuite le remplissent d'eau. De cette maniere l'eau se fermante, & devient trés-forte & épaisse ; desorte que pour s'en servir, il faut y verser de l'eau, jusqu'à ce qu'elle soit assez délaiée, alors ils en boivent, ou plûtôt la suçent par le moyen d'une sarbacane, qui va jusqu'au fonds du port.

Leur musique & leurs danses sont assez semblables à celle des Chinois,

c’eſt-à-dire quant au chant, l’un chan-
te & l’autre repete le couplet au ſon
d’un tambour de metal, & quand aux
danſes, c’eſt un combat feint avec des
pas & des mouvemens meſurez. Ils
font auſſi diverſes actions avec leurs
mains & quelque fois avec une lance
d’ont ils s’attaquent, font la retraite;
s’échauffent, ſe refroidiſſent; s’approchent & ſe retirent avec beaucoup de
bonne grace, ce qui fait que les Eſpagnols ne les trouvent pas indignes
d’être introduits dans leurs fêtes. Les
compoſitions dans leur langue ſont fort
agreables & éloquentes. Mais ils prennent leur plus grand plaiſir au combat
des coqs, ainſi que l’ont pris autrefois quelques anciens Empereurs Ro-
mains.

L’uſage des bains eſt ſi grand parmi
eux, que les femmes nouvellement ac-
couchées y courent, & y portent leurs
enfans nouveau nez, encore eſt-ce dans
l’eau froide & douce, avant le lever &
aprés le coucher du Soleil. C’eſt ce
qui fait qu’ils ont tous leurs habitations
le long des rivieres & des lacs : & que
devant chaque maiſon il y a un lavoir,
afin que ceux qui y entrent ſe lavent
les pieds.

Si j'ay parlé des extravagantes manieres de Medecins dans les pays des Indes conquis par les Portugais, je ne dois pas oublier celles de ceux des Philippines. Il y a eu entre autres deux cures de maladies qui m'ont paru merveilleuses. La premiere maladie s'appelle par les Indiens Sutan, & par les Espagnols Tavardillo Ce n'eft qu'un grand mal de tête & d'eftomac, dont la mort s'en fuit inévitablement, fi l'on ne donne pas une bonne dofe de coups de bâton fur les bras, les cuiffes, les jambes & le côté droit du malade. On frotte eufuite vigoureufement les meurtriffeures avec du fel, jufqu'à les faires devenir noires, afin que le fang étant ainfi amené jufqu'à la peau puiffe couler plus abondamment, quand on fait ouverture avec la lancette. On les lave enfuite avec du vinaigre, & l'on ne donne au malade pendant trois jours, que du ris cuit fans fel. L'autre maladie, qui eft particuliere aux Ifles des Noirs, de Bool, de Panay, d'Otton & de Xolo, c'eft que la langue & les parties naturelles fe retirent fi violemment audedans du corps, tant aux hommes qu'aux femmes, que leur vie eft en grand danger. Il en attri-

buent la cause aux froid, & la guerissent en donnant au malade les parties
du pesche-muger autrement poisson-
femme, ou du crocodile mises en poudre dans du vin ou de l'eau.

On n'a encore trouvé jusqu'à present
aucun écrit qui fasse mention ni de la
Religion de ces nations, ni de leur
ancien gouvernement, ni de leurs his-
toires ; on n'a seulement que quelques
traditions venues de Pere en Fils,
qui se sont conservées dans des chan-
sons, qui parlent de la Genealogie &
des faits Heroïques de leurs Dieux.
On sçait qu'ils avoient un certain Dieu,
plus respecté que les autres, que les
Tagales appelloient Barhala-may-ca-
pal, c'est-à-dire le Dieu fabricateur.
Ils adoroient les animaux & les oiseaux
ainsi que les Egiptiens, le Soleil & la
Lune comme faisoient les Assyriens.
Il n'y avoit point de rocher, de pierre,
de cap, de riviere à qui ils ne sacri-
fiassent ; ni de vieux arbre à qui ils
ne rendissent quelque honneur divin,
& c'étoit un sacrilege de le couper
pour quelque raison que ce fût.

Cette superstition dure encore aujourd'huy si fort, que pour toutes choses au monde un Indien ne coupera

pas un certain grand & vieux arbre,
appellé Baletté, dont les feuilles font
comme celles du chataignier & l'écorce
eſt fort bonne pour les playes; ni
même quelque vieille haute canne, ils
s'imaginent fottement que les ames de
leurs ancêtres y habitent, que la fie-
vre leur viendroit s'ils coupoient ces
arbres, & qu'il leur apparoitroit un
certain veillard nommé Nuno, pour
ſe plaindre de leur crüauté.

Cette fotte croiance reſte toûjours
parmi eux, parce qu'ils croient voir
divers fantômes, appellez Tibalang,
ſur la cime des arbres; ils font per-
ſuadez qu'ils apparoiſſent aux enfans
ſous la figure de leurs meres, & qu'ils
les conduiſſent fur les montagnes, ſans
leur faire aucun mal. Ils diſent qu'ils
les voyent d'un taille gigantefque,
avec de longs cheveux, de petits pieds,
des aîles trés-étendues, le corps peint
& que l'on connoît leur arrivée par
l'odorat. Qu'il en ſoit ce qu'il voudra,
je ne veux point philoſopher fur ce
ſujet; mais il eſt trés certain que les
Eſpagnols ne les voyent point, lorſque les Indiens ſoûtiennent qu'ils font
actuellement prefents. Le Dictionaire
Tagale compofé par un Cordelier, parle

fort au long de ces fantômes.

Dans la Province de Pampanga &
proprement sur la montagne de Bondo ou Kalaya, qui a une lieue & demie de haut & qui appartenoit aux
petits Rois Sinoquan & Mingan, il y
a beaucoup de platanes, de Betlé &
d'autres fruits. Ils disent qu'on en peut
manger dans l'endroit, mais que si
quelqu'un en veut emporter avec lui
hors de là, il tombe mort, ou au
moins devient estropié en quelque
partie de son corps. C'est peut être le
diable qui par la permission de Dieu
peut causer ces étranges accidens pour
retenir ce peuple dans le Paganisme.
Les Indiens eux-mêmes y ont bonne
part, eux qui sont si fameux sorciers
& qui disent sçavoir se transformer en
Crocodiles, Sangliers & autres bêtes
furieuses.

Ils adoroient encore quelques Dieux
particuliers qui leurs avoient été laissés
par leurs ancêtres, que les Bisayas appellent Davata, & les Tagales Anito.
Ils croioient qu'un de ceux là étoit
dans les montagnes & dans les champs
pour secourir les voiageurs ; & l'autre
pour faire germer les semences, à qui ils
laissoient dans certains endroit dequoi

manger, pour se le rendre propice. Il y
avoit aussi un Anito de mer pour la
pêche, & un autre de maison pour le
soin des enfans. L'on mettoit parmi
ces Anites, les ayeux & les bisayeux,
qu'ils invoquoient ensuite dans leurs
besoin, en conservant en leur memoire, de petites Statuts mal faites de pierre, d'or, ou d'ivoire, qu'ils appelloient
Liche ou Laravan. Ils mettoient encore parmi leurs Dieux ceux qui mouroient par le fer, ou la foudre, ou
qui étoient mangez par les Crocodiles,
croiant que leur ames montoient au
Ciel, par un arc qu'ils appellent Ba-
langao. C'est pourquoy les vieillards
se choisissoient pour sepulture quelque
endroit remarquable dans les montagnes & sur tout dans ses pointes qui
s'avancent dans la mer, pour y être
adorez par les mariniers. Ils conte encore quantité de fables touchant la
création du Monde, & les premiers
hommes qui l'ont habité.

Il n'y avoit point dans tout l'Archipel de Rois, ni de Seigneurs de con-
sequence, mais dans les guerres continuelles qu'ils avoient entre eux, les
moindres se liguoient avec les plus
puissans. Dans Manille l'Oncle & le
Neveu

Neveu avoient une égale authorité. Chaque Gouvernement ou Etat particulier, s'appelloit Barangai, parceque comme les familles y étoient venues en Barangai, ou barque, ainsi elle demeuroient sujettes au Capitaine du vaisseau, ou au chef de la famille & prenoient son nom. Ils se mettoient ensuite à cultiver autant de terroir qu'ils en pouvoient défendre contre les autres Barangais voisins : & quoique, quand ils ont été établis dans un endroit, ils s'assitassent les uns les autres, il ne pouvoient pas cependant se mêler ensemble, ni entrer dans la tribu des autres, sur tout les personnes mariées sans payer une certaine quantité d'or & faire un festin à tout le Barangai ; autrement c'auroit été un sujet de guerre. Lorsqu'il se faisoit un mariage de deux personnes d'un different Barangai, on partageoit les enfans comme autant d'esclaves.

La noblesse n'étoit point hereditaire, mais elle s'aquieroit par l'industrie & la force, c'est-à-dire en devenant excellent dans son mêtier, & alors on appelloit celui-là le Dato ou le principal, & Manguinao, chez les Tagales, tous les parens & ses amis suivoient

son parti. Si dans la suite il venoit à
perdre ses biens, il perdoit aussi son
credit, & ses enfans restoient Origuin,
ou Alipin en langue Tagale, c'est-à-
dire, esclaves. Ceux du commun ga-
gnoient leur vie à travailler à la terre,
à pêcher ou à chasser. Depuis qu'ils
sont sous le joug des Espagnols, ils
sont devenus paresseux, quoi qu'ils
soient adroits aux choses méchaniques
comme à faire de petites chaines &
des chapelets d'or d'une trés grande
delicatesse. Dans Calamianes & ailleurs
ils font des boettes, des caisses, des
étuis de diverses couleurs & fort ar-
tistement travaillées avec des cannes
des Indes, qui sont trés belles dans
toutes ces Isles & qui ont 50. Palmes
de longueur; elles croissent le long des
arbres comme le lierre. Les femmes
font des dentelles presque aussi belles
que celles de Flandre, & de la brode-
rie de soye qui est admirable. C'est
leur paresse qui étouffe leurs talents;
& ils y sont si fort attachez que s'ils
trouvent dans leur chemin quelque
épine qui leur pique le pied ils ne pren-
dront pas la peine de se baisser pour
l'ôter de crainte qu'elle incommode un
autre endroit.

Les principaux d'entre les Indiens avoient autrefois quantité d'esclaves de leur propre nation, quelquefois jusqu'à cent. La cause de ce grand nombre d'esclaves, venoit de l'usure, qui étoit si grande parmi eux, que le pere n'auroit rien voulu prêter à son fils, ni le frere à son frere, dans quelque malheureuse condition qu'ils eussent peu être, sans avoir accordé de rendre le double. Or le creancier qui ne pouvoit pas payer sa dette dans le tems fixé demeuroit esclave de celui à qui il devoit, jusqu'à ce qu'il eût satisfait, & plus le payement se differoit, plus l'interêt augmentoit, jusqu'à devenir plus grand que le Capital, & ainsi ils demeuroient esclaves eux & leurs descedants sans esperance de recouvrer leur liberté. Aujourd'hui ceux qui doivent, engagent leurs enfans, & en quelques endroits ils les vendent, garçons & filles, & sur tout les Bisayas, quoique le Roi l'ait défendu par de severes loix, un usage aussi barbare que celui là. Quelquefois les maîtres ajouteront à l'interêt, la valeur d'un plat, que l'esclave aura peut-être cassé, pour lui ôter toute esperance.

Tout prisonnier de guerre devenoit

auſſi eſclave, quand même la guerre
ſe feroit faite parmi ceux du même
lieu. Les principaux ôtoient auſſi ti-
ranniquement la liberté aux gens du
commun, pour avoir rompu le ſilence du deuil, ou jetté par accident quelque ſaleté ſur eux, ou pour être paſſé
dans les lieux, où ils ſe baignoient,
ou pour quelque autre ſujet leger, &
ils vendoient enſuite ces eſclaves à
leur fantaiſie. Ces eſclaves reſtoient
dans leurs maiſons à vivre des travaux
qu'ils faiſoient ; mais le maître prenoit
d'eux une recolte de l'année, ou une
partie, ſelon qu'il étoit plus ou moins
cruel. Il y avoit un autre ſorte d'eſclaves qui ſervoient les maîtres, lorſqu'ils avoient des étrangers chez eux,
qu'ils ſemoient, qu'ils faiſoient leur
recolte, ou qu'ils s'embarquoient. On
les appelloit Namamabay ; les Tagales leur donnoient le nom de Sangui-
guilir, & les Byſayas celui de Halan.
Il arrivoit quelquefois qu'un étoit eſclave de pluſieurs, ou bien moitié
libre & moitié eſclave. Cela arrivoit
quand il naiſſoit d'un pere libre &
d'une mere eſclave, ou le contraire,
& que c'étoit leur troiſiéme fils, parce que le premier ſuivoit la condition

du pere libre ou efclave, le fecond
fuivoit celle de la mere, & le troifiéme étoit moitié libre. Quand la mere
étoit libre, un tel fils étoit efclave
pour un quart. Les Sambales pretendent que les Tagales font leurs efclaves.

Ils ont encore aujourd'hui la coûtume de faire un grand bruit de tem-
bour dans le tems des éclipfes afin
d'épouventer le dragon qu'ils croient
engloutir la Lune, & qu'étant épou-
vanté, il la vomiffe. Ils avoient coûtume autrefois de jurer devant une bête
fauvage, ou une chandelle allumée, en
difant qu'ils vouloient être devorez
par cette bête, on confumez comme
la chandelle, s'il n'obfervoient pas la
promeffe qu'ils faifoient ; ou bien qu'un
crocodile les dechirât, ou la terre les
engloutît. Il eft impoffible d'obliger un
Indien à maudire le Diable , & quand
on le preffe à le faire , il répondra
qu'il ne veut pas maudire celui qui
ne lui a point fait de mal.

C H A P I T R E II.

Le Gouvernement, les Armes, les Nô-
ces, les Sacrifices, les Augures & les
Funerailles des Indiens dans les Phi-
lippines.

LA premiere loy étoit chez eux de
respecter & d'honorer leurs Ancêtres, sur tout le pere & la mere. Le
chef du Barangai avec plusieurs anciens
étoit Juge en toutes sortes de causes,
On déterminoit ainsi les causes civiles,
on appelloit les parties & on faisoit ce
que l'on pouvoit pour les faire accommoder : si cela ne reussissoit pas, on
les faisoit jurer qu'ils seroient contens
de la Sentence qui seroit donnée, &
puis on examinoit après cela les témoins. Si les preuves étoient égales,
on partagoit la pretention, ou bien on
prononçoit en faveur de celui qui en
avoit le plus. Si celui qui étoit con-
damné, étoit mécontent, le Juge devenoit sa partie ; parce qu'il lui ôtoit
la quantité déterminée & en prenoit
une bonne partie pour lui ; puis il
payoit les témoins du demandeur, &
donnoit le reste qui étoit la moindre
part au demandeur. Dans les causes

criminelles, on ne donnoit point de Sentence de mort par voix juridique, à moins que la perſonne tuée & le meurtrier ne fuſſent des gens pauvres; parce que quand quelqu'un n'avoit point d'argent, pour ſatisfaire à la partie offenſée, le Dato, ou le chef & les principaux du Barangai venoient avec des lances & ôtoit la vie au criminel, qui étoit attaché à un pilier. Mais ſi le mort étoit un des principaux, toute la parenté faiſoit la guerre à celle du meurtrier, juſqu'à ce que quelque mediateur propoſât la quantité d'or qu'on promettoit pour compenſer cette mort. On donnoit la moitié de cet argent aux pauvres & l'autre à la femme, aux enfans, ou aux parens du deffunt.

Quant au vol, ſi l'on ne connoiſſoit pas la perſonne qui l'avoit commis, on obligeoit toutes les perſonnes accuſées de mettre chacune quelque choſe ſous un drap, aprés quoi ſi l'on ne trouvoit pas la choſe volée parmi celles que l'on y avoit miſes, il s'enſuivoit deux manieres de ſe purger. La premiere étoit de les mettre toutes, avec une pique en main, auprés de quelque riviere profonde & les y faire lancer. Le premier de tout qui ſortoit

étoit reputé coupable, ce qui faisoit
que plusieurs se noyoient, par la crainte du châtiment. L'autre étoit de com-
mander à un chacun de prendre une
pierre au fond d'un bassin plein d'eau
bouillante : & celui qui le refusoit,
payoit l'equivalent du vol.

On punissoit l'adultere par la bourse:
& quand on avoit payé la somme con-
venue, ou determinée par la Sentence
des anciens, l'adultere étoit pardonné
& l'honneur rendu à l'offensé, qui
retournoit avec sa femme. Les enfans
provenus de l'adultere ne succedoient
point à la noblesse du pere, non plus
que ceux qui étoient nez de femmes
esclaves, mais ils étoient au rang du
commun peuple. Les legitimes heritoient de la Noblesse, & le fils aîné
succedoit à son pere, s'il étoit Seigneur
du Barangai. Au défaut du premier,
le second succedoit, puis le troisiéme,
puis les femmes, & enfin les plus proches parens. On punissoit aussi autrefois severement l'inceste.

Ils se servent pour armes offensives
de l'arc & des fleches, de lances garnies de fer de diverses façons, ou sim-
plement avec des pointes de bois endurcies au feu ; de poignards larges à

deux tranchants, & de farbocanes avec lefquelles ils ont coûtume de lancer des fleches empoifonnées, comme ceux de Borneo & de Sumatra. Ils ont un bouclier long & étroit.

Ces Nations font fort adonnées à la fenfualité, ce qui fait qu'il fe trouve peu de femmes mariées, ou non mariées qui vivent dans la continence. Lorfqu'ils fe marioient l'homme promettoit la dot, enfuite on contractoit avec des claufes penales en cas de repudiation : ce qui n'étoit pas regardé comme un deshonneur, fi l'on payoit ce dont on étoit convenu dans le contrat. Mais cela étoit feulement pendant que les cautions, c'eft-à-dire, les peres étoient en vie ; parce qu'àprés leur mort les enfans reftoient libres. Les dépenfes font exceffives aujourd'huy à caufe que le jour des nôces, on fait payer à l'époux, l'entrée de la maifon, ce qu'on appelle Paffava ; puis la liberté de pouvoir parler à l'époufe, qu'ils appellent Patignog ; puis celle de boire & manger avec elle, à qui on donne le nom de Paffalog ; & enfin pour confommer le mariage, on paye aux parens de l'epoufe le Ghina Puang felon leur condition.

G v

Autrefois la dot tomboit entre les mains du beau pere, qui en difpofoit en mourant, entre fes enfans, comme de fon bien propre; & fi la fille n'avoit point de pere, les parens prenoient la dot pour la diftribuer aux enfans qui devoient provenir de ce mariage. Les noces fe faifoient chez la Catalona ou Pretreffe avec un facrifice; aprés quoi, felon la coûtume, les commeres donnoient à boire & à manger dans le même plat aux époux; alors l'homme difoit à la femme qu'il la prenoit pour fon époufe, & elle l'acceptoit. La Catalona donnoit fa benediction, & on tuoit quelque animal à quatre pieds; le feftin fe faifoit enfuite & l'on s'enivroit. S'il y avoit de la difcorde entre les époux, on faifoit un autre facrifice, où l'époux égorgeoit la victime; & aprés avoir danfé, il parloit à fon Anito, le priant de luy accorder le repos qu'il fouhaitoit.

Ils avoient foin de ne fe pas marier hors de leur tribu & de prendre leur plus proche parenté, excepté le premier degré. Le divorce étoit facile, parceque la femme rendoit la dot fi c'étoit par fa faute; & aucontraire le mari la perdoit fi c'étoit par la fienne,

& prenoit une autre femme. La Poly-
gamie n'étoit point en usage chez les
Tagales, mais si le mari n'avoit point
d'enfans de sa femme, il pouvoit, avec
son consentement, avoir commerce
avec ses esclaves. Les principaux d'entre les Bysayas en avoient deux & davantage même de legitimes, dont tous
les enfans succedoient, mais avec cette
difference que ceux qui étoient nez de
la premiere heritoient des deux tiers,
& ceux des autres femmes d'un seul.
On donnoit aux enfans qui venoient
des femmes esclaves, une partie des
meubles, à la volonté des legitimes,
& la mere devenoit libre. On mesu-
roit l'or de la dot, on ne le pesoit point.
L'Adoption étoit en usage chez eux,
celui qui étoit adopté payoit une certaine somme, qui restoit à celui qui
adoptoit, si l'adoptif mouroit le premier; mais si le contraire arrivoit l'a-
doptif tiroit hors de l'heritage, le double de ce qu'il avoit donné.

Il y avoit autrefois des gens dont
le métier étoit de deflorer les filles
qu'on alloit marier, & qui se faisoient
bien payer; parce qu'ils croyoient que
la virginité étoit un obstacle aux plai-
sirs du mary. Aujourd'huy même, com-

me me l'on dit les PP. Jefuites, certains Bifayas lorfqu'ils trouvent que leur femme eft pucelle, difent qu'ils en ont pris une mauvaife, puifqu'elle n'a été fouhaitée ni débauchée de perfonne.

Quant à la Religion, on n'a point trouvé de temples chez eux, mais feulement dans une caverne proche de leurs maifons de certaines petites Idoles auxquelles ils faifoient des facrifices par le miniftere de certains prêtres que les Tagales appellent Catalonan & les Bifayas Babaylan. Leur facrifice fe faifoit ainfi. Ils s'affembloient tous dans une cabanne de clayes faite exprez pour cela : puis aprés avoir un peu danfé, ils faifoieut donner par quelque belle fille le premier coup à la victime, qui étoit toûjours un animal à quatre pieds. Lorfqu'il étoit mort on le coupoit par morceaux, on le cuifoit & on le mangeoit avec beaucoup de refpect.

Si le facrifice ne fe faifoit pas pour une occafion de réjoüiffance, mais pour la maladie de quelqu'un, on faifoit une nouvelle cabanne de bois & l'on mettoit le malade à terre fur une natte avec la victime. Au lieu d'autel on dref-

foit plufieurs tables garnies de differens mets ; & puis la Catolona, qui
étoit la même jeune fille, fortoit en
danfant au fon des inftrumens, on tuoit
l'animal & l'on oignoit de fon fang le
malade & quelques uns des affiftans.
Lorfque la bête étoit écorchée ils re-
venoient tous devant le malade ; & la
Catalona , en murmurant quelques
paroles entre les dents, lui ouvroit,
tiroit & regardoit tous les membres,
en les tournant de plufieurs manieres
& écumant de la bouche. Elle étoit
pendant un temps hors d'elle même,
& enfin aprés avoir recouvré tous fes
fens, comme on conte des Sybilles,
elle profetifoit de la vie ou de la mort.
Le figne de vie étoit, s'il fe mettoit à
manger ; autrement, c'étoit figne de
mort : mais pour ne pas épouventer le
malade, elle avoit coûtume de dire
que les Anites ou leurs predeceffeurs
l'avoient choifi pour leur compagnon.
Le malade fe recommandoit à la Prê-
treffe afin qu'elle perfuadât fes parens
de le mettre au nombre des Anites :
& enfin le facrifice fe terminoit par
manger & boire. Les conviez étoient
obligez de laiffer une offrande d'or ou
de coton, ou d'oifeaux, ou de quel-

que autre chofe pour la Pretreffe.

Ils étoient fi attachez aux augures, que trouvant un ferpent fur leurs habits, ils les laiffoient auffi-tôt, quoiqu'ils fuffent tout neufs, & faifoient la même chofe fi la chouette fe pofoit la nuit fur leur toit. S'ils rencontroient dans le chemin un ferpent, ou qu'une perfonne eût éternué, qu'un chien eût aboié, ou autre chofe pareille, ils retournoient fur leurs pas. Les pêcheurs ne profitent point des poiffons qu'ils prennent la premiere fois dans un filet neuf, croyant qu'il n'en prendroient pas davantage ; & l'on ne devoit non plus parler d'un filet neuf dans la maifon d'un pêcheur que de jeunes chiens dans celle d'un chaffeur, jufqu'à ce qu'ils euffent pris quelque chofe, s'imaginant que cela ôteroit la vertu au filet & aux chiens. Ceux qui alloient en mer ne devoient prendre avec eux aucune chofe de la terre ni la nommer. Enfin il ne faifoient rien fans tirer au fort.

Le P. Xuaquin Affin, Curé de S. Pierre de la Compagnie de Jefus, m'a dit qu'ayant été en Miffion chez les Tagales, il avoit obfervé, que ces peuples ne mangent jamais feuls, mais veulent au moins un compagnon. De plus, que la femme étant morte, le mari veuf est pendant trois jours servi par des hommes veufs, avec une natte au devant de lui, s'imaginant que les gens mariez & les garçons font de mauvaises augures : les femmes font la même chose, lorsque les maris meurent.

Lorsque les femmes font prêtes d'accoucher, elles ne veulent point qu'il y ait de filles presentes, croyant que cela rend l'accouchement difficile. Quand quelqu'un se meurt, non-seulement les parens & les amis viennent le pleurer, mais on paye encore de certaines personnes qui chantent sur un triste ton. On lave le corps ensuite, on l'embaume avec du Storax, du Mengioy, & autres gommes odoriferantes que l'on trouve dans les montagnes ; on l'enveloppe en plus ou moins d'étoffes selon sa qualité. Autrefois ils oignoient & embaumoient les corps des principaux avec des liqueurs aromatiques, avec de l'aloes & du bois d'aigle ; ils lui mettoient dans la bouche du suc de Betlé, aussi avant qu'ils le pouvoient. La sepulture des pauvres étoit une fosse dans leur propre maison ; celle des riches étoit un

cofred’un seul morceau de bois prétieux
& fermé d’une maniere que l’air n’y pouvoit pas entrer. Ils laiſſoient ſur le corps
des bracelets d’or & autres riches orne-
mens. Ils mettoient enſuite le coffre à
une certaine élevation de terre, dans un
coin de la maiſon avec des jalouſies autour; & auprès de ce coffre il y en avoit
un autre où étoient renfermez les meilleurs habits & ſes armes, ſi c’étoit un
homme, les outils pour travailler ſi
c’étoit une femme. Il y avoit certains
temps où ils mettoient devant eux diverſes ſortes de mets en leur honneur:
mais la plus grande marque d’honneur
qu’ils pouvoient donner à la memoire
du défunt, c’étoit de regaler l’eſclave
qu’il aimoit le mieux, & puis de le tuer,
afin qu’il lui tint compagnie. D’autres en-
terroient leurs morts dans les champs &
faiſoient des feux pendant pluſieurs jours
proche ſa maiſon, afin que le mort ne
vint pas prendre ceux qui étoient reſtez
en vie. Lorſque le corps étoit enterré,
les pleurs ceſſoient, mais non pas les
repas, qui duroient plus ou moins, ſelon la qualité du défunt : la veuve & les
enfans jeûnoient, pour marquer leur
chagrin; ne mangeant ni chair ni poiſſon, mais ſeulement quelques légumes.

Les Tagales appellent ce jeûne là Sipa.

L'habit de deuil chez les Tagales est noir, & chez les Bisayas, blanc , & ces derniers se razent la tête & les sourcils. Autrefois si quelqu'un des principaux mouroit, on gardoit le silence pendant plusieurs jours , on ne frapoit nulle part, & on ne navigeoit point dans les rivieres voisines. Ils mettoient pour cela une certaine marque , afin que tout le monde sçût , que c'étoit un tems de silence, & que personne n'eût à passer cette marque, sur peine de la vie , ce qui s'executoit à la rigueur.

On joignoit des offrandes & des sacrifices aux obseques ordinaires qui se faisoient en l'honneur de ceux qui mouroient à la guerre. Si la personne avoit été tuée d'une maniere lâche, ou en paix par trahison , on ne quittoit jamais le deuil, ni le silence, que les parens du défunt n'eussent pris le Balata, c'est-à-dire vengeance ; en tuant un certain nombre non-seulement des ennemis avec qui ils étoient en guerre, mais aussi de tous les étrangers qu'ils rencontroient, qui n'étoient pas de leurs amis. Pendant ce tems-là ils portoient autour du col, une bande de cuir & ils

paſſoient les jours par terre & par mer
à chercher des hommes pour les tuer
& pour aſſouvir leur rage. Cela étant
fait, ils rompoient le ſilence, avec de
grandes joyes & l'on quittoit le deuil.

CHAPITRE III.

Des Animaux, des Oiſeaux & des Poiſſons des Philippines.

ON voit paître dans les campa-
ghes une ſi grande quantité de bufles ſauvages, comme ceux de la Chine,
qu'un bon chaſſeur pourroit à cheval,
avec une lance en tuer 10. & 20. en
un jour. Les Eſpagnols les tuent pour
en avoir la peau, & les Indiens pour
les manger. Les foréts ſont pleines de
cerfs, de ſangliers & de chevres ſauvages comme celle du Sumatra : & en ſi
grandes quantité que cela a donné le
nom de Laſcabras à une des Iſlés. Les
Eſpagnols y ont apporté de la nouvelle
Eſpagne, du Japon & de la Chine des
chevaux & des vaches qui y ont fort
multiplié : ce qui n'eſt pas arrivé à
l'égard des moutons, à cauſe de l'humidité exceſſive de la terre.

On trouve dans les montagnes, un nombre infini de Singes & d'une grandeur si monstreuse, qu'une fois à Sambrangan, ils se defendirent si bien avec des bâtons contre un soldat de Pampanga, qui vouloit les insulter, qu'il en mourut de peur quelques jours après. Les petits servent de passe-tems dans les maisons. Mon ami D. Juan del Poço en a un blanc, mais si vieux, que pour voir quelque chose il fait de la patte une espece de l'orgnette, de même qu'un homme quand il veut voir des choses éloignées. Il me dit en avoir eu un autre de Borneo qui se plaignoit comme un enfant, qui alloit sur les deux pattes de derriere, en portant sa natte sous son bras, pour changer de place à dormir. Ces singes paroissent avoir plus d'esprit que les hommes à certains égards ; car quand ils ne trouvent plus de fruit sur les montagnes ils vont aux bords de la mer, où ils attrapent des crables, des huitres & autres choses semblables. Il y a un espece d'huitre qu'on appelle Taclovo, qui pesent plusieurs livres & qui ont coûtume d'être ouvertes sur le rivage. Or le singe craignant, que lorsqu'il la veut manger, elles ne lui attrappent la patte, en se refermant, y jette premierement une pierre qui l'empêche de se fermer, & lui donne le tems de les manger sans crainte. Il y en a une espece, qui pour attraper les crabes mettent leurs queues entre leurs pinces, afin que quand elles les serrent, ils puissent l'enlever tout d'un coup.

On trouve dans les Isles quantité de civettes ; & l'on doit remarquer sur tout que quand on ne leur ôte point la civette tous les mo's, l'ardeur qu'ils en ressentent, est si grande, qu'ils se frottent contre la terre afin de rompre la vessie où elle est renfermée,& ainsi se délivrer de cette peine.

Il y a aussi une espece de chats,grands comme des lievres,& de la couleur des renards, que l'on appelle Taguan. Ils ont des aîles comme les chauvesouris, mais plaines de poil de chaque côté, & dont ils se servent pour sauter d'un arbre à un autre, quoi qu'éloignez de 30. palmes.

On trouve dans l'Isle de Leyte un animal tout particulier, qu'on appelle Mago, il est grand comme une souris, la queuë est faite de même, mais sa tête est deux fois plus grosse que son corps, il a de longs poils sur le museau

& ne mange que des charbons.

Il y a des serpens d'une grandeur extraordinaire. Un entre autres qu'on appelle Ibitin, fort long, qui se pend par la queuë au tronc d'un arbre en attendant qu'il y passe des cerfs, des sangliers & même des hommes, pour les attirer à lui par son halaine & les devorer tout entiers, aprés quoi il se serre le corps contre l'arbre pour les digerer. L'unique moyen de se garentir d'eux, comme quelques Espagnols m'ont dit, c'est de rompre l'air qui se trouve entre l'homme & le serpent, & ce n'est pas sans bonne raison, puisqu'on detourne toutes ces parties magnetiques, pour ainsi dire, répandues dans cette espace.

Un autre serpent nommé Assagua, ne mange que des poules. Celui qu'ils appellent Olopong est venimeux. Les plus grands nommez Bobas viennent jusqu'à la longueur de 20. & 30. palmes.

Un autre animal à quatre pieds, qui se trouve aussi dans l'Amerique & que l'on appelle Iguana, est un mangeur de poules. Il ressemble à un crocodile: il a la peau rougeate, pleine de taches jaunes, la langue fendue en deux, &

les pieds ronds avec de la corne. Quoique ce foit un animal terreſtre, il traverſe les rivieres trés - promptement.
Les Indiens & quelques Eſpagnols
en mangent, & diſent qu'il a un goût
pareil à celui de la tortue.

Parmi les oiſeaux des Iſles, on doit
ſur tout faire mention du Tavon, autant pour ſa qualité, que parceque l'on
ne ſçait pas s'il s'en trouve ailleurs.
C'eſt un oiſeau de mer, noir & plus
petit qu'une poule, qui a le col & les
pieds longs. Il fait ſes œufs dans une
terre ſpongieuſe & ſablonneuſe. Ces
œufs ſont fort ſurprenants, car outre
qu'ils ſont auſſi gros que ceux des oyes,
on ne trouve preſque point de blanc
quand ils ſont cuits, mais tout jaune,
qui n'a pas cependant ſi bon goût que
celui de nos poules. Ce qu'il y a d'extraordinaire c'eſt que quand les petits
ſont éclos, on y trouve le jaune tout
entier, & qui ſont auſſi bon qu'auparavant, avec le bec du petit attaché,
ſans aucun blanc. Par là on voit qu'il
n'eſt pas toûjours vrai, que la vertu
generative de la ſemence, rend fecond
le jaune des œufs, & qu'en ce cas le
jaune ſert comme la placenta uterina
au fœtus humain. On rôtit les petits,

quoique fans plumes, & ils font auffi bons que les meilleurs pigeons. Les Efpagnols mangent fouvent dans le même plat la chair des petits & le jaune d'œuf. Les Indiens mangent l'oifeau, mais il eft dur. La femelle met fes œufs jufqu'au nombre de 40. & 50. dans une petite foffe proche le bord de la mer, & les couvre de fable. C'eft à caufe de cela qu'on l'appelle Tavon, parcequ'en la langue de l'Ifle, cela fignifie couvrir de terre. Etant ainfi couverts, la chaleur du fable les fait éclore : & les petits fe nourriffent du jaune, jufqu'à ce qu'ils ayent la force de fecouer la coquille des œufs, d'ouvrir le terroir & de fortir. Alors la mere qui eft fur les arbres voifins, court tout à l'entour en criant, & les petits l'entendant font leurs efforts pour la venir trouver. Cecy n'eft pas moins merveilleux que l'œuf de l'Autruche dont parle l'Ecriture Sainte. L'on voit icy la Sageffe de la Providence d'avoir donné l'inftinct à un oifeau de placer ainfi fes œufs, & au petit des ongles pour s'ouvrir un paffage. Ces oifeaux font leurs nids dans les mois de Mars, Avril & May, comme les Alcions dont parloient les Anciens ; parce qu'en ce

tems-là, la mer est plus tranquille &
ses vagues ne s'elevent point assez pour
les gâter. Les matelots sont toûjours
à la quête de ces œufs le long du rivage, & quand ils trouvent la terre re-
muée, ils l'ouvrent avec un bâton &
prennent les œufs & les petits qui sont
également estimez, pour les manger.

Il y a aussi une sorte de tourterelle
qui a les plumes grises sur le dos &
blanches sur l'estomac, au milieu duquel on voit un tache rouge, comme
une playe fraîche d'où le sang sortiroit.

Le Colin est un oiseau gros comme
une grive, dont la couleur est cendrée
& noire, n'ayant point de plumes sur
la tête, mais au lieu de cela une espece de couronne ou crête de chair.
L'oiseau que les Espagnols appellent
Paloma Torcaz est assez singulier, il
est de plusieurs couleurs, sçavoir gris,
verd, rouge & blanc sur l'estomac
avec cette même tache au milieu, les
pieds & le bec sont aussi rouges. J'ay
vû ces oiseaux & plusieurs autres dans
la voliere de D. Juan del Poço à Manille. Il y en avoit outre cela un noir,
venu depuis peu de Surate, & gros
comme une grive, ayant le bec jaune & un collier de la même couleur.

Il avoit une trés grande difposition pour aprendre à parler, comme les perroquets. On y voioit auffi de certains petits oifeaux de la côte de Coromandel, qui font plus petits que le chardonneret. Ils avoient l'eftomac rouge & blanc, les aîles grifes avec des petites taches blanches & l'extremité de la queue rouge, de forte qu'il n'y avoit rien de fi beau à voir. Il y avoit outre cela grand nombre de pigeons blancs avec la queue toûjours retrouffée, qu'il me dit être venus de Prefe.

Le Salangan eft un oifeau des Ifles de Calamianes, Xolo, & autres. Il eft comme un hirondelle, il bâtit une petit nid fur les roches qui font proche du bord de la mer, & l'attache aux rochers comme l'hirondelle le fait aux murailles. Ce font ces nids fi fameux dont nous avons parlé dans le volume précedent.

L'Herrero eft un oifeau verd, gros comme une poule. La nature lui a donné un bec fi grand & fi dur, qu'il perce les troncs des plus grands arbres pour faire fon nid. Le bruit qu'il fait, que l'on entend de loin, l'a fait nommer ainfi des Efpagnols, c'eft-à-dire, le Forgeron. D'autres croyent qu'on l'a

ainſi appellé, parce qu'il a la connoiſ-
ſance d'une herbe qui a la vertu de
rompre le fer, quand on la met deſſus;
puiſque l'on a experimenté, qu'ayant
fermé le trou de l'arbre, avec une plaque de fer, l'oiſeau, pour empêcher
que ſes petits qui ſont dans le nid,
ne periſſent, cherche cette herbe &
l'ayant miſe ſur la plaque, la fait rompre & ainſi s'ouvre un paſſage libre;
mais je ne répons pas de la verité de
ce fait.

Il y a encore un autre oiſeau particulier qu'on appelle Colo-colo, qui eſt
un peu plus petit qu'un aigle, & ſa
couleur eſt noire. Il eſt poiſſon & oiſeau tout enſemble, il nage avec la
même viteſſe ſous l'eau, qu'il vole en
l'air. Il attrape quelque poiſſon que ce
ſoit, & le fait mourir avec ſon bec
long de deux palmes. Ses plumes ſont
ſi ſerrées, qu'elles ſont ſeches auſſi-tôt
qu'il les ſecoue hors de l'eau.

On trouve quantité de Paons dans
les Iſles de Calamianes. Au lieu de
Faiſans & de Perdrix, les montagnes
fourniſſent des coqs ſauvages, qui ſont
excellens à manger, quand ils ſont bien
aprêtez. Les cailles ſont la moitié
plus petites que les nôtres, elles ont

le bec & les pieds rouges.

Il y a dans toutes les Isles en tout tems des oiseaux verds, qu'on appelle Volanos, diverses sortes de perroquets & des Cacatuas blanches qui ont une touffe de plumes sur le sommet de la tête.

Les Espagnols y avoient porté de la Nouvelle Espagne des Poulets d'Inde, mais ils n'y ont pas multiplié, à cause de l'humidité du terroir. Pour suppléer à ce defaut, on y trouve une poule nommée Camboja, pour être venue de ce Royaume là, qui a les pieds si courts qu'elle traîne ses aîles à terre. Les coqs d'une autre espece appellée Xolo, qui ont de longues jambes, ne cedent rien aux coqs d'Inde. Outre les poules ordinaires, comme les nôtres, il y en a dont la chair & les os sont noirs, mais qui ont un goût excellent.

Il y a encore un autre oiseau qui est toûjours aux environs des lacs, & sur tout celui de Bahi, dont les pieds & le bec sont rouges, & les plumes de diverses couleurs. Il est gros comme une poule & seroit aussi bon s'il ne se nourrissoit pas de poisson.

L'Auditeur D. Juan Serra me fit voir

un autre oiseau mort, qui avoit de trés
belles plumes, il étoit gros comme une
grive, on lui avoit apporté de Borneo, où l'on l'avoit trouvé. Il n'avoit
point de pieds, mais de grandes aîles
qui le soûtenoient, & c'est pour cela
qu'on l'appelle oiseau de Paradis. Le
P. Combes dans son Histoire de Mindanao, dit qu'il s'en trouve aussi dans
cette Isle.

Nous avons déja parlé des grandes
chauvesouris de l'Isle, de sorte qu'il
est inutile d'en parler davantage, j'ajou-
teray seulement qu'à Mindanao on tire
par le moyen du feu, beaucoup de
salpêtre de leurs excremens, quoiqu'il
ne soit pas si fort que l'ordinaire.

Les poissons des Isles sont aussi assez
extraordinaires ; Un entr'autres qu'on
appelle Douyon & que les Espagnols
nomment Pesce-muger, parce qu'il a
les mammelles & les parties du sexe
comme une femme, & qu'on n'a jamais vû aucun mâle. Ses os ont une
proprieté particuliere d'étancher le sang
& de guerir le rhume. Sa chair a le
goût de celle du porc.

Les poissons à l'epée ne sont differens des nôtres, sinon, en ce qu'il s'en
trouve qui ont 20. palmes de longueur

& dont l'epée en a 9. à 10. Nous a-
vons déja parlé de la guerre qu'ils font
aux crocodiles. On peut juger du tort
qu'ils font aux petites barques, puifqu'on a trouvé de leurs épées qui a-
voient penetrez dans le corps des plus
grandes.

Quant aux Crocodiles, la Providence s'eft bien fait voir dans ces monf-
tres. Car leurs femelles étant fi fertiles
qu'elles en font jufqu'à 50. les rivieres
& les lacs en auroient été pleins en
peu de rems, au grand dommage du
genre humain, fi la nature ne leur avoit
pas donné un inftinct de fe mettre dans
l'endroit où les petits doivent paffer,
& les avaler l'un aprés l'autre, ce qui
fait qu'il n'en échape que cette petite
quantité qui prend un autre chemin.
Secondement les Crocodiles n'ont point
de conduits pour les excremens & vo-
miffent le peu de matiere qui refte
dans leur eftomac aprés la digeftion.
De cette façon leur nourriture fait un
long féjour, & ce monftre n'eft point af-
famé tous les jours, fans quoi il en
coûteroit la perte d'une infinité d'hommes & de beftiaux. Lorfqu'on en a ou-
vert quelques uns, on a trouvé dans
leur ventre des os & des cranes d'hom-

H iij

mes, mêmes des pierres que les Indiens difent qu'ils avalent, pour fe paver l'eftomac.

La femelle met fes œufs hors de l'eau, pour les faire éclore. Ils font deux fois plus grands que ceux d'une oye, & plus blancs, mais la coquille eft dure comme de la pierre. Le jaune que l'on y trouve eft petit comme celui des œufs de tortues. Les Efpagnols comme les Indiens mangent les petits Crocodiles. Les Indiens difent que fous les machoires on trouve quelquefois de petites veffies pleines d'un trés excellent mufc. Eufebe en a fait mention, & l'experience l'a confirmé plufieurs fois.

Il y a un autre efpece de Crocodiles dans ces lacs ; les Indiens les appellent Buhayas & les Portugais Caymans. Ils font differens des autres en ce qu'ils n'ont point de langue & ne fe peuvent tourner que trés-difficilement. Le manque de langue l'empêche de faire du bruit & d'avaler dans l'eau, & il eft contraint de devorer fa proye fur le rivage. Les Indiens difent qu'il a 4. yeux, deux en haut & deux en bas avec lefquels ils voit facilement les poiffons & les pierres, qu'il prend avec fes pattes ; mais qu'étant à terre il a la vûe courte. Ils ajoutent encore que le mâle ne peut fortir de l'eau qu'à moitié & qu'il n'y a que les femelles qui vont chercher de quoi vivre dans les champs ; l'experience le confirme affez, vû que tous ceux, que les chaffeurs ont tué & pris, fe font trouvez de ce fexe. Il fait bon porter fur foi pour antidote éprouvé contre le Cayman, de la Bonga, ou Nang-Kauvagan, fruit qui vient d'une canne, j'en apporte avec moi. Il empêche le Cayman d'aprocher, comme on en a fait l'experience avec un chien ; il eft bon auffi contre les fortileges. On trouve dans les mers, de Mindanao & de Xolo quantité de grandes baleines, des chevaux marins, femblables à ceux de terre, mais fans pieds, & la queue faite comme celles des Crocodiles.

Les écailles de cette Ifle font fi grandes qu'on s'en fert pour faire des fonts, pour abreuver les buffes, fur tout celles de Taclovo. Un Religieux m'a dit qu'étant à l'Ifle de los Pintados, les mariniers en trouverent une fi grande fur une roche, qu'elle fervit de quoi donner à manger à tout l'équipage. L'écaille en eft eftimée par

tout & des Chinois particulierement
qui en font plusieurs sortes de beaux
ouvrages.

On trouve deux sortes de Tortues
dans ces mers. On mange les grandes
& leur chair a le goût de la vache,
mais on neglige leur écaille, on ne
mange point la chair des moyennes,
leur écaille est fort recherchée. Il y en
a qui sont un antidote, puisqu'on a
éprouvé que les bagues, & chapelets
qu'on en avoit fait, se font cassez comme du verre, lorsqu'on les a appro-
chez de quelque poison.

Les Rayes y sont extrêmement grandes, & les Japonois estiment fort leurs
peaux pour en faire des fourreaux de
cimeterre, je diray pour finir cette
matiére, que de tous les poissons dont
Pline a fait mention, il y en a trés-
peu que l'on ne trouve dans ces mers.

CHAPITRE IV.

Arbres & Fruits des Philippines.

II y a deux fruits fort estimez dans
ces Isles, qui croissent naturellement
dans les bois. Le premier s'appelle

neſſ
eau

rtue
nde
he
a -ra
nes,
y en
on a
aleu
on
oro

an
sus
del
arte
on
és
ers,

SANTOR
MABOL

Santor, de la groffeur, de la figure &
de la couleur d'une pêche, mais un
peu plus platte. Lorfqu'on le cueille
dans fa faifon, l'écorce en eft douce,
& en l'ouvrant on trouve cinq pepins
aigres & blancs comme ceux des oranges. Les Efpagnols l'aiment autant que
le coin & en font des confitures de la
même maniere. Il eft bon auffi dans
le vinaigre ; & lorfqu'il eft à moitié
meur, il donne un fort bon goût à la
foupe. Les bois étant pleins de ces arbres, & le fucre ne valant qu'un écu
les cent livres, tous les Moynes des
Philippines en font une grande quantité de confits pour leur deffert du foir
& du matin. Outre cela les feuilles ont
une vertu medecinale, & le bois eft
excellent pour la fculpture. L'arbre eft
femblable au noyer, finon que fes feuilles font plus larges.

L'autre fruit qu'on appelle Mabol,
eft un peu plus grand que le premier,
mais cotonneux & de la couleur d'une
orange. La poulpe n'a pas un goût
agréable, eft de difficile digeftion & a
6. noyaux. L'arbre eft haut comme un
poirier, a beaucoup de branches, des
feuilles, grandes, vertes & longues
comme celles du laurier. le bois coupé

H v

dans fa faifon eft peu au deffous de l'ébeine. On verra l'un & l'autre dans les figures fuivantes.

On trouve auffi des Bilimbins, que les Portugais appellent Carambolas, comme je l'ay dit dans le 3. Tome, mais s'ils font acides dans les Indes Orientales, le terroir de Manille les produit d'un goût mêlé d'aigre & de doux. On les mange cruds, affaifonnez avec du vinaigre & du fucre.

Le Macupa, que les Portugais appellent Jambo, eft plus gros que celui qui croît à Goa. Il y a auffi des Banchilins, que les Portugais appellent Bilimbins, des Jaccas appellées Nancas par les Efpagnols, des Tanpayes connus par les Protugais fous le nom de Jambos de Malacca; des Caffuis ou Caguis & autres dont nous avons parlé ailleurs.

Il y a auffi des Mangas de Siam ou des Mangas de Papagallo, felon les Portugais, que l'on a apporté depuis quelques années; & des Camies, dont l'arbre & le fruit eft comme les Caramboles Portugaifes, mais fans pepins & plus aigres.

Tous les fruits dont nous avons fait mention jufqu'à prefent, font des efpeces de fruits de jardins, mais il y en a d'autres sauvages qui ne leur cedent rien pour le goût, s'ils sont cueillis dans leur saison. Le Lumboy que les Tagales appellent Dobat, est entiérement semblable au poirier. Il donne d'abord une jolie petite fleur blanche & ensuite un fruit gros comme une cerise, mais long comme une olive. Les Portugais l'appellent Jambulon.

Le Dottoyan est une arbre plus rare, dont le fruit à tous égards, est comme le Jambulon, rouge & sans pepins, la poulpe en est blanche & le goût est mêlé d'aigre & de doux.

Le Panungian est un fort grand arbre, qui produit un fruit gros comme un œuf de pigeon, dont la coquille est rouge & qui a la forme & la dureté de nos pommes de pin. Il a des pepins, sa poulpe est transparente & de bon goût, elle aide à la digestion. D'autres personnes ont donné le nom de Licias à ce fruit, à cause qu'il ressemble à ceux de la Chine, mais il y a cependant une difference entr'eux.

Le Carmon est bon, lorsqu'il est bouilli & il excite l'apetit. Il est aussi gros qu'une pomme, a l'écorce comme celle d'un oignon & sa poulpe est aigre & douce. L'arbre eſt comme un pommier & croit facilement le long des bords des rivieres.

Il y a dans quelques unes de ces Iſles de ces Dourions ſi fameux. L'arbre eſt grand & le fruit croit ſur le gros de la branche, comme les pommes de pein. On ſent au commencement un vilain goût d'oignon, mais on s'y accoûtume facilement & les étrangers le trouve trés agreable. Il y a auſſi des Maranes, qui reſſemblent aſſez aux Dourions ; & des Lanzones ou Boaſbas, qu'on peut appeller des raiſins, par rapport au goût & à leurs autres qualitez.

Au lieu d'olives, on trouve ſur les montagnes des Iſles, les Paxos, qui different peu de ces premieres, ſi on les cueille, quand ils ſont tendres, étant verds, on les mange dans le vinaigre, & meurs, ils ont un goût exquis.

On trouve dans les hautes montagné d Iloccos & de Cagayan des pins ſauvages trés hauts. Ils ne portent pas des pommes comme les nôtres, mais au lieu de cela des fruits, qui ne different pas beaucoup des amandes & qui ont le même goût, ſervant pour les mêmes ufages que les amandes chez nous.

Le Lumbon produit quelques petites noix, dont l'écorce dure renferme une poulpe qui a le goût de pignons. Comme ce fruit affoiblit l'eftomac, les Chinois ont coûtume d'en tirer l'huile, dont ils fe fervent pour efpalmer leurs vaiffeaux au lieu de fuif.

Leurs oranges font de plufieurs efpeces & toutes plus grandes que celles d'Europe. Pour des citrons, il y en a de grands & de petits, mais la plûpart font doux.

Les Jamboas font deux fois auffi gros que la tête d'un homme, ronds & jaunatres. Les uns ont les pepins rouges, d'autre jaunes, & quelques uns blancs. Leur goût eft comme celui du citron, mêlé d'aigre & de doux, l'arbre reffemble au citronier & pour fa grandeur & pour fes feuilles.

On y a apporté de la nouvelle Efpagne des Ates, des Anonas, des Zapotes-prietos, des Chicos-zapotes, des Aguacates, des Papayas, des Mameyes & des Gayavas Peruletas : & il s'en trouve une fi grande quantité de ces derniers fur les montagnes, qu'elles foulagent extremement les pauvres. On

en fait des confitures & du vin meilleur
que celui de palmier & le cidre du Ti-
rol. Quand on mange ce fruit verd, il
reſerre, & quand il eſt très-meur, il lâche. Ses feuilles bouillies ſont excellentes pour les jambes enflées; & les Indiens les reduiſant en poudre ſe gueriſ-
ſent eux-mêmes des coups de diſcipline
qu'ils ſe ſont donnez pendant la ſemai-
ne Sainte. Ces Inſulaires ne connoiſſent
aucun fruit d'Europe, parce que le terroir ne permet pas qu'ils y croiſſent,
& quoiqu'il y ait dans le Château de
Cavite quelques vignes de muſcat, le
raiſin ne meurit jamais bien, non plus
que les figues & les grenades qui ſont
dans le Couvent des Jeſuites du même
endroit.

Tous les fruits dont nous avons parlé, ſervent ſeulement pour plaire au
goût; mais ceux qui apportent de l'u-
tilité & du plaiſir, auſquels conſiſte la
plus grande partie du revenu des plus
riches des Philippines ſont les palmiers.
On en compte preſentement juſqu'à
quarante eſpeces: & parmi les principaux qui fourniſſent le pain ordinaire,
il y a premierement celui que les Tagales appellent Yoro, les Pintados Lan-
dan, & les Habitans des Moluques Sa-

gou. Celui-ci, a la difference des autres, nait & croit naturellement sans
être cultivé, sur les bords des rivieres.
Il ne s'éleve pas beaucoup, mais il est
épais. Toute sa substance depuis le bas
jusqu'en haut est molle comme celle
d'une rave ; il n'est couvert que d'une
écorce épaisse d'un doigt qui n'est ni forte
dure, ni polie. On s'en sert ainsi ; ils
le coupent par morceaux , le laissent
tremper dans l'eau un peu de temps ,
& enlevent seulement une bande de
l'écorce, afin que le reste serve à conserver la substance interieure , & tail-
lent ensuite cette substance blanche en
de très-petits morceaux : lorsqu'elle est
taillée ils la foulent avec les pieds dans
des paniers de canne proche de la riviere, jusqu'à ce que le jus en sorte ,
(par la quantité d'eau qu'on y jette) &
tombe dans un vaisseau plein d'eau qui
est au-dessous. On leve ensuite cette
espece de pâte, & on la met dans des
formes faites de feuilles de palmier , où
elle s'endurcit un peu, comme de l'a-
midon mou, qui étant après cela seché
au Soleil , sans le secours d'un four ,
sert de pain fort nourissant & qui se garde long-temps.

La seconde espece de palmiers est

celle qui donne le vin & le vinaigre. Les Tagales l'appellent Safa, & les Bifayas Nipa. Ils ne viennent pas affez grands pour mériter le nom d'arbres, parce qu'ils croiffent dans des lieux pleins d'eau fomache, & fur tout dans ceux d'où la mer approche. Le fruit reffembleroit aux dattes, mais il ne vient jamais à maturité, parce que les Indiens coupent la branche auffi-tôt que la fleur paroît; afin que comme on l'a dit ci-devant, la liqueur puiffe couler dans le tronc de la canne qui eft au-deffous. Il arrive fort fouvent qu'un de ces troncs qui tiendra dix caraffes de Naples, fe remplira en une nuit. Quand on ne le diftille point, ou qu'on ne l'accommode point comme, on l'a dit, avec l'écorce de Calinga, qui eft comme de la canelle, il devient aigre, comme du vinaigre. On fe fert des feuilles de ce palmier pour couvrir les maifons, au lieu de tuiles; on les cout avec du fil de canne très-fin, & elles durent jufqu'à fix ans.

On fait encore du vin, du vinaigre & du Touba des cocos; qui font outre cela très-avantageux aux Ifles à caufe de l'huile qu'on en tire, & qui eft bonne à manger, lorfqu'elle eft fraîche. On tire auſſi du milieu du coco une eau douce comme du ſucre, & une eſpece de ſucre, même lorſque l'eau eſt con-denſée, ſa premiere écorce ſert à faire des cordages & à calfater les Navires. L'autre écorce interieure ſert à faire des vaſes, & les autres uſages dont nous avons parlé.

Il y a un autre genre de palmiers qu'on appelle Bourias, dont les Iſles qui ſont proche du Détroit de Saint Bernardin ont pris leur nom. L'arbre eſt plus gros que celui du coco ; les fruits ſont proprement des dattes, des noyaux deſquelles on fait de beaux cha-pelets, & les feuilles ſont comme les palmiers d'Afrique. Les Biſayas cou-pent le fruit par le pied, & en recueil-lent la liqueur comme on fait au Nipa & au coco. Ils ſont de cette liqueur, outre le vinaigre, une eſpece de miel, par le moyen du feu, & de ſucre noir, qu'ils appellent Pacaſcas, & qu'ils van-dent enſuite dans de petites boettes, comme une choſe que les Inſulaires eſti-ment fort. Ils en font encore du Sagu, comme on le fait des autres palmiers; & en temps de diſette, ils compoſent une ſorte de farine avec le fruit qu'ils broient, mais qui n'eſt pas ſi ſaine que le ſagu.

L'autre palmier appellé Bonga, a des feuilles aussi larges que le Bourias ; mais l'arbre ni le fruit ne lui ressemble pas ; le corps du Bonga est haut, mince, droit & plein de nœuds par tout. Son fruit est comme un gros gland, fort estimé, parce qu'avec ce fruit, des feuilles de Betlé & de la chaux , on fait une composition grosse comme un petit gland , que les Indiens estiment beaucoup, comme fortifiant l'estomac, rafermissant les dents , rendant l'haleine douce & les levres belles & rouges ; cependant si l'on en prend trop immoderément, il rend les levres & les dents noires , comme les Indiens l'éprouvent souvent, ne cessant d'en mâcher depuis le matin jusqu'au soir. Il y en a qui sont un jour , deux jours sans manger , s'imaginant que cela les nourrit.

La derniere sorte de palmier profitable (pour ne rien dire des autres, quoiqu'ils portent aussi du fruit) est l'Yonota. Il fournit aux Insulaires de la laine, qu'on appelle Baros , propre pour des Matelats & des oreillers ; du chanvre noir , appellé Jonor ou Gamuto pour faire les cables de navires ; ses fils sont de la longueur & de la grosseur du chanvre ; ils sont noirs comme des crins de cheval , & l'on dit qu'ils durent fort long-temps dans l'eau. On ôte la laine & le chanvre d'autour de l'arbre. Il produit quelques petits cocos attachez à de longues grappes , mais qui ne font d'aucun ufage. Les Indiens tirent auffi de fes branches du Tuba doux , mais qui étant devenu aigre , enivre fort. On en mange les bouts tendres , mais ils n'ont pas fi bon goût que ceux des cocos que l'on mange cuits.

On peut employer toutes ces feuilles de palmiers, ou à couvrir des maifons, ou à faire des chapeaux , des nattes pour les chambres, des voiles pour les Navires , & plufieurs autres chofes : de forte que les pauvres gens y trouvent de quoi manger , boire, s'habiller & fe loger , comme Pline l'a écrit il y a plus de 1500. ans.

Les Tamarins ou Sampales font des fruits fauvages qui viennent dans des gouffes comme des feves vertes. Ils ont un goût piquant, ce qui fait qu'on les mange avec du fel, & qu'on les confit avec du fucre. L'arbre eft fort haut & épais , les feuilles font petites , & le bois fert à plufieurs ouvrages comme l'ébeine.

Ces Ifles produifent une grande abondance de Caffe. L'arbre n'eft pas fi grand que celui du Tamarin, mais il eft plus rempli de branches. Ses feuilles font d'un très-beau verd, & un peu plus grandes que celles des poiriers ; lorfqu'elles font cuites avec les fleurs, en maniere de conferves, elles font le même effet que le fruit, & caufent moins de naufée, de plus le fruit verd étant confit, eft fort fain & un excellent laxatif. Il y en a une fi grande quantité dans les montagnes, que dans les mois de Juin & de Mai, les Habitans de Mindoro en engraiffent leurs cochons.

On voit plufieurs autres fortes de grands arbres fur les montagnes, qui fervent à bâtir les vaiffeaux & les maifons, & font toûjours verds ; mais fans une grande connoiffance des chemins, on ne peut aller fort avant, comme j'en ai fait l'experience en allant à la chaffe. On y trouve l'ébene noire, le Balayong rouge, l'Afana ou Naga, dont on fait des taffes à boire ; l'eau que l'on met dedans y devient bleue, eft fort faine & a bon goût, comme j'en ai fait l'experience ; & fi l'on fait un entaille dans l'écorce de l'arbre, il en fort une liqueur qu'on appelle Sang de Dragon. On voit encore le Calingak dont l'odeur eft dou-

ce & l'écorce aromatique comme la canelle ; & plusieurs autres ; tous trés-uti-
les, soit pour la teinture, soit pour les
odeurs & autres usages infinis, dont la
centiéme partie n'est pas encore venue
à la connoissance de ces peuples. Ceux
qu'on appelle Tigas, c'est-à-dire durs,
sont excellens pour faire des vaisseaux ;
& il y en a d'une espece si dure, qu'on
ne peut les scier qu'avec la scie à l'eau
comme le marbre. Les Portugais lui
donne à cause de cela le nom de fer.

On trouve aussi sur certaines montagnes de l'Isle de Manille une grande
abondance de muscade sauvage, dont
on ne tire aucun profit. Mais dans l'Isle
de Mindanao, il y a dans les montagne de très-grands arbres de canelle.
La chose la plus extraordinaire, qui se
trouve dans les Isles, c'est que les feuilles de certains arbres, arrivant à une
certaine maturité se transforment en
animaux vivants, ayant des ailes, des
pieds, une queue, & volent en l'air,
quoiqu'ils conservent la même couleur
des feuilles. Le corps se forme des fibres les plus dures plus ou moins grands,
selon la grandeur de la feuille ; la tête
se forme à l'endroit par où elle étoit
attachée à l'arbre, & la queue à l'au-

tre extrêmité ; les fibres des côtez forment les pieds , & le reste les aîles.

Le Pere Joseph d'Orense , Cordelier
de l'Observance, & Provincial de la Province de Saint Gregoire dans les Philippines, m'a dit, que pendant le temps
qu'il étoit Curé du Village de Camalie
dans la Province de Camarines, il l'a-
voit vû de ses propres yeux , & m'en
a fait un écrit autentique, que je con-
serve. Dom Gines Barrientos Evêque
de Troie & Coadjuteur de l'Archevê-
ché de Manille m'a confirmé la même
chose. On a mis la figure de cette feuille pour la satisfaction des curieux ; mais
s'il m'appartenoit de raisonner là-dessus , je dirois qu'il n'y a qu'une maniere d'expliquer cela : c'est-à-dire, en
supposant qu'un ver s'engendre d'une
telle feuilles , & prend des aîles ensuite;
comme on le voit tous les jours aux
mouches aux cousins, aux vers à soie,
& mille autres.

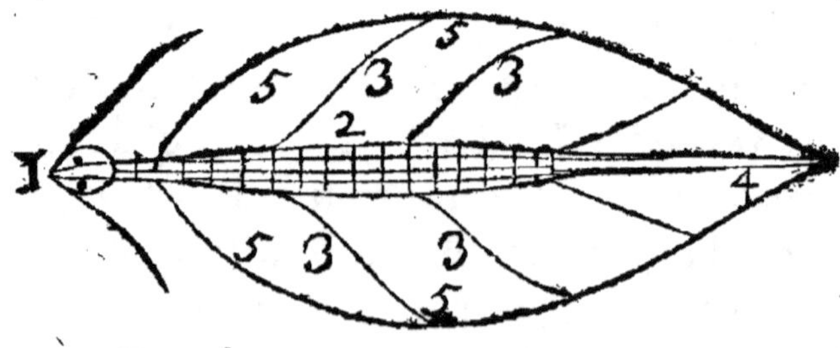

1. La tête.

2. Le corps.
3. Les pieds.
4. La queue.
5. Les aîles.

On a apporté de la nouvelle Espagne, aux Philippines, la plante de cacao qui s'y est si bien multipliée, quoique pas si bon, qu'en peu de temps on pourra se passer de celui de l'Amerique.

Ces anciennes Forêts, qui subsistent depuis tant de siecles, aportent un grand profit aux Insulaires ; parce qu'il y a un nombre infini d'abeilles, qui leur fourniffent, sans prendre aucune peine, une quantité incroiable de miel & de cire. Il y en a de plusieurs especes : celles que les Indiens appellent Pocoytan, sont plus grandes que celles d'Europe, & font leurs rayons de 4. palmes de longueur sur une largeur proportionée au dessous des branches des grands arbres, & quelquefois il s'en trouvera sept ou huit dans le même endroit, qui se conservent entiers, malgré les pluies continuelles. Celles qu'ils appellent Lignan sont grandes comme celles d'Europe, & font leur miel dans la concavité des troncs des arbres : d'autres, nommées Locot, aussi petites que des mouches, n'ont point d'aiguillon, mais font leur miel accide, leur cire noire, cherchent toûjours après le miel des autres. Il y en a encore une autre espece appellé Camomo, qui se campe sur les grands arbres comme les Pocoytans. Outre cela tous les troncs de ces arbres donnent diverses gommes pendant toute l'année ; une, qui est la dlus commune, que les Espagnols appellent Brea, autrement Goudron, dont ils se servent au lieu de poix pour leurs vaisseaux, il y en a qui ont des vertus medecinales, d'autres poussent des parfums & d'autres servent à d'autres usages. On y en trouve en si grande quantité, que non-seulement les arbres en sont couverts, mais la terre aussi, & il y a des plantes qui en ont sur leurs feuilles au mois d'Avril & de Mai. Les anciens avoient bien raison de dire que le miel découloit des arbres de ces pays & plusieurs autres liqueurs prétieuses.

Je ne veux pas oublier de parler de l'arbre Aimit. Il est assez grand, & si plein d'humidité, que quand les chasseurs & les sauvages ont besoin d'eau, ils y font un trou, & ont bien-tôt rempli leur tronc de canne, d'une eau très-claire. Il donne quelques fruits qui pendent

dent à certaines grappes, & ne sont pas
desagréables, lorsqu'ils sont meurs.

Je finirois ici ce Chapitre si la Canne d'Inde, ou le Vexuco, comme l'appellent les Espagnols, ne croissoit pas
aussi au milieu de ces arbres, & ne mon-
toit jusqu'à la cime des plus grands, en
les embrassant comme le lierre. Elle est
toute couvertes d'épines, que l'on ôte
pour la polir. Si on la coupe, elle donne autant d'eau très-claire qu'il en faut
pour boire un coup; de sorte que les
montagnes en étant pleines, on n'y
manque jamais d'eau. Leur partie la
plus épaisse sert à plusieurs choses, comme à couvrir des murailles, des plan-
chers & autres choses; celle qui est un
peu plus mince, étant fort droite, &
point sujette aux vers, sert à faire des
piques; & tout l'Arcenal Royal de Manille en est fourni; dans la Province de
Camarines, on en fait des colonnes, de
sorte que toute la maison est composée de cannes. La partie la plus menue sert à faire des cannes pour s'appuyer; & quand elle est fendue on s'en
sert pour lier, pour faire des paniers,
des cassettes, des chapeaux pour les Religieux de S. François, & plusieurs autres
choses à quoi les Indiens les employent.

Tome V. des Isles Philippines. I

CHAPITRE V.

Des Plantes & Fleurs des Philippines.

CEs arbres, que les Portugais appellent Figuiers des Indes, sont appellez Platanes, par les Espagnols, & pour leur quantité, tiennent le rang après les palmiers. Leur plante se seche aussi-tôt que le fruit est coupé, ils n'ont point de branches, mais des feuilles si longues & si larges, qu'on ne doute pas qu'Adam n'ait pû couvrir sa nudité avec deux feuilles seulement: puisque l'on croit que c'est ce fruit qui le tenta dans le Paradis terrestre. Il y en a de diverses sortes & de divers goûts : l'un s'appelle Obispo, pour être digne de la bouche d'un Prélat : un autre Plantano di Pipita, que les Indiens ont coûtume d'avoir au tour de leurs maisons, non seulement pour jouir de l'ombre de ses feuilles, mais pour s'en servir en guise de serviettes, de plats; & des fruits pour vinaigre. Les plus estimez & les plus nourrissans sont les tanduques, qui sont gros comme le bras & longs d'une palme & demie ; on les mange rôtis avec du vin dessus & de la

Canelle ; ils ont aſſez le goût des coins
d'Europe. Les Venti-coxol ont auſſi
très-bon goût, mais les Dedos de Dama valent encore mieux. On verra quelquefois une centaines ou deux cens
Plantanes pendre comme une grappe
de raiſin, de ſorte qu'il faut les appuyer.
Les Indiens les croyent ſi ſains qu'ils en
donnent aux malades, & quoiqu'ils
ſoient un peu difficiles à digerer, ils ſont
fort bons pour les maux de poumon &
pour ceux de reins ; ſi l'on en doit croire Avicenna, ils ſont cordiaux. Les Ara-
bes les appellent Muſa & les Malabares,
Palan.

Il y a auſſi quantité de cannes de ſucre, de gingembre, d'indigo & du tabac. Les Batates, dont les Indiens ſe
nourriſſent ordinairement, & que les
Eſpagnols eſtiment beaucoup, ſont ici
en abondance & de pluſieurs ſortes,
auſſi-bien que les Camotes, qui reſſemblent à de groſſes raves, & plaiſent fort
au goût & à l'odorat. Les glabis ſont
comme de grandes pommes de pin, qui
étant bouillies ſervent aux Indiens de
pain, aux Eſpagnols, de navets dans le
plat, & des feuilles ils en font de la ſoupe. L'Ubis eſt gros comme une cour-
ge, & ſa plante reſſemble au lierre. Les

Xicamas ont le même goût que l'Ubis
& les Batates ; on les mange confit, &
quand ils font cruds, on y met du poivre & du vinaigre, parce qu'ils font fort
pleins de fuc lorfqu'ils font nouvellement cueillis , ils font fort fains. Les
carottes fauvages ont le goût des poires
& la plante eft comme le lierre. Le Tay-
lan fauvage a de grande feuilles , & le
même goût que les Batates. Il y a une
fi grande abondance de ces racines par
toutes les Ifles , que plufieurs milliers de
Sauvages en vivent, comme on l'a dit
ailleurs.

Les Piñas que les Portugais appellent Ananas , font des fruits que l'on appelle ainfi , à caufe de leur reffemblance
avec les pommes de pin. On les eftime fort pour leur odeur , leur couleur
& leur goût ; on les confit pour les
manger au deffert. Elles aident dans
ce temps là à faire la digeftion , mais
fi on les mange à jeun , elles ne font
pas faines , quoiqu'elles excitent l'apetit. Que l'on mette un couteau dans un
de ces fruits , pendant une demie heure,
il perdra fa trempe.

On trouve dans toutes ces Ifles une
grande abondance d'herbes & de fleurs
de bonne odeur, que la nature fait naî-

tre de son bon gré dans les champs, sans que les Indiens se donnent aucune peine, quoiqu'ils en retirent tout l'avantage. Il n'est pas étonnant qu'ils ne s'appliquent pas à les cultiver, puisqu'ils ont de la peine à semer le ris. C'est pourquoi, on ne voit point dans Manille de beaux jardins, comme en Europe, mais seulement quelque peu de fleurs dans ceux des Couvens & des Espagnols.

On doit donner le premier lieu à la fleur Zampaga. Elle ressemble au Mogorin des Portugáis; parce qu'elle est comme une petite rose blanche avec trois rangs de feuilles, dont l'odeur est bien plus agréable que celle de nôtre jassemin d'Europe. Il y en a un autre appéllée Solasi, qui sent fort bon & est de deux especes; outre une autre encore qui est sauvage, qu'ils appellent Loco loco, qui a l'odeur du girofle. Le Balanoy, autrement le Torongil & Damoro a une petite semence qui sent comme le baume, elle est très-bonne pour l'estomac, & les personnes délicates la mêlent avec le Betlé. Le Daso a la racine aromatique, comme le gingembre ordinaire, dont les campagnes sont pleines, aussi-bien que de celui de son autre efpece, plus chaude & plus forte, qu'on appelle Langeovas : le Cabling eft plein d'odeur, quand il eft nouvellement cueilli, mais encore plus lorfqu'il eft fec. La Tala eft une herbe qui a une odeur encore plus forte que le Calaton-don. La Sarafa ou l'Oja di S. Juan eft très-belle avec des feuilles larges remplies de rayeures vertes & blanches.

Quand aux herbes medecinales, il n'y a point d'Ifles dans le monde qui en produit plus que les Philippines ; parce qu'outre la fauge, l'herbe de Ste Marie, le baume, la joubarbe & autres herbes d'Europe, elle en a plufieurs particulieres. L'herbe qu'on appelle del pollo eft femblable au pourpier & croit par tout. On lui a donné ce nom, parce qu'elle guerit en très-peu de temps les plaies que fe font faites les cocqs dans leur combat. La Panfipan eft une herbe plus haute, qui porte une fleur blanche comme celle de la feve. Lorfqu'elle eft pilée & appliquée fur les plaies, elle les netoie de tout le venin qui pourroit y être & de toute corruption. La Golondrine & la Chélidoine ont la vertu de guerir en quelque façon fur le champ, la diffenterie. On y trouve encore l'herbe Sapo, & plusieurs autres qui ont beaucoup de vertu. Il y a aussi dans l'Isle de Mindanao & de Xolo plusieurs herbes particulieres qui guerissent les blessures en peu de temps, parce qu'en les appliquant dessus & en bûvant la décoction, la guerison est faite en vingt-quatre heures. Il y en a une autre dont les Insulaires se servent comme les Turcs font de l'opiom, pour perdre l'usage de la raison avant le combat, & alors ne plus craindre les armes des ennemis. Ce qu'il y a de plus étonnant, c'est qu'il ne sort point de sang des plaies de celui qui en a pris, si le Gouverneur de Samboangan a dit vrai à celui de Manille dans la Relation qu'il lui en fit, aussi-bien que plusieurs Missionnaires Jesuites qui étoient allez avec lui. Ils disoient encore qu'il y avoit deux autres herbes admirables ; une, qui étant appliquée sur les reins, empêchoit de sentir aucune lassitude ; & l'autre, qui étant gardée dans la bouche empêchoit les évanouissemens, & donnoit une telle vigueur, qu'un homme pouvoit marcher deux jours sans manger.

Comme ces Isles sont chaudes & humides, il s'y engendre par tout beaucoup d'animaux venimeux, & la même terre produit des herbes, des fleurs & des racines de la même qualité : en sorte que non-seulement elles font mourir ceux qui les touchent, mais infectent l'air des environs, & que pour cela dans certains endroits, il meurt une grande quantité de monde, lorsque ces arbres & ces plantes font en fleur. Mais d'un autre côté le Créateur a pourvû les mêmes Isles d'excellens contrepoisons, parmi lesquels on doit donner le premier rang aux pierres de Bezoar, que l'on trouve dans le ventre des cerfs & des chevres. Le Manungal mis en poudre & donné dans l'eau tiede ou l'huile de coco, est excellent pour les fievres malignes & pestilentielles. La feuille d'Alipayon, semblable à celle du Plantane, netoie parfaitement bien une plaie, fait recroître la chair, en changeant seulement de temps en temps les mêmes feuilles. La racine du Dilao, qui ressemble au gingembre, est admirable pour les plaies & les épines empoisonnées, lorsqu'on l'applique pilée & bouillie en y joignant de l'huile de coco.

Une herbe que les Espagnols appellent de Culebras, & les Tagales Carogtong est excellente pour réunir les

parties feparées ; ce qui fait que les ferpens quoique coupez en deux fe gue-
riffent avec cette herbe. Un bois appellé Docton a la même vertu. L'Amuyon
donne un fruit gros comme une noi-
fette, qui eft auffi piquant que le poivre ; & guerit les maux qui font caufez
dans le bas ventre par le froid. Le Pan-
dacaque pilé & appliqué chaud, faci-
lite l'acouchement. L'arbre Camandag
eft fi venimeux, que les fardines, qui
mangent fes feuilles qui tombent dans
la mer en meurent, & qu'il fait mourir tout ceux qui en mangent. La liqueur qui diftile de fon tronc fert à ces
Peuples pour empoifonner la pointe de
leur fleches. L'ombre même de l'arbre
eft fi mauvaife, qu'il ne croît aucune
herbe auffi loin qu'elle s'étend ; & s'il
eft tranfplanté, il fait mourir tous les
autres arbres qui font proche de lui,
horsmis un petit arbriffeau qui eft fon
contre-poifon, qui l'accompagne toûjours. Il faut porter dans la bouche un
petit morceau du bois, ou une feuille
de cet arbriffeau, pour fe garantir de ce
venin ; c'eft ce qui fait que les Indiens
en font toûjours pourvûs. On a trouvé
que la Terre de Saint Paul étoit auffi
un très-bon antidote.

I v

La Maca Bubay, qui ſignifie ce qui donne la vie, eſt une eſpece de lierre qui croît le long d'un arbre, & de la groſſeur du doigt. Elle produit quelques filets longs comme des ſarmens de vigne, dont les Indiens font des bracelets; pour les porter comme une antidote contre quelque poiſon que ce ſoit. Le ſuc de cette plante eſt fort amer. La racine du Balet priſe du côté de l'Orient, pilée & appliquée ſur quelque plaie que ce ſoit guerit en vingt-quatre heures, mieux qu'aucun baume. Cet arbre croît parmi les bâtimens, & les penetre ſi bien avec ſes racines, qu'il renverſe de grands édifices. Il vient auſſi dans les montagnes; & parce qu'en ces endroits l'arbre devient fort grand, il eſt fort veneré des Indiens.

Il y a pluſieurs autres plantes & arbres de grande vertu, dans les Iſles dont le Frere George Carrol Allemand, Apotiquaire du College des Jeſuites à Manille, a fait la deſcription en deux volumes *in folio*, avec les figures ſi bien faites d'après le naturel, qu'avec le Livre en main on les reconnoit facilement en campagne. Il y a encore marqué leurs vertus, & la maniere de les préparer. C'eſt un travail de quinze ans,

il a été obligé d'en acquerir la con-
noiſſance par des Indiens, qui ſont
grands Herboriſtes; & cet ouvrage me-
riteroit bien d'être imprimé pour le bien
commun; ce que je n'ai pas oublié d'in-
ſinuer au Pere Vice-Provincial, & au
Frere même.

Parmi les plantes ſenſitives qui tiennent un certain milieu entre les plantes & les animaux, comme dit Pline,
outre la Spugna & l'Urtica Marina, il
s'en trouve dans les Iſles une qui reſſemble tout-à-fait à un chou. Ce fut par
le moyen d'un Soldat de la garniſon de
la côte d'Ibabao, qu'on découvrit cette plante en 1642. il voulu la prendre
& il la vit qui fuyoit ſa main & ſe reti-
roit ſous l'eau de la mer. Il y en a encore une autre plus merveilleuſe, qui
croit ſur les colines de Saint Pierre proche de Manille: à quelque heure qu'on
la touche, ſi legerement qu'on voudra,
elle ſe retire & ferme ſes feuilles très-
promptement; c'eſt pourquoi les Eſpagnols l'ont appellée la Verguenzoſa,
la Honteuſe.

CHAPITRE VI.

Des Isles de Mindanao & de Xolo.

COmme l'on compte Mindanao &
Xolo parmi les Isles Philippines
& que nous les avons omises cy-dessus,
afin d'en rapporter quelques circonstances particulieres, je crois qu'il est à
propos d'en parler en cet endroit. Mindanao est la seconde en grandeur aprés
Manille, sa figure est triangulaire,
dont les trois principaux Caps s'appellent de Samboengan, de Saint Augustin & de Suliago. On trouve entre
celui de Suliago & de saint Augustin,
c'est-à-dire du Nord au Sud, la belli-
queuse Province de los Caragas : entre
Suliago qui est au Nord Est, & Samboangan est la Province d'Illigan qui
depend de Dapitan & celles des peuples appellez Subanos. Samboangan
ne fait qu'une ligne de l'Est à l'Ouest
avec le Cap de Saint Augustin, & ses
peuples confinent d'un côté & de l'autre
avec les Provinces de Buhayen & de
Mindanao. Sa situation est depuis le 6.
degré, où est le Cap de Saint Augustin.

jufqu'au dixiéme degrez trente minutes, où eft celui de Suliago. Son circuit
peut être de 300. lieues, mais elle a
tant de Caps avancez en mer, & des
bayes fi profondes, qu'on peut la tra-
verfer en un jour & demy. Elle eft
éloignée de 200. lieues de Manille vers
le Sud Eft. Elle a plufieurs Ifles dans
fes environs : parmi celles qui font habitées fe trouve Xolo, à trente lieues
de Samboangan ; Balifan divisée au
milieu par un détroit de quatre lieues,
Sanguil la Prefqu'Ifle de Santranguan
& autres.

Mindanao ayant fes parties fi éloignées & fi divifées, jouit auffi de divers climats, & eft environnées de
mers orageufes, fur tout fur la côte
des Caragas. Cette partie qui eft fous
le Gouvernement de Samboangan eft
trés-temperée. Les vents y font agreables, les tempetes rares, & les pluyes
peu frequentes. Les Provinces de Mindanao & du Buhayen, fujettes à deux
Rois Mores, font marecageufes & les
moucherons en rendent le féjour def-
agreable. L'on compte dans l'Ifle 20.
rivieres navigables,& 200. petites. Les
plus fameufes font Buhayen & Butuan,
qui viennent de la même fource, mais

la premiere prend son cours vers Mindanao & la seconde se jette dans la
mer, vis à vis Bool & Leyte. La troisiéme appellée Sibuguey prend sa source auprés de D'apitan, & ses eaux se-
parent les terres de Mindanao d'avec
celles de Samboangan. On y trouve
aussi deux lacs : l'un qu'on appelle de
Mindanao, qui signifie en la langue du
pays, homme de lac, & qui a donné
le nom à toute l'Isle : Il est trés-grand
& couvert de certaines herbes appellées Tanson, qui s'étendent sur l'eau en
plusieurs branches ; & l'autre, qui a
8. lieues de circuit, est dans le côté opposé de l'Isle & s'appelle Malanao.
Tout le terroir est plein de montagnes
excepté le long de la mer : il produit
cependant beaucoup de ris, & des racines trés-nourissantes, comme des Batates, des Ubis, des Gaves, des Ape-
res & autres. Dans tout le Royaume
de Mindanao, & principalement sur la
côte des Caragas auprés de la riviere
de Butuan, on trouve en grande
abondance des Palmiers de Sagu, de la
farine desquels on fait du pain & du
biscuit.

Mindanao a de tous les fruits qui
se trouvent dans les autres Isles, & de

plus le Durion, dont nous avons parlé ailleurs. On doit pourtant sçavoir, outre ce que l'on en a dit, que son écorce n'est par fort dure, & qu'il s'ouvre en se meurissant. On trouve en dedans trois ou quatre amandes couvertes d'une substance molle & blanche; & un noyau, semblable à celui d'une prune, que l'on mange rôti, comme des marons. Il a la même qualité que les autres fruits d'Orient, c'està-dire qu'il le faut cueillir, pour le laisser meurir au logis. On en trouve beaucoup depuis Dapitan, jusqu'à Samboangan, dans 60. lieues, & particulierement dans le haut pays de Dapitan, mais sur tout dans les Isles de Xolo & de Basilan. On dit que l'arbre est 20. ans avant de donner du fruit.

La Canelle est un arbre particulier à cette Isle, qui croit sur les montagnes, sans être cultivée, & n'a autre maître que celui qui la trouve le premier. Cela est causé que chacun de crainte que le voisin n'en profite en enleve l'écorce avant qu'elle soit meure : & quoique dans le commencement elle soit aussi piquante que celle de Ceylan, elle perd en moins de deux ans & son goût & sa vertu. On la recueille dans 25. villages fur la côte de Samboangan vers Dapitan , parmi des montagnes efcarpées , & encore dans un village de la Province de Cagayan.

Les habitans de l'Ifle trouve de fort bon or , en creufant la terre profondément ; & dans les rivieres en y faifant des foffes avant que le flot arrive. Il fe trouve beaucoup de foufre dans les Volcans le plus ancien defquels eft Sanxil dans le diftrict de Mindanao. Il s'eleva en 1640. une haute montagne qui remplit fi fort lair , la terre & la mer de fes cendres , que l'on croyoit que c'étoit la fin du Monde.

On pêche de groffes perles dans les mers de cette Ifle & de celle de Xolo, fi l'on pouvoit ajoûter foi à ce qu'écrit le P. Combes Jefuite , dans fon hiftoire de Mindanao , je dirois qu'il y en a une dans un certain endroit , à une trés-grande profondeur d'eau , qui eft d'une valeur ineftimable , puis qu'elle eft groffe comme une œuf , & que les miniftres du Roy ont pris plufieurs fois tous les foins poffibles pour l'avoir, mais inutilement.

On voit dans Mindanao de tous les efpeces d'oifeaux qui font dans les autres Ifles , entre autre le Charpentier qui trouve l'herbe, qui rond le fer, comme il a été dit ailleurs. Il y a aussi une trés-grande quantité de Sangliers, de Chevres & de Lapins, mais sur tout de Babouins trés-lubriques, qui ne permettent pas aux femmes de s'éloigner de leurs maisons.

A 30. lieues de Mindanao vers le Sud-Est, & l'Isle de Xolo, gouvernée par un Roy particulier. C'est où arrivent tous les navires de Borneo, on peut l'appeller sans doute, la foire de tous les Royaumes Mores. L'air y est sain & frais, à causes des pluyes frequentes, qui rendent le terroir abondant en ris.

Cette Isle est la seule des Philippines qui ait des Elephants, parce que les Insulaires ne les aprivoisent pas, comme l'on fait à Siam & à Comboya, ils s'y sont extremement multipliez. On y trouve des Chevres dont la peau est mouchetée comme celles des Tigres. Le Salangan, qui fait ses nids si precieux, est le plus curieux de ces oiseaux.

Parmy ces fruits, elle a le Durion, beaucoup de poivre, qu'ils recueillent verd, & un fruit particulier qu'ils appellent du Paradis, & les Espagnols fruit du Roy, parce qu'il se trouve seulement dans son jardin. Il est gros comme une pomme ordinaire, de couleur de pourpre, ses petits pepins blancs, gros comme des gousses d'ail, sont couverts d'une écorce épaisse comme la semelle d'un soulier, & sont d'un goût trés-agreable.

Quant aux herbes tant Medicinales que Venimeuses, on en a parlé cy-dessus : mais il en ont une appellée Ubosbamban, dont ils se servent pour exciter l'appetit. On y pêche de trés-belles perles, les plongeurs, avant que d'aller au fonds, se frottent les yeux avec le sang d'un coq blanc. La mer jette quantité d'ambre gris sur les côtes, sur tout quand les vents de Sud & de Sud-Ouest ne regnent pas, à sçavoir depuis May jusqu'à Septembre. Quelques uns disent que c'est la baleine qui le vomit; d'autres que c'est l'excrement d'un poisson plus grand, appellé Gadiamina; & d'autre encore, que c'est la racine d'un grand arbre odoriferant.

L'Isle de Basilan, distante de trois lieues de Mindanao, en a douze de circuit. Comme elle est à l'opposite de Samboangan, on peut l'appeller le jardin qui lui fournit des Plantanes, des cannes de sucre, des Gaves & des Lanzones. Ce fruit, qu'on appelle Boaba dans l'Isle des Pintados, est petit comme une noix, il tient dans son écorce trois ou quatre pepins, fort doux & si delicats qu'on en peut manger une trés-grande quantité, sans en être incommodé. Le Durion ou Dulian, comme les habitans de l'Isle l'appellent, s'y trouve en abondance. Le Maran, qu'on appelle Tugup à Leyte, a l'écorce cotonneuse & devient gros comme un melon, lorsqu'il est meur, il renferme de petits noiaux, comme les Atas & les Cirimayas de la Nouvelle Espagne, la substance en est molle & a fort bon goût. Le Balono ressemble par le dehors à un coing, il renferme un noyau qui a un doigt d'épais de poulpe à l'entour : lorsqu'il est verd, on le confit dans le vinaigre. L'Isle abonde en ris different en couleur, odeur & qualité. Les rivieres y sont grandes & difficiles à traverser, quoique l'Isle soit petite, les cerfs ni les Sangliers ne manquent pas dans les Forêts, non plus que le bois à bâtir. La mer, outre tous les poissons connus en Europe, en a qui lui sont particuliers, sur tout de belles tortues de la seconde espece, c'est-à-dire, de celles que l'on estiment pour leur écaille ; & du jayet de deux sortes.

Il y a quatre Nations principales dans Mindanao, sçavoir les Mindanaos, les Caragas, les Lutaos & les Subanos. Les Caragas sont braves par mer & par terre. Les Mindanaos sont perfides, comme les Mahometans. Les Lutaos, nation qui demeure depuis peu dans les trois Isles de Mindanao, de Xolo & de Basilan, vivent dans des maisons bâties sur des pieux au bord des rivieres, que l'on ne peut pas passer à gué de haute marée ; car Lutao signiffe en leur langage, une personne qui nage. Ces peuples aiment si peu la terre, qu'ils ne se soucient pas de semer aucune chose, & vivent comme ils peuvent de la pêche dans les mers des Isles. Ils sont habiles dans le négoce, & ils se servent du turban, comme les Mores, à cause du commerce qui les rend amis de ceux de Borneo. Les Subanos, c'est-à-dire, gens qui demeurent proche des rivieres, parce que Suba signifie riviere, sont les moins estimez de toute l'Isle, & sont regardez comme des infames & des traitres. Ils ne quittent jamais les rivieres, où

Ils bâtissent leurs maisons sur des pieux si hauts, qu'on n'atteindroit pas à leur nid avec une pique, ils s'y retirent la nuit en y montant par le moyen d'une perche, qui est pour cet usage. Ils sont comme vassaux des Lutaos. Les Dapitans surpassent toutes les quatre Nations, dont nous avons parlé, en courage & en prudence ; & l'on ne doute pas qu'ils n'ayent fort assisté les Espagnols dans la conquête des Isles.

L'interieur du pays est habité par des montagnards, qui aimant la liberté & le repos, restent dans ces endroits, sans aucune envie de venir sur les côtes, s'embarassant peu du labourage, s'étant ainsi rendus sauvages, faute de commerce, ils ont donné occasion aux étrangers de s'emparer de leurs côtes & de leurs rivieres.

On trouve encore dans Mindanao, quelques peuples Noirs comme des Ethiopiens, qui selon quelques uns, sont les premiers habitans de l'Isle, Ils ne reconnoissent point de Superieur, non plus que ceux de l'Isle des Noirs & des montagnes de Manille, & vivent comme des brutes, n'ayant commerce avec personne, & faisant du mal à tous ceux qu'ils rencontrent, ils n'ont aucune demeure fixe; dans la rigueur du tems, les arbres font les feules chofes qui les mettent à couvert. Leurs habillemens ne font que ceux que la nature leur a donnez, puifqu'ils ne couvrent pas même ce que l'on doit couvrir. Leurs armes font l'arc & la fleche. Leur barbarie ne leur a produit aucun autre bien, que de fe maintenir en liberté.

Tous les habitans de ces Ifles font generalement gentils de Religion; mais depuis Sanxil jufqu'à Samboangan, le long de la côte, ils font Mahometans, particuliérement dans les Ifles de Bafilan & de Xolo, qui eft comme le fiege de cette fauffe Religion & la Mecque de cet Archipel, parce que celui qui la leur a le premier enfeignée y eft enterré, les fots Cafikes en content une infinité de fables. Les Efpagnols, à leur arrivée, detruifirent fon tombeau. Mais pour dire le vray, ils font generalement Athées, ceux qui ont quelque Religion, font forciers. Les Mahometans ne fçavent de leur Religion finon la défenfe de manger du pourceau, d'être circoncis, & d'entretenir plufieurs femmes; quoiqu'ils s'accordent tous en attachement aux augures & aux superstitions pour la moindre chose : on dit que le Diable s'apparoit à quelques uns d'eux, parce qu'ils l'invoquent dans leurs besoins & qu'ils lui font des sacrifices. Ceux des montagnes sont tout-à-fait Athées, n'aiant ny Mosquée, ni aucun autre endroit pour prier. Ils sont fort sobres, se contentant d'un peu de ris cuit, & quand ils n'en ont point, de racines d'arbres, sans jamais se servir d'épices, les riches, comme les pauvres : lorsqu'ils ont un cerf, un chevreau, un poisson, ou autre chose, il n'y mettent aucune autre sauce, que du sel & de l'eau. Leur habillement est simple, & chacun est son propre tailleur. Un même habit sert de haut-de-chausse, de pourpoint & de chemise. Ils portent au côté un cris, ou poignard à leur mode, dont le manche est doré ; & une ceinture au dessus des haut-de-chausses, d'une toile du pays, si large, qu'elle leur tombe sur les genoux. Les femmes portent un sac qui leur sert de juppe pendant le jour, de drap, de lit de plumes, & de matelas, sur une mauvaise natte pendant la nuit.

Leurs maisonnettes de bois sont couvertes de nattes : la terre sert de siege, les feuilles d'arbres de plats ; les cannes de vaiſſeaux , & les cocos de taſſes.

Leurs coûtumes ſont plus barbares que celles des autres Mahometans ; parce que le Pere dépenſant quelque argent pour le fils, ou le rachetant de l'eſclavage, le retient pour ſon eſclave, & le fils fait la même choſe à l'égard du Pere. Pour le moindre bien qu'ils faſſent à quelqu'un, ils le privent de la liberté, & pour le crime d'un ſeul, ils reduiſſent tous les parens à l'eſclavage. Ils font des avanies continuelles aux étrangers qui ont affaire à eux , & l'on ne s'en peut tirer que par le ſecours de la bourſe. Celuy que l'on trouve en adultere, en eſt quitte pour de l'argent ; cela ne paſſant pas pour une grande offenſe chez eux.

Ils ont le vol extrêmement en horreur. Ils puniſſent de mort l'inceſte au premier degré, en mettant le criminel dans un ſac & le jettant en mer. Les procez ſe terminent promptement, ſans beaucoup de formalitez, tant dans le civil, que dans le criminel. Le Roi de Xolo a pour l'adminiſtration de la Juſtice, un Gouverneur, qu'on appelle Zarabandal, qui eſt la premiere Charge de la Cour. Les Grands y oppriment les Pauvres, parce que le Roy

n'eſt

n'eſt pas aſſez abſolu. Il y a des dé-
grez de Nobleſſe : comme de Tuam,
c'eſt-à-dire, Seigneur ; d'Otancayas,
homme riche & ſeigneur de vaſſaux
les Princes du Sang Royal à Mindanao
ſont appellez Caciles.

Les Subanos des Montagnes de Xolo
& de Mindanao, ont un gouvernement
plus barbare que les autres. Ils ne vont
pas en guerre, une Nation contre l'autre, ni un village contre un autre ; mais
tous, comme ennemis du genre humain, tâchent à ſe détruire l'un l'autre;
parce qu'ils ne reconnoiſſent aucun
pouvoir, que celui qui s'aquiert par
la force, & par la violence. Ils n'ont
point d'autre loix dans leurs diſputes,
que le pouvoir de l'offenſé, pour ſe
vanger, dont on appaiſe pourtant la
pourſuite par des preſens, dans les cas
les plus atroces. Ce qui fait qu'un de
ces Subanos, voulant commettre un
meurtre, & être en ſeureté, amaſſe
premierement quelque ſomme d'argent
pour le payer; afin d'être mis au nombre
des braves, & comme tel, porter le turban rouge. L'on commet encore de plus
grandes cruautez chez les Caragas, où
pour être habilé comme un hom-
me vaillant, c'eſt à-dire, porter le tur-

ban de diverſes couleurs , appellé Ba-
xacho, il faut tuer ſept perſonnes; cette barbare vanité fait qu'ils ne pardon-
nent pas aux amis qu'ils trouvent en-
dormis ou qu'ils ſurprenent.

Ils ſont fort pieux & magnifiques aux
funerailles de leurs morts , malgré leur
pauvreté, car ils dépenſent tout ce qu'ils
ont à vêtir le mort d'abits neufs & à
mettre de riches toiles d'or ſur le
corps. Ils plantent des palmes & des
fleurs autour du ſepulcre , ſi le défunt
a été Prince, ou Roy, ils brûlent des
parfums , & couvrent le tombeau d'un
Pavillon avec quatre étandarts blancs
ſur les côtez. Ils tuoient anciennement
d'autres perſonnes, pour tenir compagnie au défunt, & jettoient dans la
mer, ce qu'ils avoient de meillieur,
particulierement les Lutaos. Pour ſe
reſouvenir toûjours qu'il faut mourir,
ils font leur biere pendant qu'ils ſont
en vie , & la mettent en vûë dans certains endroits de leurs maiſons. Les
Chinois obſervent cette coûtume auſſi,
les Catholiques devroient bien les imiter.

Les femmes ſont chaſtes & modeſ-
tes ; mais leur laideur ne contribue pas
peu à cette vertu. On celebre leurs

nôces avec grande pompe, en regalant toute la compagnie pendant 15. jours, ou pour mieux dire, en leur donnant à boire, en quoy consiste tout leur plaisir. On porte la Fiancée dans un Palanquin au son des instrumens accompagnée des amis & des parens tous armez d'épées & de boucliers. Le Fiancé va au devant avec sa compagnie, & quand ils se sont acceptez l'un l'autre, l'épouse reste habillée de blanc, & l'époux change ses habillemens & en prend de rouges. Lorsqu'ils sont arrivez au logis, ils se traittent splendidement.

Les barques de ces Insulaires sont cousues avec des cannes fendues, & sur les côtez ils ont des défenses de cannes, afin qu'elles ne se puissent pas renverser.

L'arme qu'ils portent en Ville est un poignard ou cris, dont la lame est flamboiante. Les Seigneurs le portent avec un manche d'Ivoire ou d'Or. Quand ils sont en guerre par terre, ils se servent de la lance & du bouclier rond, pendant que ceux de toutes les autres Isles s'en servent d'un long & étroit, pour couvrir leur corps. En mer, outre les armes que nous venons de dire, ils se servent des Babacayes. Ce sont des petites cannes de la grosseur d'un doigt, endurcies & aiguisées, qui tirées comme des fleches, percent une planche.

Ces Mahometans, qui tirent leur origine de Borneo, ont apporté l'usage de la Sarbacane. Ils envoient, en soufflant dedans, des petites fleches empoisonnées, avec le secours d'un peu de papier ; il suffit qu'elles touchent legerement, pour faire mourir, si l'on n'y applique pas sur le champ du contrepoison & particulierement de l'excrement humain, que l'experience à fait voir être une excellent preservatif.

Les habitans de Xolo, que l'on appelle Xambanos sont vaillants & portent des armes blanches. Ceux de Mindanao joignent à la lance, au cris, & au bouclier un cimeterre pesant & trenchant, comme ceux de Ternate.

On trouve au tour du lac de Malanao plusieurs villages de Mores & de Gentils, gouvernez par un petit Roy, independant de celui de Mindanao, qui ne l'a jamais pû subjuguer. Leur nourriture consiste en ris & quelques racines, leurs habillemens, en toilles de chanvre teintes en bleu. Le peuple est

Gentil, & les Nobles font Mahometans, & n'ont point de communication avec les autres. Ce lac eſt de forme triangulaire ſitué dans un lieu agreable, entre la côte, qui regarde Bool, dont elle eſt éloignée de 10. lieues, & celle de Mindanao, dont elle l'eſt de 100. par mer, & de pas plus de 15. par terre. Elle a une pointe de terre de quatre lieues vers l'Eſt, & une autre de trois vers le Sud.

CHAPITRE VII.

Des Iſles Moluques & autres, de l'Archipel Moluque.

LEs Iſles Moluques étant ſituées dans le rang des conquêtes des Eſpagnols, & ayant cy-devant dependu du Gouvernement de Manille, pendant que la Couronne de Portugal étoit unie à celle de Caſtille, je crois qu'il ne ſera pas mal à propos d'en parler dans cette endroit.

Moloc eſt un mot Malais, qui ſignifie le chef de quelque choſe de grand, & veritablement les Iſles Moluques ont été les principales de tout l'Archi-

pel. Elle sont situées sous la ligne E-
quinoctiale à 300. lieues à l'Est de Malacca & presque autant au Sud-Ouest
de Manille. Il y en a cinq, elles sont
disposées d'une telle maniere dans l'espace de 25. lieues, du Nord au Sud,
le long du pays appellé Betochina del
Moro, qu'elles sont toûjours à la vûë
l'une de l'autre. La premiere & la
principale est au Nord; on l'appelle
Ternate elle a six lieues & demie de
tour. Quelques uns la mettent sous les
30. minutes du Nord, d'autres sous les 20.
Elle contient un Volcan dont la principale entrée est de la largeur d'un jet
de pierre, les deux autres sont plus
petites; l'une à l'Est vers la mer Ma-
laye, & l'autre au Nord-Ouest sur Ta-
come. L'on recueille une trés-grande
quantité de soufre autour des trois. Il
jette ordinairement avec plus de fu-
reur ses flammes, sa fumée & ses cendres, dans les mois d'Avril & de Septembre.

Ce volcan fit un desordre incroiable
en 1648. le 15. de Juin pendant trois
jours continuels, jettant fort loin outre des flammes, de la fumée & des
cendres, quantité de pierres enflam-
mées, qui brûloient tout ce qu'elles

rencontroient, de sorte qu'un village de Mores, appellé de la Sula, en fut consumé. L'Isle fut dans un mouvement continuel, pendant tout ce tems là, & l'on entendit un bruit effroyable dans les cavernes souterraines, pareil à celuy des forges & de tems en tems comme des coups de canon.

Le pays est tout montagneux, & presque inaccessible à causes des grands arbres épais qui font comme liez ensemble par les cannes des Indes. Le climat est chaud & sec. Il n'y a ni rivieres ni sources, mais seulement un lac; malgré cela les pluyes frequentes la rendent extraordinairement fertile & toûjours remplie de verdure. Dans les lieux hauts les vents sont froids, & dans les bas, la chaleur est moderée, quoique sous la ligne, les vivres y sont legers & nourrissent peu.

Le vent de Sud-Ouest y souffle sans son humidité naturelle; au contraire, venant par dessus le Volcan de Machica & passant par Montiel & Tidore dans le tems que le gerofle est en fleur & que la noix muscade meurit, il est chaud & sec : ce qui cause diverses maladies, sur tout celle qu'on appella Berber, mal trés dangereux & incurable Les habitans de Ternate font de la même couleur que les Malays, c'eft-à-dire, un peu plus bruns que ceux des Philippines, leur phifionomie eft belle, & les hommes font mieux faits que les femmes: Les deux fexes ont un grand foin de leurs cheveux, en les oignant avec une certaine huile qu'ils appellent d'Agiungioli. Les hommes les portent jufqu'aux épaules, & les femmes les plus longs qu'elles peuvent. Quant à l'habillement, les premiers ont un pourpoint de diverfes couleurs, de certaines culottes jufqu'aux genoux & une ceinture, ils vont nuds pieds & fans bas, mêmes les principaux. Les femmes s'envelopent depuis la ceinture, jufqu'aux genoux avec une toille de cotton, fur laquelle elles en mettent une autre de plus grand prix. Le pourpoint eft comme celui des hommes, mais elles y ajoûtent une riche étoffe de foye ou de cotton en guife de petit manteau. Ils fe nourriffent miferablement, comme tous les Mahometans, fe contentant de pain de Sagou, ou bien du Maiz & de Camottas : Ils vivent malgré cela jufqu'à l'âge de 100. ans, avec fort peu de maladies. Ils ont fort peu de Religion & encore moins de fidelité. Les hommes s'adonnent aux armes & les femmes ne font rien du tout. Leur langage est generalement le Malays ; leur armes font les mêmes qu'à Mindanao. Le girofle & la noix muscade étoit presque l'unique fruit de l'Isle, avant que les Espagnols y entrassent ; mais les Insulaires les ont détruits autant qu'ils ont pû, par la haine qu'ils avoient pour eux & pour les Hollandois. On y trouve presentement fort peu de Maiz & de legumes, à cause de la guerre, le terroir étant d'ailleurs capable d'en produire abondamment. La mer y produit des poissons de toutes les sortes ; les montagnes font pleines de Sangliers, de Civettes & autres animaux ; comme d'un nombre infini de serpents d'une grandeur prodigieuse, dont le fiel est un bon remede contre les fievres.

Entre les especes de Peroquets, il y en a un domestique & docile appellé Cacatua, qui est blanc, parle peu & cris beaucoup. Il y a des herbes des simples, qui ont de grandes vertus, que les habitans connoissent, & dont ils se servent en plusieurs maladies.

Du côté de l'Est de l'Isle, vers la montagne, il y a un lac de bonne eau

K v

douce, qui s'étend une demie lieue, & n'a point de fonds dans le milieu. Comme il est proche de la mer, il hausse & baisse comme elle. On n'y voit aucune sorte de poisson, cependant il s'y trouve quelquefois des Crocodiles. Les Mores vouloient couper la terre & faire de ce lac un bon port, à cause du peu de distance qu'il y a à la mer, mais il n'ont jamais eu le cœur d'entreprendre un tel ouvrage.

A deux lieues de Ternate est l'Isle de Tidore, que les Pilotes mettent sous les 15. minutes Nord. L'air est plus sain que celui de Ternate, tant par raport aux vents, qu'au terroir qui est plus abondant, ce qui vient d'avoir souffert moins de guerres que la précedente. Son circuit est de sept lieues, elle a du côté du Sud un Volcan plus aigu que celui de Ternate, des côtés duquel coulent plusieurs sources d'eaux chaudes & sulphureuses bonnes pour plusieurs maladies.

L'Isle est peuplée d'une Nation guerriere qui peut mettre en mer 20. & 30. grandes barques avec 6. à 7000. hommes. Le Roy fait sa residence à Tidore, ou Hamolamo, qui veut dire grand village ; lieu fort par sa situa-

tion. L'Isle de Pulicaballo est à une demie lieue de Tidore, & a deux lieues
de circuit.

Le principal fruit de Tidore est le
girofle, que les habitans ne cultivent
plus, parcequ'ils n'en font plus negoce, & que le Roy se l'est reservé pour
tribut. Quand la recolte du girofle est
faite, celle de la noix muscade vient
ensuite. Les Mores se sont appliquez
à cultiver le Maiz, & le ris ; mais leur
principale nourriture est le Sagou.

Ils ont trois arbres particuliers : l'un
est l'Atiloche, c'est-à-dire, bois humide, parce que le tronc, les racines,
les branches & les feuilles dégoutent
continuellement une eau verdate, bonne à boire. Le second est l'Apilaga ou
le bon arbre, dont l'écorce étant cou-
pée de long, fournit une si grande
quantité d'eau, qu'elle supplée, au defaut des ruisseaux & des fontaines. Le
troisiéme est d'une mauvaise qualité,
parce que le vent, qui passe au travers
de ces feuilles, brûle tout ce qu'il rencontre, comme fait aussi son ombre.
Aucun des trois ne porte fruit, mais
leurs feuilles sont toûjours vertes.

Mutiel qui est la troisiéme est per-
pendiculairement sous l'Equateur, & a
K vj

une lieue de Pulicaballo. Son terroir
est élevé & n'est point habité à cause
qu'il est mal-sain, il produit cependant
du girofle.

Machien qui est la quatriéme a un
volcan de la même figure que celui de
Ternate. Elle fournit beaucoup de girofles aux Hollandois qui y tiennent
quatre Forts & un Comptoir.

Bachian à 16. lieues de Machien est
la cinquiéme & la plus grande. Son
circuit est de douze lieues : son Volcan est comme celui de Tidore : elle
abonde en toutes sortes d'animaux ,
en toutes sortes de fruits, en tabac &
en sagou pour la nourriture commune.
Son Roy paye tribut & fait la Suba,
ou l'hommage au Roy de Ternate.

Outre ces Isles & trois autres que
l'on comprend proprement sous le nom
de Moluques, il y en a encore quatre
autres à quatre-vingt lieues au Nord
de Ternate. La plus proche est celle
de los Meaos qui a cinq lieues de circuit , & ne rapporte que quelque peu
de girofle. Il n'y a aucun Port, & les
Habitans vivent de la pêche.

Tafures à six lieues de Meaos au Sud,
à peine a-t-il trois lieues de circuit. Elle
est plus fertile, ayant abondance de

cocos, de Sagou & d'autres fruits. On y trouve un grand lac. Elle n'eſt pas habitée preſentement, à cauſe de la rigueur dont uſerent les Eſpagnols ſur les habitans en 1631.

On trouve l'Iſle de Tagolanda à ſeize lieues au Nord, qui a ſix lieues de circuit. Il y a un volcan qui n'empêche pas qu'elle n'abonde en cocos, en Sagou & en fruit ; & qu'il n'y ait quelque peu de ris & du girofle. Elle a deux bons Ports & une riviere profonde du côté du Sud, avec deux petites Iſles, l'une plus grande que l'autre, propres pour la pêche, & qui ont chacune leur volcan. Le Roi qui la gouverne, peut mettre en Mer huit ou dix Caracoas ou grandès barques armées d'armes blanches & à feu. La langue eſt differente du Malays.

Le Royaume de Siao, eſt à quatre lieues au Nord de Tagolanda. Cette Iſle a un volcan, de la cime duquel ſortent des pierres enflamées en très-grande quantité, & d'un de ſes côtez un abondant ruiſſeau. Le tour de l'iſle eſt de quatre à cinq lieues ; les Habitans en ſont Gentils. Son Roi étoit Chrétien, dans le temps que les Eſpagnols étoient maîtres des Moluques,

il leur fut toûjours fidele ; c'eſt ce qui
faiſoit qu'il étoit continuellement en
guerre avec le Roi Mahometan de Tagolanda. C'étoit la plus ancienne place Chrétienne de tout l'Archipel, parce que Saint François Xavier y avoit
prêché l'Evangile, lorſqu'il y paſſa. Le
Royaume eſt pauvre & petit, n'y ayant
que trois mille ames. Il produit beaucoup de cocos, & peu de ris, du Sagou,
des Plantanes, des Camottas & des Papayas. On trouve des poules dans les
endroits qui ſont habitez, & pluſieurs
eſpeces d'animaux dans les montagnes.

A dix milles de ce Royaume au Nord,
eſt le volcan & l'Iſle de Colonga, qui
s'étend de l'Eſt à l'Oueſt ; elle a ſix à
ſept lieues de circuit. Beaucoup de ſour-
ce d'eau tiede ſortent du volcan, arro-
ſent l'Iſle & la rendent fertile en toutes ſortes de fruits. Il y a cinq ou ſix mille Habitans qui ſe ſervent d'armes blanches & à feu. Elle a un bon port du
côté du Nord.

Cauripa eſt un petit Royaume à quarante lieues de Colonga. Du côté du
Sud, il regarde la grande Iſle de Mateos
& le Royaume de Macaſſar ; de celui
du Nord, il a une riviere profonde &
un bon Port. Son Roi eſt Idolatre auſſi

bien que ſes quatre ou cinq milles Sujets. Le climat eſt temperé ; le terroir
produit une ſi grande quantité de Sagou , qu’il en fournit quelquefois à
Ternate ; outre cela tous les fruits ordinaires des Indes, des cocos, des legumes & pluſieurs ſortes d’animaux,
parmi leſquels il y en a qu’on appelle
Caraboas ou Sibolas. La Mer ni les rivieres n’abondent pas moins en poiſſon. Le peuple eſt infatigable, & aime
fort la guerre. Les hommes & les femmes ſont habillez comme ceux de Tidore ; ils peuvent mettre en mer juſqu’à quinze Caracoas, ou groſſes barques.

Le Royaume de Bulan eſt à ſept
lieues à l’Eſt de Cauripa dans la même
terre de Macaſſar. Il abonde plus en ris
que ce dernier & a les mêmes fruits :
on y trouve pluſieurs rivieres par le
moyen deſquelles on va aux Villages
qu’habitent environ trois mille perſonnes. Ce Roy arme dix Caracoas, les
Soldats ont des armes blanches & à feu,
ayant la commodité du ſalpetre dans le
Village de Mogondo , & des mines de
fer. La Province de Manados eſt à douze lieues à l’Eſt de Bulan, & à quarante de Ternate. Elle eſt abondante en

ris , fruits & legumes ; quant aux animaux , en Sibolas , Bufles & porcs.
Elle a près de quarante mille Habitans,
dont les richeſſes conſiſtent en fer, cui-
vre & bronze. Ils vont nuds , ſe ca-
chant d'un morceau de toile ce que la
nature leur enſeigne de cacher ; les femmes ſe couvrent de la ceinture aux genoux d'une eſpece d'étoffe faite de cannes. Quant au reſte ce ſont les plus blanches & les mieux faites , dont nous
ayons parlé juſqu'à preſent. Cette Nation ne ſe ſert point d'armes à feu ,
neanmoins elle eſt très-cruelle ; parce
qu'ils ſe battent ſans quartier , leur plus
grande gloire conſiſtant à pendre à leurs
portes le crane de celui qu'ils ont tué.
ils ne ſont pas ſi ſuperſtitieux que les
autres Gentils ; mais ils ſont plus cre-
dules ſur le fait des augures qu'ils tirent principalement du chant de certain oiſeaux. Au reſte ils ſont affables
& aiment à negocier.

Tous ces Pays, Iſles & Royaumes
où étoient compris dans l'Archipel Moluque , lorſque les Eſpagnols y com-
mandoient , ou protegez par eux , ou
enfin prétoient la main à leurs confe-
derez , pour tenir les Hollandois dans
le devoir : ce n'eſt que pour cela que

j'ai fait seulement mention de celles-ci,
quoiqu'il y en ait d'autres, comme le
Royaume de Macaffar, dans la grande
Isle de Mateos ou Celebes, & plusieurs
autres qui obéissent & payent tribut au
même Roi.

Au-delà de Ratacina, ou de l'Isle de
Gilolo, est la Terre des Papuas, dont
la Reine s'étant faite Chrétienne, fut
long-temps maintenue aux dépens du
Roi à Manille, où après avoir aban-
donné son mari Idolatre, & épousé le
Roi de Tidore, qui étoit Chrétien, elle
étoit venue demander du secours. Il y
en a qui veulent que ce Pays fasse partie de la nouvelle Guinée, parce que
Papuas veut dire Noirs, ce qui lui donna le nom de nouvelle Guinée ; mais
on ignore encore si elle est Isle ou terre
ferme, quoique quelques cartes en fas-
sent une Isle. Entre Amboine & Ter-
nates, il y a les Isles de Banda qui sont
en pareil nombre, également estimées
pour la noix muscade & autres épices,
comme les Moluques pour le girofle.
Cès cinq ensemble prennent le nom de
la plus grande, & sont au quatriéme
degrez trente minutes de latitude Meridionale, à trois lieues d'Amboine.
C'est dans ces Isles que croît toute la

noix muſcade & le macis que l'on diſtribue dans tout le monde, parce que
quoiqu'il en croiſſe ailleurs, elle n'approche pas de la bonté de Banda.

Banda eſt la plus grande, la plus
agréable & la plus fertile en toutes choſes. Sa figure eſt comme celle d'un fer
à cheval, dont les deux extrêmitez ſe
regardant, Nord & Sud, ſont éloignées
de trois lieues. Le principal Village eſt
dans le fonds de la Baye ; il eſt fort
frequenté par les vaiſſeaux. Tout le rivage eſt rempli de ces arbres qui produiſent la noix muſcade, dont les fleurs
repandent une odeur ſi douce, qu'il
ſemble que la nature ait employé tout
ſon art pour flater l'odorat.

Ces arbres laiſſent peu à peu la verdure qui eſt naturelle à tous les vegé-
tables, & ſe revêtent d'un bleu mêlé
de noir, d'incarnat & de couleur d'or,
comme à peu près l'Arc en Ciel. Quant
on a paſſé cette agréable plaine, on trouve au milieu de l'Iſle une petite montage
d'où coulent pluſieurs ruiſſeaux, qui ar-
roſent le pays : enſuite une autre plaine
couverte de ces mêmes arbres, que
le terroir produit naturellement. L'arbre reſſemble en hauteur & par ſes branches au poirier , mais les feuilles appro-

chent plus de celles du noïer, de même que le fruit, qui eſt couvert d'une pareille écorce ; dont l'interieure, qui eſt fort fine, eſt le macis qui eſt fort aromatique. Ceux de Banda en font une huile prétieuſe, pour guerir les maladies cauſées par le froid. On choiſit les plus fraîches de ces noix, les plus peſantes, les plus groſſes & pleines d'humeur, qui ne ſoient point percées pour adoucir l'haleine qui ſent mauvais, rendre la vûe plus claire, fortifier l'eſtomac, & pour pluſieurs autres maux. Les arbres qui les produiſent ſont en commun ; dans le temps de la recolte, qui ſe fait au mois d'Août, on les partage entre les Habitans des Villages.

Le peuple eſt robuſte, mais laid de viſage, melancolique, & porte les cheveux longs. Ils ſont Mahometans ; les hommes s'appliquent au negoce, & les femmes à l'Agriculture. Ils n'ont ni Roi, ni Seigneur, mais obéiſſent aux plus vieux : & parce que ces vieux ſont rarement du même ſentiment, ils ſont ſouvent en diſpute, qui ne finiſſent jamais que par la mediation des Nations qui viennent dans les Ports pour trafiquer de la noix & du macis. Lorſque

les Portugais les découvrirent, ceux de
Java & de Malacca y trafiquoient.

Les Portugais & les Hollandois comptent Amboine pour une des Isles principales ; elle est à huit lieues au Nord
de Banda, a dix-sept lieues de tour ; &
fournit elle seule plus de girofle, que
les cinq Moluques ensemble, mais il
n'est pas si bon. Elle abonde en oranges,
limons, citrons, cocos, cannes de sucre & pareilles choses. Il y a plusieurs
especes d'animaux & d'oiseaux ; entr'autres des Perroquets de diverses
couleurs, & un dont toutes les plumes
sont de couleur incarnate.

Les Habitans sont plus dociles que
ceux des Moluques & de Banda. Ils s'ha-
billent de la même maniere, & vivent
du negoce d'Epiceries. On les aime fort
pour Soldats & pour Matelots, à cause
qu'ils sont robustes par mer & par terre. Outre les armes à feu ils se servent
de cimeterres & de javelots qu'ils lan-
cent fort adroitement. Le pays est mon-
tueux & bien peuplé, il est fertile en
ris, en palmiers à faire le vin, & en
très-excellens fruits. Elle a été une fois
en possession des Hollandois, mais les
Habitans se revolterent avec le secours
du Roi de Macassar.

Aprés avoir parlé tant de fois du girofle, il faut en dire quelque chofe. Il
eft fait comme un clou; c'eft pourquoi
les Efpagnols l'appellerent en effet clou.
Sa fleur eft femblable à celle du myrte,
mais fes feuilles font très délicates, &
fortent de ces quatre petites dents qui
reftent, quand ils font fecs en forme
d'étoile & forment la tête du clou. Il
en croit plufieurs à une grappe, comme celle du myrte & du fureau, qui
rendent une odeur très-agréable. L'arbre eft femblable au laurier, mais plus
plein de feuilles qui font plus fines &
plus étroites. Il arrive qu'on en voit
quelquefois de differentes couleurs,
parce que les girofles ne viennent pas
à maturité tous enfemble ; mais les
moins avancez font blancs, enfuite ils
deviennent verds, & enfin rouge quand
ils approchent de leur maturité, ce qui
eft extrêmement agréable à voir. On en
fait la recolte regulierement en Fevrier
& en Septembre. Ils ne viennent pas
tous les ans, mais tous les deux ou trois
ans : alors la recolte eft très-abondan-
te, comme fi la nature vouloit recom-
penfer ce retardement. On les cueille
comme les olives, en fecouant les branches, après que la terre eft bien netoyée:

enfuite on les expofe au Soleil, en trois
jours ils font fecs, d'une couleur entre
le noir & le cendré. L'eau douce les
corrompt & l'eau de mer les conferve.
Ceux qui reftent aux arbres, & qu'on
appelle Mere-girofle, deviennent plus
gros & plus forts pour l'année fuivan-
te, ce font ceux que l'on eftime le plus
dans le pays de Java. Ces derniers en
tombant fur la terre, produifent naturellement d'autres arbres qui donnent
du fruit au bout de huit ans, & durent
jufqu'à cent. On dit communément
qu'il n'y a que les Moluques qui produifent le girofle, à caufe de la grande quantité qui y croît, & qui eft fi
bon qu'il furpaffe tout le girofle des autres Ifles, mais celui d'Amboine eft
plus gros & d'une qualité peu differente.

La vertu du girofle eft admirable contre ces maladies caufées par le froid &
l'humidité. Lorfqu'il eft verd, on en
tire avec l'alambic une eau d'un odeur
merveilleufe, qui eft excellente contre
les palpitations de cœur.

CHAPITRE VIII.

De quelle maniere on découvrit les Isles Philippines.

CE fut Ferdinand Magellan Portugais, que la divine Providence choisit pour découvrir ces Isles ; il avoit déja été informé de ce qui regarde cet Archipel par les Relations de son ami François Serrano, qui les découvrit le premier par le chemin d'Orient. Il étoit à Malacca en 1511. lorsqu'Alfonse d'Albuquerque Portugais en achevoit la conquête ; après quoi croyant mieux faire sa fortune en Europe, il retourna en Portugal.

En Decembre de la même année, François Serrano & Antoine d'Abreu firent voile de Malacca vers ces Isles, le second découvrit l'Isle de Banda où croît la noix muscade, & le premier les Moluques si estimées pour leur girofle. Serrano s'y arrêta à la priere de Boleyfé Roy de Ternate, il envoya Pierre Fernandez donner avis au Roi de Portugal & à Magellan de la qualité & de l'importance de ces Isles.

Magellan ayant appris cela , & voyant
que le Roi Manuel ne vouloit pas prêter l'oreille à ce qu'il lui propofoit,
paffa à la Cour de Charles-Quint, à qui
il fçût fi bien remontrer l'importance
de cette conquête , & qu'elle appartenoit à la partie Occidentale cedée à la
Couronne de Caftille, & non à l'Orientale qui appartenoit-à celle de Portugal , que l'Empereur voyant la relation
de Serrano & fa Carte, donna à Magellan cinq vaiffeaux bien équipez, pour
tâcher d'y trouver un chemin par l'Occident.

Il partit de Saint Lucar le dixiéme
d'Août 1519. équipé de tout ce qui étoit
neceffaire pour un fi long voyage qu'il
falloit faire, afin de trouver un paffage
de la mer Atlantique dans la mer Pacifique. Après avoir paffé la ligne Equi-
noxiale & navigué le long de la côte
du Brefil , il arriva au cinquantiéme degré de latitude Meridionale , entra
dans la riviere de Saint Julien , & de
là paffa jufqu'au cinquante-deuxiéme &
quelques minutes, où il trouva le détroit
& le Cap, aufquels il donna fon nom. Il
y entra le vingt-uniéme Octobre, & fur
la fin de Novembre, il en fortit , dans
la Mer Pacifique , après une navigation

de

Le trois mois & douze jours, sans avoir essuyé aucune tempête dans l'espace de quatre mille lieues. Il repassa la ligne, & au quinziéme degrez de latitude Septentrionale : il découvrit deux Isles, qu'il appella de las Velas, au douziéme celles de los Ladrones ; & peu de jours après la terre d'Ibabao qui dépend des Isles Philippines. La premiere qu'il rencontra fut Humunun, petite Isle inhabitée proche le Cap de Guiguan : on l'appelle aujourd'hui la Encantada, où les premiers Indiens qui allerent le trouver, furent ceux de Silohan qui sont presentement incorporez dans le Gouvernement de Guiguan. Magellan donna à cette Isle le nom de Beunas Senãles, & à tout l'Archipel, celui de Saint Lazare, parce qu'il avoit mis pied à terre le Samedi avant le Dimanche de la Passion, qu'on appelle en Espagne de Saint Lazare ; ce fut en 1521.

Le jour de la Pentecôte, on dit la premiere Messe dans le pays de Boutuan, on y éleva la Croix, & on en prit possession au nom du très-invincible Charles-Quint. Le Seigneur de Dimassava parent du Roi de Boutuan & de celui de Cebu, y contribua beaucoup ; parce qu'il fit entrer les vaisseaux

dans le Port le feptiéme d'Avril. Avant
que de dire la Meſſe de la Pentecôte,
ce Seigneur & le Roi de Cebu ſe firent
baptiſer, & à leur imitation, pluſieurs
des principaux & autres juſqu'au nombre de cinq cens; après dîner la Reine
en fit autant, avec trois cens autres.
Le lendemain on arbora l'Etendard
Royal avec très-grande ſolemnité, le
Roi & tous ſes ſujets prêterent ſerment
de fidelité à la maniere Indienne, dont
on envoya auſſi tôt avis à la Cour d'Eſpagne.

Le Vendredi vingt-ſixiéme d'Avril
* Magellan fut batu & tué dans la premiere rencontre qu'il eut avec les principaux de l'Iſle de Matan, frontiere de
Cebu, qui n'avoient pas voulu ſe ſoû-
mettre.

Le premier de Mai, le traitre Roi
de Cebu, dans un repas, fit couper la
tête à vingt-quatre des plus conſidera-
bles de la Flote; parmi leſquels ſe trouva Duarte Barboſa, parent & ſucceſſeur
de Magellan; ce malheur fut tramé par
un Noir, eſclave de Magellan, & qui
lui avoit ſervi d'interprete, pour ſe
vanger de quelque affront que lui avoit
fait Barboſa. Sur cette nouvelle Juan

* Il s'eſt rendu immortel par ce voyage ſi celebre, & par le détroit qui porte ſon nom.

Carvallo sortit du Port de Cebu, avec les vaisseaux & l'équipage, & fit l'Est-Sud-Est. Mais il s'arrêta lorsqu'il fut à la pointe de Bool & de Panglao ; quand il eut reconnu l'Isle des Noirs, il fit voile pour Quipit, sur la côte de Mindanao. De là il vint à Borneo, où il prit des Pilotes Moluques ; étant revenu par los Cagayanes, Xolo, Taguima, Mindanao, Sarrangan & Sanguil, il découvrit les Moluques le sept de Septembre. Le huit il mouilla à Tidore. Le Roi le reçût humainement, lui permit de trafiquer & d'avoir un comptoir, pour acheter le girofle & autres épiceries, ce qui fut fait en peu de temps. Pendant que l'on préparoit tout, le Navire la Trinité, qui avoit tenté de faire voile droit à Panama, revint & se rendit aux Portugais à Ternate. Le vaisseau la Victoire, prit pour s'en retourner la route que prennent les Portugais, après avoir reconnu Amboine, les Isles de Banda, s'être arrêté à Solor & Timor, fit voile proche Sumatra, s'éloignant de la côte des Indes, pour éviter de tomber entre les mains des Portugais jusqu'à ce qu'il eût doublé le Cap de bonne Esperance ; il arriva le 7. de Septembre 1522. dans le Port de Saint Lu-

car, après une Navigation de trois ans
& quelques jours, avec feulement dix-
huit perfonnes de cinquante-neuf, dont
l'équipage étoit compofé au fortir des
Moluques ; Sebaftien del Cano en étoit
Capitaine, lorfqu'on eut appris en Efpagne la relation du nouveau & merveilleux voyage du vaiffeau la Victoire, & qu'on fut informé de l'important
negoce des épiceries, on y envoya en
1525. D. F. Garcias Jofre de Loayfa
Chevalier de Malte, & Sebaftien Cano pour fon fucceffeur, avec une Flote
de fept vaiffeau. Ils partirent de la Co-
ruña, arriverent au nouveau détroit de
Magellan en Janvier 1526. ils en for-
tirent dans le mois de Mai pour entrer
dans la Mer du Sud avec un vaiffeau
de moins, qu'ils avoient perdu dans le
Canal. Au mois de Juin une grande
tempête fepara les vaiffeaux les uns des
autres, & en fit perir la meilleure partie. Le dernier de Juillet le Général
Loayfa mourut : quatre jours après fon
fucceffeur Sebaftien Cano, & plufieurs
autres fuivirent ce Général. Ceux qui
reftoient mirent pied à terre à Mindanao, le fecond d'Octobre ; ne pouvant paffer à Ceb, ils prirent la route des Moluques, où ils furent re-

çûs du Roi de Tidore le dernier de Decembre 1526. Mais ce Roi, & celui de
Gololo furent fi menacez par les Portugais pour avoir reçû les Efpagnols de
la Flote de Magellan, qu'ils prirent les
quatre Facteurs que le Navire la Trinité y avoit laiffez avec l'équipage du vaiffeau, & arrêterent toutes les marchandifes; ce qui caufa une guerre entre les
Efpagnols & les Portugais, qui dura jufqu'en 1527. Pendant ce tems-là, le Marquis del Vafle arma trois vaiffeaux dans
la nouvelle Efpagne, & les envoya fous
le commandement d'Alvaro de Save-
dra fon parent. Il partit le dernier d'Octobre en 1527. & fe trouvant le fixié-
me de Janvier à onze degrez de latitude : il reconnut quelques Ifles des
Larrons, de là il arriva à Mindanao
par les huit degrez. Il racheta auffi tôt
quelques Chrétiens qui étoient réftez
d'un vaiffeau de la Flotte de Loayfa
qui avoit échoué à Sanguil, & puis paffant au Moluques, il livra combat aux
Portugais. De là il entra dans Tidore,
où il trouva les Efpagnols qui s'étoient
fortifiez fous le commandement de Ferdinand de la Torre. Ayant remis fon
vaiffeau en état, il partit fur la fin de
Mai, pour retourner à la nouvelle Ef-

pagne, après avoir paſſé quelques-unes
des Iſles des Larrons, à l'élevation du
quatorziéme degré, il fut repouſſé premierement à Mindanao, & de là aux
Moluques, d'où il étoit parti. Pendant
que l'on ſe battoit dans ces endroits,
aux dépens du ſang des ſujets des deux
Couronnes, pour ſoutenir ſon droit ſur
les Iſles ; on combatoit en Eſpagne &
en Portugal avec la plume les, Aſtrola-
bes, les Cartes de Geographie & autres
inſtrumens de Mathematique. Il fut à
la fin décidé en faveur du Portugal, &
le peu d'Eſpagnols qui reſtoient dans
les Moluques les abandonnerent vo-
lontiers, à condition qu'on leur donnât le paſſage franc en Eſpagne.

Ruyz Lopez de Villa-lobos partit
par ordre du Vice-Roi du Mexique, du
Port de la Nativité le premier de Novembre 1542. avec cinq vaiſſeaux pour
aller conquerir les Iſles Philippines &
des inſtructions pour ne rien attenter
ſur les Moluques, ni ſur aucune autre
conquête des Portugais. Après deux
mois de Navigation à la hauteur de dix
degrez, il découvrit l'Iſle, qu'on appelle de los Corales, & après celles de
los Ladrones. Enſuite les Pilotes ne s'ac-
cordant pas, il ne pût trouver les Iſles

à l'onziéme degré ; & fut forcé par les vents contraires à mouiller dans la Baïe de Caraga au mois de Fevrier 1543. Il perdit en cet endroit beaucoup de monde, par la faim & les maladies ; & tous les vaisseaux, excepté l'Amiral, par les tempêtes. Alors n'ayant plus de provisions que pour dix jours, la necessité le contraignit d'aller aux Moluques pour en prendre ; ainsi il arriva à Tidore le 24. d'Avril 1544.

Les Portugais ne voulurent point souffrir en aucune maniere qu'il prit des vivres & ce qui lui étoit necessaire ; de sorte que se voyant déja en Fevrier 1545. sans avoir encore rien fait, il proposa aux Portugais d'entrer en composition pour un navire, afin de retourner en Espagne. Mais pendant que ce traité étoit sur le tapis, il mourut de chagrin à Amboine, tous les Religieux Augustins s'en retournerent ensuite à Lisbonne en 1549. par la voie de Malacca, de Cochin & de Goa.

CHAPITRE IX.

Conquête des Isles Philippines.

ON ne songea plus à la conquête des Isles Philippines pendant dix ans, à cause des mauvais succès que ce dessein avoit eu. Mais à la persuasion du Pere André de Urdaneta Augustin, le Roi Philippe II. ordonna au Vice-Roi du Mexique, d'y envoyer quatre navires, & une fregate avec quatre cens hommes, sous le commandement de Michel Lopez de Legaspi natif du Mexique. Il voulut aussi que le Pere André & quatre autres Religieux de son ordre y allassent.

Au mois de Janvier 1565. cette Flote arriva aux Isles des Larrons, le 13. de Fevrier à l'Isle de Leyta ; passant ensuite heureusement le Détroit elle vint mouiller l'ancre dans le Port de Cebu le 27. d'Avril, jour de Pentecôte, & dédié à Saint Vital le Martyr, que l'on choisit pour Patron de la Ville. Elle avoit été guidée par un More de Borneo, qui connoissoit ces Isles, & que l'on avoit pris auprès de Panaon.

La Flote entra paisiblement dans Cebu, mais les Espagnols voyant que le Tupas qui y gouvernoit, les amusoit de belles paroles, pillerent la place. Le troisiéme jour d'après on trouva dans le pillage, l'Image de l'Enfant Jesus, dont nous avons déja parlé, c'est pourquoi la premiere Eglise que les Peres Augustins fonderent, fut sous l'Invocation du nom de Jesus.

Le premier de Juin, Philippe de Salzedo partit sur l'Amiral, avec le Pere André Urdaneta, pour découvrir un chemin afin de retourner à la nouvelle Espagne : il y arriva le troisiéme d'Octobre, mais il trouva que Dom Alonso de Arellana, y étoit arrivé deux mois auparavant avec sa patache, qu'ainsi il avoit l'honneur d'avoir le premier découvert cette route. Cependant on doit tout au Pere André, qui a tracé les cartes necessaires pour cette navigation, après avoir observé la route avec un soin extrême.

Le Tupas & ses Sujets se rendirent à l'obéissance du Roi d'Espagne, il promit de lui payer tribut ; mais pendant qu'en 1566. Legaspi bâtissoit la Ville de Cebu, les Portugais vinrent pour l'en empêcher sous divers prétextes. Il en donna avis au Vice-Roi du Mexique qui lui envoya en 1567. deux cens Soldats de secours, sous le Commandement de Jean & Philippe Salzedo ses neveux; de sorte que Gonsalvo de Pereyra étant venu ensuite avec la Flotte Portugaise pour chasser les Espagnols, fut obligé de se retirer honteusement.

En 1570. Legaspi reçût pour la premiere fois des lettres du Roy, qui aprouvoient tout ce que l'on avoit fait dans les Isles, & lui ordonnoient d'en poursuivre la conquête, dont on le faisoit general. Les Espagnols arriverent en 1571. à la ville de Manille, & la subjuguerent, sans effusion de sang. Le vingt-quatre de Juin, on commença la ville & on ouvrit commerce avec la Chine, desorte qu'en May 1572. il arriva plusieurs marchands de Chiampa, pour negocier. Legaspi mourut ou mois d'Août de la même année ; & Guido de Labazarris luy ayant succedé au Gouvernement, il continua la conquête de l'Isle, & donna plusieurs fiefs aux soldats de merite, que le Roy confirma dans la suite. En 1574. la veille de S. André, Limahon Corsaire Chinois vint à Manille avec une flotte de 70. barques, mais il fut repoussé.

Le Roy envoya pour Gouverneur au mois d'Août en 1575. D. François de Sande, Alcalde de l'Audience du Mexique. Ce fut lui qui entreprit la fameuse expedition contre ceux de Borneo, dans laquelle le Roy fût vaincu & Sa Cour pillée, il obligea les Isles de Mindanao & de Xolo à payer le tribut; luy & les autres Gouverneurs ses successeurs ont toujours poursuivi la conquête. Le Marquis Stefano Bodriguez de Figueroa entreprit en 1597. celle de Mindanao, à ses dépens avec la permission du Roy. Il fit aussi la guerre du côté de Tampecan aux Rois de Malaria, Silongan & Buayen; & à Buhisan pere de Corralt Roy de Mindanao. Mais il mourut dans l'entreprise par les mains d'Obal oncle du Roy de Mongeay, & le Gouverneur de Manille envoya le Colonel D. Juan Ronquillo, pour continuer cette conquête.

Les PP. de la Compagnie de Jesus entrérent le 24. de Fevrier 1624. dans l'Isle de Mindanao, pour prendre soin des ames des nouveaux Chrétiens, & le Gouverneur D. Ferdinand Tello leur donna les Paroisses.

Le General Juan Chaves, poursuivit les conquêtes commençées ; avec une bonne armée, compofée en partie d'Indiens. Il s'empara le fix d'Avril de 1635. du pays de Samboangan, s'y fortifia, mettant à feu & à fang, tous les endroits voifins, enfin y conftruifit un Fort. Le Sultan Roy de Mindanao demanda la paix, elle fut conclue le 24. de Juin de 1645. avec le Capitaine D. François Atienza y Bañez, Gouverneur du Fort de Samboangan, par commiffion de D. Diego Faxardo, Gouverneur de Manille : les principaux articles furent que ledit Sultan & fes vaffaux devoient être amis du Roy d'Efpagne, comme le Roy d'Efpagne devoit être le leur : que fi à l'avenir l'un des deux fe fentoit trop chargé on en donneroit avis à la Cour ; afin d'en avoir fatisfaction, & que la paix ne feroit rompue qu'au bout de fix mois. Que les fujets des deux côtez pourroient aller & venir fans aucun empêchement, avec la permiffion de leur Roy, & du Gouverneur de Manille : & plufieurs autres articles que l'on pourra lire dans l'Hiftoire de Mindanao par le P. Robles.

Le Roy de Mindanao pouvoit cy-devant mettre 30000. hommes en cam-

pagne avec des armes à feu, que leur
avoit vendu les Hollandois, des fleches & autres fortes d'armes : fa refidence étoit toûjours dans un lieu ou-
vert, fortifié feulement de palliffades &
de quelques pieces de canon.

En 1662. le Gouverneur de Manille
craignant les menaces du Corfaire
Chinois, dont nous avons parlé dans
le quatriéme Volume , abandonna
Samboangan au Roy de Mindanao , à
condition qu'il le rendroit aux Efpagnols, lorfqu'il le demanderoient pour
fortifier Manille. Mais le Corfaire qui
étoit auffi Roy de Formofa, mourut
peu de tems aprés enragé , & ainfi dé-
livra Manille de cette peur.

Quoiqu'on eût retiré la garnifon de
Samboangan , la Province de Caragas,
étoit toûjours fous le Gouvernement
d'un Alcalde major, qu'y mettoit le
Gouverneur de Manille , avec bonne garnifon Efpagnole. Outre cela il y
a le fort d'Illigan , dépendant de la
Province de Dapitan , gardé par un
Capitaine & un Corregidor Efpagnol.
Le peuple de Dapitan paye tribut; il
eft fujet à l'Efpagne & luy a été d'une
fidelité inviolable, depuis les premiers
Efpagnols qui y ont mis pied à terre

Il est bien vray que ce fut la peur qui
les fit soumettre, parce que les voyant
avec l'épée au côté, manger du biscuit
& fumer du tabac, ils furent dire à
leur petit Roy, que c'étoit des gens
qui avoient des queues, qui mangeoient
des pierres, & vomissoient de la fumée. Ce raport étonna le Roy, mais
étant en guerre avec celui de Mindanao, il fit amitié avec les Espagnols,
& les mena à Cebu.

Illigan & Dapitan font des Paroisses
& des Missions des Jesuites ; Quant au
temporel, ces lieux dépendent de l'Alcalde major de Cebu, qui n'en est é-
loigné que de peu de lieues.

Pendant que j'étois à Manille le P.
Maurice Pereyra Catalan, partit avec
un compagnon pour la Mission de Samboangan, j'appris peu de tems aprés,
qu'il avoient été reçûs du Roy de Mindanao, & envoyez dans le lieu de leur
Mission, que possedoit le Prince son
fils. Il y a une si bonne correspondance entre ce Roy & le Gouverneur de
Manille, qu'il y a neuf ans que ce Prince envoya un Ambassadeur au Gouverneur pour lui dire qu'il avoit conclu
la paix avec un Roy de ses voisins.
J'eus la curiosité de m'informer du

Gouverneur, qui étoit D. Fausto Cruzat y Gongora, de quelle maniére il
reçut cette ambassade. Il me dit premierement que l'Ambassadeur étoit frere du Roi, qu'il étoit habillé à la Mores-
que nuds pieds & nuds jambes, qu'il
le fit passer au milieu de l'infanterie
Espagnole qui étoit sous les armes &
qu'il le reçût sous un dais ; que ni l'Ambassadeur ni aucun de sa suite ne voulut loger dans le Palais, mais que tous
se retirerent le soir à bord de leurs
vaisseaux. Le present ne consistoit qu'en
quelques toiles de cotton de peu de con-
sequence.

D. Sebastien Hurtado de Corcuera,
Gouverneur & Capitaine General de
Manille conquit l'Isle & le Royaume
de Xolo, y étant allé en 1638. avec
80. barques & 600. Espagnols, outre
quantité d'Indiens. La paix que l'on fit
avec ces Insulaires, donna lieu à l'éta-
blissement de la Religion Catholique &
à l'entrée des PP. de la Compagnie ;
mais elle fut rompue peu de tems aprés
par l'imprudence de Gaspar de Morales, & renouvellée le quatre d'Avril
1646. avec cette condition que le Roy
de Xolo payeroit tous les ans un tribut de trois Xoangas ou barques de

8. braffes de long, chargées de ris. Le Capitaine D. François d'Atienza étoit dans ce traité, Ambaffadeur pour l'Ef-pagne; Batiocan & Arancaya Daran. l'étoient pour Sultan Corabat Roy de Mindanao mediateur, & Rutxia Bongfo Roy de Xolo & autres. Les Hollandois affiegerent Xolo le vingt-fept Juin 1648. mais ils ne purent rien faire con-tre la valeur des Efpagnols. Le Roy de cette Ifle rompit enfuite la paix, & fit tant de ravages fur les Efpagnols avec fa flotte, qu'il eft refté aujourd'huy Prince abfolu de fon Royaume; & é-tant en paix avec l'Efpagne, fes fujets viennent trafiquer dans les Philippines Le Gouverneur me dit qu'il y a quel-ques années, il lui envoya une ambaffa-de pour lui faire fçavoir la mort de fon frere & fon avenement à la Couronne, le prefent fut un habit de deuil, deux pieces de cotton & quelques autres ba-gatelles.

Lorfque l'union des Couronnes de Caftille & de Portugal, eut mis les Moluques fous la domination de l'Ef-pagne, le Gouverneur voyant qu'il y en avoit encore beaucoup à conquerir, y envoya pour cette effet en Octobre 1593. une flotte confiderable. Mais en allant joindre la flotte qui étoit déja à la voile, les Sangleys qui étoient les rameurs de sa galere, se mutinerent, le tuérent avec tous les autres Espagnols, & emmenérent la galere à la Chine. Son fils D. Loüis de las Marinaz, luy succeda dans le Gouvernement & poursuivit l'entreprise de son pere. Les autres Gouverneurs s'y sont aussi employez aprés lui, particuliere-ment en 1606. qu'on y envoya une grosse flotte.

CHAPITRE X.

Voiage de l'Auteur au Port de Cavitte. Description de cette Ville.

POur revenir à notre Journal, aprés une digression, qui n'aura pas peut-être été ennuieuse, j'amployai une semaine à faire les provisions necessaires, pour le long voiage, que je devois faire en peu de tems, à la nouvelle Espagne, je fus le Lundy rendre visite au Gouverneur qui étoit de retour à la ville : le Mardy j'en fis autant au Pere Antoine Tutio Messinois, Recteur & Vice-Provincial de la Compagnie de

Jesus ; qui me fit present d'une bonne quantitè de Pepite di Cathalogan, & le Mercredy je pris congé du Provincial de Saint François, nouvellement élû.

Le Jeudy je fus voir le D. D. Gabriel de Sturis de Navare, (Conseiller Particulier du Gouverneur) qui me fit present de huit cannes de Damas de la Chine, le Vendredy je pris congé de plusieurs autres de mes amis, & le lendemain, je le fus prendre pour la derniere fois de D. Fausto, Gouverneur & Capitaine General des Isles, qui m'avoit procuré l'embarquement avec tant de civilité, & recommandé au General du Galion.

Le Dimanche je fis mettre mon équipage dans une Banca, ou Chaloupe & me rendis au port de Cavite avec mon Noir. Les Bancas sont faites du tronc d'un arbe, ont 6. palmes de largeur & sont plus longues que les felouques Napolitaines.

Je ne trouvai pas, comme je croiois, Charles Joseph de Milan, parce qu'il étoit allé porter aux Isles Marianes les apointemens que le Roy donne aux troupes & aux Jesuites. Il devoit ensuite aller à la decouverte des Isles du

Sud, y mettre quelqu'un à terre, pour
s'informer de la Religion, des mœurs
des habitans, & en amener quelqu'un
prisonnier, pour en être instruit plus
amplement : comme le Gouverneur le
lui avoit ordonné, il y avoit quelques
tems, en ma presence. Sur tout il avoit
ordre, de retrouver celle qu'il avoit
luy même découverte, & appellé Caroline, en 1686. lorsqu'il y fut secourir un navire qui y étoit échoué. Tout
le monde croioit, que c'étoit en vain,
parce que depuis 13. degrez jusqu'à la
ligne, les courrants sont si violens
qu'une Patache n'y peut pas resister,
d'autant plus que les vents qui regnent
en ces endroits, sont toûjours contraires. Personne ne doute qu'il n'y ait
plusieurs Isles habitées par les Sauvages
dans tout cette espace, jusqu'à la Ligne ; & plusieurs autres de là jusqu'au
Japon, parce qu'on voit tous les jours
plusieurs barques de ces endroits, em-
portées par les tempêtes sur l'Isle de
Samar & sur la Côte de Palapa, comme on l'a dit ailleurs, ne trouvant donc
point Charles-Joseph de Milan, Miguel
Martinez General du Galion qui devoit
partir, me reçût dans sa maison.

Je fus voir le Lundy, le Château

de S. Philippe, situé sur la pointe de terre, qui forme la Baye. Il fut bâti aprés le fort de Manille, c'est un quaré regulier avec quatre bastions, assez bien pourvus de pieces de canon, mais petites, outre quelques autres qui sont sur la porte. On bâtit actuellement autour des cazernes pour les Soldats, des magasins & des citernes, laissant une grande place d'armes dans le milieu. On y bâtit en 1679. une maison de bois pour servir de prison à D. Ferdinand Valenzuola, avec une chapelle, afin que cela ne portât aucun prejudice à l'immunité Ecclesiastique, & qu'il y passât les 10. ans de son bannissement. On le garda au commencement fort rigoureusement, ne lui étant pas permi d'écrire, ni de demeurer au premier étage de la maison; mais sur la fin il vêcut avec une si grande liberté, qu'il fit representer plusieurs Comedies dans le Chateau. Il s'occupoit le jour à écrire, à lire & à prier Dieu. Le Roy lui donnoit 250. pieces de huit par mois. Son banissement étant fini en 1689. il fut dans la nouvelle Espagne, où il fut bien reçû par le Comte de Galve Vice-Roy, frere du Duc de Pastrana, dont il avoit été page, & où

Il reçevoit ponctuellement 1000. pieces du Roy tous les mois, mais avec defense de retourner jamais en Espagne. Ses malheurs eurent une triste fin, car lorsqu'il étoit occupé au manege de ses chevaux, il en reçut un coup de pied qui lui causa la mort. Grand exemple des revers de la Fortune, pour ceux qui croient avoir fixée sa roue.

Ce Ministre s'étoit introduit au service de la Reine Mere, par le moyen d'une de ses tantes, qui la servoit, il sçut si bien en gagner les bonnes graces, par ses fideles services, sur tout les deux fois qu'elle l'envoya à la Cour de Vienne, pour des affaires de grande importance ; que de simple Gentilhomme, il fut élevé à l'honneur de premier Ministre & de grand d'Espagne, ce qui fut ensuite cause de sa chute.

Le Mardy je parcourus la ville de Cavite, ou Cavit, comme disent les Tagales. Elle est à la vue de Manille & n'en est éloignée que de trois lieues du côté du Sud, sur la langue de terre étroite, qui a d'un côté la mer & de l'autre un Golfe, qui sert de port. Une telle situation fait qu'elle n'est pas ceinte de murailles, mais elle a le château à

un bout, & une muraille d'une mer à
l'autre, qui eſt garnie de quelques pieces de canon. C'eſt dans ce mur, où
eſt la porte, on paſſe ſur un pont levis, à cauſe que le foſſé qui eſt au
pied, ſe remplit d'eau dans les hautes
marées. On feroit certainement une Iſle
de la Ville avec fort peu de dépenſe.
Le port eſt en demi-cercle comme celui de Trapani en Sicile. On y eſt à
l'abri des vents du Sud, mais non pas
de ceux du Nord : c'eſt ce qui fait que
les gros vaiſſeaux qui ne peuvent pas
arriver fort proche de terre, ne ſont
pas en ſeureté, & qu'en 1589. il s'en
perdit deux.

Quant aux bâtimens & aux places
publiques, on n'y voit rien de beau,
les maiſons étant de bois, ou de cannes, s'y en trouvant trés peu dont le
bas ſoit de pierre. L'Egliſe Paroiſſiale
eſt de bois, auſſi-bien que le Couvent &
l'Egliſe des Dominiquains. Le Monaſtere des Auguſtins réformez eſt un peu
meilleur & l'Egliſe eſt de pierre. Mais la
maiſon des Jeſuites, quoique commen-
cée depuis peu d'années, eſt fort ſolide.
Le Commendant gouverne le Château,
& la Ville, comme Juſtitia Mayor.

Le Mecredy je vis l'Arſenal ſitué ſur

la pointe du chateau. Il y a ordinairement 2. & 300. Indiens, quelquefois
jusqu'à 600. qu'on fait venir par force des Provinces voisines, occupez à
la fabrique des Galions & des Vaisseaux.
Le Roy leur donne une piece de huit
& un cavan de ris pour le mois qu'il
les employe, car aprés ce tems, on en
prend d'autres. Les uns équarissent,
les autres scient, d'autres montent la
charpente, d'autres font des cables,
d'autres espalment, ce qui se fait avec
de l'huile de la Chine mêlée de chaux,
mais le plus grand nombre est occupé à couper les arbres sur la montagne, dont il faut une quantité consi-
derable & des plus grands, afin que
les vaisseaux puissent resister à ces mers
impetueuses, qu'ils ont à passer. Outre que cette sorte de bois est dur &
pesant, on fait les planches si épaisses,
& l'on les doubles si bien dedans &
dehors, que des boulets de canon n'y
font aucun dommage. On tira 90. boulets des côtez de ce vaisseau, qui se
battit contre 14. Hollandois qui venoient pour prendre Cavite ; & elles y
étoient comme dans une muraille de
pierre, cela arriva ainsi, parce qu'étant
à sec, il fut obligé de combattre tou-

jours du même côté, au grand étonne-
ment des ennemis.

L'Arcenal est fort grand, on y peut
bâtir quelque grand navire que ce soit.
On y bâtit en 1694. le fameux Galion
nommé le S. Joseph, du naufrage duquel nous avons parlé ailleurs, qui
étoit plus grand, ou tout au moins égal
à celui des Portugais, qu'ils appellent
le Pere Eternel. Sa quille avoit 61.
coudées de long, (chaque coudée est
une palme & demie) & il étoit large
à proportion. Sa perte ruina les habitans de Manille, mais celle de l'autre
appellé le Santo Christo les réduisit dans
la derniere misere. Ce dernier avoit 60.
coudées de quille, & n'avoit fait qu'un
voyage à la nouvelle Espagne depuis
qu'on l'avoit bâti à Bagatao. Lorsque
j'étois à Manille, on en bâtissoit actuellement à Bagatao, un autre nommé le
S. François de Borgia, qui n'avoit que
55. coudées de quille, & qui devoit aller à la nouvelle Espagne en 1697.
Mais Dieu sçait quel sera son sort; car
les habitans de Manille, ayant obtenu
du Roy, la liberté de charger un Galion, & d'en envoier une autre pour
lui servir de convoi, en payant 74.000.
pieces de huit pour chacun, ces Mes-
sieurs

fleurs pour n'en pas payer deux, en font bâtir aux dépens du Roy, un si grand, qu'il porte la charge de trois, mais aussi il faut une tempête pour le faire aller ; & puis cette grande machine, n'étant pas assez fortement liée, pour resister aux tempêtes furieuses de ce vaste Ocean, qu'il est obligé de traverser, se perd facilement, comme l'experience l'a fait assez connoître ; c'est pourquoi de moyens vaisseaux sont bien plus propre pour uné telle navigation, que les grands.

Le Jeudi je fus dans le Fauxbourg de Saint Roch, qui s'étend hors la muraille, depuis une mer jusqu'à l'autre ; il n'est composé que de maisons de bois & de palmiers de Nipa, au milieu d'une forêt d'arbres. L'Eglise Paroissiale est fort belle ; Ferdinand Valenzuola la fit bâtir par devotion. Ce Fauxbourg a plus d'Habitans que Cavite, tant Espagnols qu'Indiens, & Sangleys ou Chinois. On y trouve de bons fruits du pays, & quelque peu de raisin d'Europe.

Je m'embarquai le Vendredi, le vaisseau étant chargé tout à-fait. Il avoit été bâti à Bagatao par Dom Juan Garicocea & avoit deja fait un voiage sur la côte. La perte des deux autres Ga-

lion, a été caufe que le Roy l'a ache-
té de lui la fomme de 30000. pieces
de huit, pour porter en Amerique, les
effets du Roy. Il n'avoit que 45. coudées de quille, & étoit larguet à proportion.

Le Samedy on celebra une grande
Meffe au grand Autel dans l'Eglife Pa-
roiffiale, en l'honneur de la Conception de la Vierge, où fe trouva Dom
Michel Martinez General du vaiffeau,
& l'on porta enfuite en proceffion au
vaiffeau, au fon de plufieurs inftrumens,
l'Image de Notre-Dame.

Lorfque l'on fut prêt à partir le Général appella les Pilotes, & les autres
Officiers, pour fçavoir d'eux fi le Vaiffeau étoit bon voilier & propre à faire le
voïage de la nouvelle Efpagne. La plûpart dirent qu'il étoit trop chargé &
que par confequent il ne feroit que peu
de chemin. Il ordonna là-deffus que
l'on déchargeât tous les coffres des Mariniers, afin que ceux qui en auroient
deux en laiffaffent un à terre. Le Gouverneur en fut informé & envoya le
Colonel Thomas Andaya avec ordre
de faire alleger le Galion. Andaya arriva le Dimanche matin, & en fit tirer
tous les vaiffeaux pleins d'eau, parce

que le Galion n'étant que du port de quinze cens balots, on l'avoit chargé de deux mille deux cens, outre les provisions & autres choses necessaires.

Le Lundi le Colonel fit débarquer quantité de balots & de pains de cire, laissant seulement dans le vaisseau sa juste charge. Le Gouverneur & les Auditeurs doivent, selon l'ordre du Roi, faire une égale distribution de la charge du vaisseau, entre les Bourgeois ; mais on fait fort peu de justice à cet égard, & la faveur emporte tout ; on donne aux plus riches des acquits pour trente & quarante balots, & aux plus petits de deux ou trois, sous prétexte qu'ils n'en peuvent pas charger d'avantage.

Le Mardi il y eut encore plusieurs balots & pains de cire à décharger, ce qui retarda nôtre départ, quoique l'intention du Roi fût que le Galion partît le vingt-quatriéme de Juin.

On a coûtume dans ce voyage de porter l'eau dans des jarres, jusqu'au nombre de deux & trois mille, selon la quantité du monde & la grandeur du Galion ; & comme elles ne sont pas suffisantes pour une Navigation de sept à huit mois, on profite des pluies qui

tombent continuellement. On avoit
fait cette fois-ci fur les côtés du vaiffeau deux efpeces de citernes, qui s'é-
tendoient depuis le haut du vaiffeau,
jufqu'au fond, de la même maniere que
font les Portugais & les Mores, & elles
avoient bien réuffi, mais on les défit
pour y mettre plufieurs balots à leurs
places, fans confiderer que comptant
fur les citernes, on n'avoit pas fait faire un affez grand nombre de jarres,
& qu'il n'étoit pas facile d'en avoir en
fi peu de temps. Cela arriva, parce
que les Officiers mêmes, malgré les
défenfes du Roi, y mirent des balots
pour leur compte, s'embaraffant fort
peu d'expofer un fi grand nombre de
monde à mourir de foif dans des mers
fi fpacieufes. On perdit donc le Mercredi huit cens barils d'eau, en rom-
pant les citernes. On fit la même chofe le Jeudi, & l'on commença à rechar-
ger les balots qui appartenoient aux
amis du Colonel.

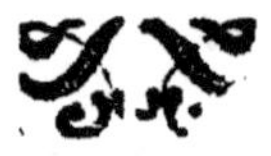

VOYAGE
DU TOUR
DU MONDE.
LIVRE TROISIE'ME.

CHAPITRE PREMIER.

Voyage très-dangereux des Isles Philip-
pines à l'Amerique, & premierement
au Varadero.

L'ON peut dire qu'il n'y a point de
navigation plus longue & plus ter-
rible que celle des Isles Philippines à
l'Amerique, tant par les mers immen-
ses que l'on doit traverser presque sur
la moitié de ce globe, avec un vent
toûjours contraire, que par les tempêtes terribles qui se succedent les unes
aux autres, & pour les maladies mortelles qui arrivent dans un voyage de

M iij

sept à huit mois qu'il faut faire par diverses latitudes, tantôt dans des climats
froids & glacez, tantôt dans des tem-
perez & chauds : ce qui suffiroit pour
détruire un homme d'acier ; mais combien plus le temperemment d'un homme de chair & d'os, qui ne prend en
mer que de très-mauvaises nourritures.

Lorsque le Galion fut chargé, & que
l'on y eut mis mille jarres d'eau pour le
Général & les Officiers, on mit à la
voile le Vendredi avant midi, en presence du Colonel. Nous n'eûmes pas
fait deux lieues, que nous mouillâmes
dans la même Baie. Sous prétexte du
manquement d'eau, le Général laissa à
terre un Dominiquain, qui lui avoit
déja payé cinq cens pieces de huit pour
son passage, un Recollet & un Medecin,
qu'il s'étoit obligé de tenir à sa table :
ce changement me fit avoir une bonne
petite cabine, pour y mettre mon lit
& mes hardes.

Le vent de Sud continuant encore
le Samedi, nous appareillâmes, mais
nous fûmes contrains bien-tôt après de
mouiller. Nous fimes encore la même
chose le premier de Juillet, après avoir
fait demie lieue : mais le Lundi, à cause de la grande pluie & du même vent

nous ne branlâmes point : le Mardi on
leva l'ancre, & on la rejetta bien-tôt
après, ayant fait à peine trois lieues en
cinq jours.

Comme l'on avoit déja confommé
quelque quantité d'eau, on envoya la
chaloupe en chercher proche du Mont
de Batan. La curiofité m'y fit aller avec
le Major Vincent Arembolo de Bifcaie,
& je mis pied à terre dans un endroit
où les fleches des Noirs qui vont toûjours chaffant dans les bois, ne pouvoient pas nous attraper. Les femmes
& les enfans commencerent à aboyer
comme des chiens, pour faire partir les
bêtes fauvages, devant leurs peres &
leurs maris qui étoient en embufcade.
Pendant que l'on chargeoit l'eau, nous
n'étions pas fans crainte, parce que
nous étions hors d'état avec deux petits fufils de faire tête à des centaines
de Noirs armez d'arcs, de fleches, de
javelines & de longs couteaux ; ce qui
fit que je me retirai dans la chaloupe
fans aucune envie de chaffer, comme
l'Arambolo. Les Matelots Indiens de
nôtre vaiffeau, qui apportoient de l'eau
& du bois, ne furent nullement cha-
grinez de ces Sauvages, parce qu'ils vivent enfemble en amitié. Lorfque l'on

M iiij

eut pris l'eau, nous retournâmes au vaiffeau après minuit, avec plus de peur que
de faim, non - feulement à caufe des
Noirs, mais à caufe des Sambales qui occupent une partie de cette montagne.

Le Mercredi nous ne remuâmes point
à caufe du vent contraire : le lendemain
avant le jour nous levâmes l'ancre,
pour profiter de la marée & d'un peu
de vent, mais à peine eûmes nous fait
une lieue, que le vent contraire nous
obligea de mouiller vis-à-vis de Maribeles. Le Corregidor vint à bord dans un
petit Parao, qui eft un tronc de bois
creufé avec deux aîles aux côtez, afin
qu'il ne tourne point ; il fit prefent de
quelques fruits au Général & fe reti-
ra. Le vent continua le Samedi avec
ces pluies , qui ne manquent jamais
dans les environs de Manille.

Voyant que le vent augmentoit le
Samedi , & que la pluie devenoit orageufe, nous levâmes l'ancre & mîmes
le vaiffeau à couvert fous le Mont de
Batan ; je ne perdis pas l'occafion de
mettre de nouveau pied à terre. Les
mêmes vents & les mêmes pluies continuerent le Dimanche & le Lundi : le
lendemain nous avançâmes un peu en
nous faifant touer. Rien ne m'incom-

modoit que la chaleur, car pour cette incommodité des vaisseaux, qui est la vermine, j'ai déja dit qu'elle ne s'engendre point sur les Europeans. On fit une recherche pour découvrir s'il n'y avoit point de jarres, qui au lieu d'être pleines d'eau, feroient pleines de marchandises : & effectivement on en jetta beaucoup en mer qui étoient remplies de poivre, de porcelaines & autres choses de prix. Le vent de Sud ayant cessé & celui du Nord commençant, nous levâmes l'ancre le Mercredi avant le jour ; à la faveur de la marée & d'un peu de vent, nous passâmes entre l'Isle de Maribeles & le Mont de Batan ; ensorte que le soir nous doublâmes la pointe de Maricondon & Simbones, & laissâmes ensuite l'Ecueil de Fortune.

Le Jeudi à midi nous laissâmes derriere nous l'Isle inhabitée d'Ambil & celle de Luvan, qui en est proche ; entre la pointe de laquelle & celle de Calavite dans l'Isle de Mindoro, passa le Galion de Saint Joseph. Nous laissâmes aussi avant le coucher du Soleil le Cap de Saint Jacques dans l'Isle de Manille, qui forme la Baye de Balayan. Le Vendredi nous côtoyâmes l'Isle de Mindoro, du côté où il y a une longue chaine de hautes montagnes, & deux côtez de son triangle. Cette Isle est habitée la plus grande partie par des Manghians Sauvages, que l'on n'a pas encore subjuguez. Ils ont le visage olivâtre, & portent les cheveux longs. Les Missionnaires Jesuites qui étoient dans le vaisseau, me dirent que ces Sauvages avoient des queues d'une demie palme de longueur. Ils ne font point de mal aux Espagnols, & font commerce avec le peu d'Indiens tributaires, qui vivent dans les Villages, sur les bords de l'Isle, sous les soins des Augustins Déchaussez. Ces Sauvages fournissent le Gamut, qui est necessaire pour les navires, & troquent de l'or, de la cire, des perroquets pour du ris & autres choses. L'Isle est pleine de bufles, de cerfs, & de quantité de singes, qui courent le long du rivage, pour y attraper ce que la mer leur apportent.

Le vent devenant plus fort & contraire vis-à-vis de l'Isle de Maricavan (lieu proche de Manille, où il y a beaucoup de cerfs & de bufles.) On trouva à propos de nous mettre pendant la nuit à la cape, puisqu'on ne pouvoit pas aller plus avant ; mais il devint encore plus fort vers minuit, & nous perdîmes tout le chemin que nous avions fait ; de sorte que le Samedi nous nous trouvâmes vis-à-vis le Cap de Saint Jacques ; & puis ensuite nous avançâmes pendant le reste du jour. Le pis étoit que le fonds n'étoit pas bon le long de la côte, pour ancrer, & que l'on n'y étoit pas à couvert des vents.

Le Dimanche leur violence étant diminuée, nous fimes plusieurs bordées pour passer le Cap. Nous laissâmes premierement à droit une petite Baïe qui en étoit proche ; puis ensuite une autre plus grande qu'on appelle le Varadero Viejo ; & puis le détroit entre cette pointe de Mindoro, dont nous avons parlé, & l'Isle de Maricavan ; proche de la Baïe de Baguan, dans l'isle de Manille, où sont les garnisons de Guarnio, Balaxivo & Batangas. Après avoir doublé le Cap nous entrâmes dans le Varadero. Tous les vaisseaux qui vont à Accapulco, s'arrêtent dans ce Port, pour s'y pourvoir d'eau & de bois. C'est une Baïe en demi cercle, formée par un bras courbé de l'Isle de Mindoro, & plusieurs Isles qui sont vis-à-vis : ce qui cause le plus grand danger dans ce passage étroit, c'est la rencontre de deux courans opposez, l'un allant vers Ma-

ribeles, & l'autre vers le détroit de Saint
Bernardin. Je mis pied à terre l'après
dînée pour chasser, quoique l'Isle soit
pleine de Sauvages : je ne pûs entrer
dans les bois, parce qu'ils sont si épais
qu'ils sont impenetrables aux chiens,
comme aux hommes, ne trouvant ni
busles, ni cerfs le long du rivage, je
revins à bord les mains vuides.

CHAPITRE II.

Continuation du Voyage jusqu'au Port de Ticao.

APRE'S avoir embarqué deux cens
jarres d'eau, que nous avoit apporté la Galiotte du Roi, qui nous at-
tendoit dans ce Port là exprès, on mit
le Lundi à la voile avec un vent frais
du Sud. Nous laissâmes à droit proche
de Mindoro, sept petites Isles, qu'on
appelle de Baco, toutes remplies de
verdure par la quantité de leurs arbres,
mais inhabitées, & à gauche le Cap de
Galvan dans l'Isle de Manille. Sur le
soir nous passâmes entre les Isles du Colonel, proche des deux petites Isles appellées les deux Sœurs ; & de là pro-

che de trois autres petites qui portent le nom des Vice-Rois, toutes pleines d'arbres, mais inhabitées.

Le Mardi nous paſsâmes avant le jour entre les Iſles de Banton & la pointe de l'Iſle de Marinduque, que nous laiſsâmes à gauche. Cette Iſle eſt abondante en fruits & en racines très-nourriſſantes ; en ſangliers, en buſles, en cerfs & en autres bêtes ; c'eſt pourquoi nous y envoyâmes le Chiampan avant nous, pour s'y pourvoir de rafraîchiſſemens. On voit à la pointe de Marinduque une petite Iſle ſemblable à celle qui eſt à Banton, & que l'on appelle Petit Bouton, derriere laquelle il y en a une autre appellée Simara, habitée par des Indiens civiliſez, comme Banton. Comme nous avions le Cap à l'Eſt, nous voyions dans un grand éloignement ſur la droite, les Iſles de Romblon, de las Tablas & de Sibuyan, qui ſont toutes habitées ; car toute la route depuis Manille juſqu'à l'Embocadero, eſt un labyrinte d'Iſles de quatre-vingt lieues de long, fort dangereux.

Le Mercredi nous fumes pris de calme : mais le lendeman le vent fraîchit & nous fit avancér vis-à-vis de Sibuyan. Etant devenu plus favorable & plus

fort le Vendredi , nous pafsâmes au foir
par le détroit que forment les Ifles de
Borias & de Mafuate, (où l'on trouve
de riches mines d'or , & ces oifeaux fi
extraordinaires qu'on appelle Tavons)
& enfuite par l'Ifle de Ticao : toutes
ces Ifles font très-fertiles & habitées ,
la plus grande partie par des Indiens
qui ne font pas encore fubjuguez.

Après avoir côtoyé pendant toute la
nuit l'Ifle de Ticao , nous mouillâmes
le matin dans le Port de Saint Jacin-
te , vis-à-vis Surfegon. L'Alcalde Major d'Alvay , vint à bord le Dimanche,
& fit prefent au Général de vingt porcs,
de cinq cens foixante poules, & de beaucoup de fruits. Le Lundi le Chiampan
revint de Marinduque chargé de rafraî-
chiffemens , que les Jefuites de cette
Paroiffe avoient donnez pour les Pères
Jean Grigoyen, Antoine Borgia & Pier-
re-Antoine Martinez, qui venoient avec
nous dans la nouvelle Efpagne ; un pour
y demeurer , les autres pour aller à Rome , touchant les affaires de la Miffion.

Le vent étant devenu très-favora-
ble pour paffer dans la Baïe de Ticao,
nous levâmes l'ancre le Mardi de bonne heure , aprè avoir fait quelques lieues

avec la marée, nous y fûmes mouiller. Un Pere Augustin Déchauffé, de la Paroisse vint auſſi-tôt nous apporter un rafraîchiſſement de fruits.

Je fus l'après dînée à terre, pour me baigner, & j'appris que le Village étoit autrefois proche du rivage, mais qu'ayant été brûlé par le Pilote d'un navire, qui étoit à l'ancre dans la Baïe. Les Indiens s'étoient retirez, à demie lieue de là dans le bois. Il y a environ une trentaine de maiſons de bois, couvertes de nipa, l'Egliſe auſſi bien que la demeure des Miſſionnaires, eſt de la même matiere. Ces Peres font la plus grande partie de l'année dans Mazuate, parce que les Habitans fe retirent dans la montagne, pour y cultiver leurs Camotes & leurs Gavas ; & viennent feulement dans cet endroit, quand les Peres doivent y faire leurs viſites.

Le Mercredi jour de Saint Jacques, le tems fut contraire, de forte que nous reſtâmes à l'ancre, parce que nous avions befoin d'un bon vent de Sud, pour fortir du Détroit, contre l'impetuoſité du courant.

L'on fit le Jeudi la revûe des perfonnes qui étoient embarquées, pour

voir s'il n'y en avoit point quelqu'un
d'embarqué fans permiffion ; parce que
l'on paye vingt pieces de huit au Roy
par tête. On en trouva feize qui ne
l'avoient point, on les mit à terre, &
il n'en refta plus que deux cens à bord.

Le Vendredi on apporta fur le vaiffeau cinq cens Bombones de Canne,
pleins d'eau, que l'Alcalde avoit fait
couper par ordre du Général, & qui
étoient gros comme la cuiffe d'un homme, & long de huit palmes. Le même
jour on leva les ancres pour mettre à
la voile par un vent de Sud, mais on
remouilla peu de tems après ; parce que
le Pilote & les deux fous-pilotes ne
s'accordoient pas, le premier foutenant
que le vent n'étoit pas affez fort.

Le vent devint Nord le Samedy,
ce qui nous empêcha de partir. C'étoit
au refte une belle chofe de voir le
Navire, devenu un jardin flottant, par
la quantité & la varieté des fruits, que
l'on avoit apportez des terres voifines,
auffi bien que les porcs & les poules,
dans certaines Caracoas ou barques,
coufues avec des cannes des Indes, où
il y a une natte Pyramidale, qui fert
de voille, & eft foutenue par deux
grandes perches, & outre cela deux

longues cannes aux côtez, pour les empêcher de tourner.

Le même vent continua le Dimanche. Le calme nous prit la nuit, & dura tout le Lundy ; le lendemain le vent de Nord revint. On aprit le Mercredy premier d'Août, par quelques barques qui étoient venues de Bagatao, l'heureuse arrivée du Galion, le Rosaire, avec les effets du Roy. Il avoit mouillé dans le port de Palapa, de l'Isle de Samar, crainte de l'Embocadero, & avoit débarqué l'argent pour le faire conduire à Manille. Quelques barques l'avoit ensuite remorqué sur la côte la plus proche de l'Isle, parce qu'il est défendu au Galion qui a une fois pris port dans les Philippines, de partir sans un nouvel ordre. Le même vent nous retint encore le Jeudy ; il se montra un peu favorable le lendemain & nous partîmes, mais étant encore devenu contraire, nous fumes obligez de revenir au Port, où l'on celebra une grande Messe, le Samedy, jour de saint Dominique.

Le vent de Nord soufla si fort le Dimanche, qu'il nous obligea de jetter une seconde ancre, il fut encore le même le Lundy, nous pas-

sâmes les heures ennieuses de la jour‑
née à voir combattre des coqs, dont
le vaiſſeau étoit rempli : mais d'un au‑
tre côté cela ne me faiſoit pas de plai‑
ſir, parce qù'on ne mangeoit rien au‑
tre choſe que des coqs. Le Mardy on
envoia le Chiampan faire proviſion
d'eau, pour remplacer celle, que l'on
avoit conſommée.

Le lendemain un des ſous-Pilotes eut
de groſſes paroles avec un paſſager,
qu'il paſſoit pour ſon compte, ſur ce
que celui-cy ſe plaignoit de ce que ſa
table étoit fort maigre, ſur quoi le pre‑
mier lui donna un ſoufflet & courut ſur
lui le couteau à la main. Le General
qui en fut informé, voulut que j'aſſiſ‑
taſſe au jugement qu'il en vouloit faire,
mais le châtiment ſe termina à les met‑
tre tous les deux aux fers, pendant
quelques heures.

Le vent commença à ſoufler gaillar‑
dement au Sud-Eſt, le Jeudi aprés
minuit, deſorte que les Pilotes jugerent
à propos de lever l'ancre ſur le midi,
parce qu'on ne peut ſortir de l'Embo‑
cadero, qu'avec un vent qui faſſe ſur‑
monter le courant impetueux qu'on y
trouve. Cet Embocadero a huit lieues
de long, & quatre, cinq ou ſix de large,

Il est enfermé comme une cour, d'un côté par la côte de Manille, les Isles de Borias, Ticao & Masuate, par les six Isles des Oranges, qui sont inhabitées, par la fertile de Capoul, que les Indiens appellent d'Ava, celle des Alupores, & enfin par la côte Occidentale de Palapa : & d'une autre côté, par l'Isle de Maripipi habitée des Taraxes, de Tagapola, Mongol, Kamandan & Limbanguayan, qui toutes ensemble rendent le passage trés-difficile pour aller en Amerique, quelque chemin que l'on veuille prendre.

CHAPITRE III.

Continuation du voyage jusques aux Isles Marianes.

LEs Pilotes excitez, comme je l'ay dit, par un bon Sud-Est, furent tous d'avis de sortir le détroit, desorte qu'ayant levé les ancres vers le midi, la marée nous servant, le Galion se trouva avant le coucher du Soleil à l'entrée de ce détroit, qui est formé par le Cap de Malpal, dans l'Isle de Caboul au Sud, par la petite de Kalentan, où il y a quelques seches vers la pointe de Tiklin, & par l'Isle de Manille Nord, n'ayant en tout que deux lieues de large. On doit observer qu'entre Kalentan & Tiklin, il y a de l'eau assez pour le passage d'un Galion, pendant l'espace d'un quart de lieue, mais les Pilotes ne se risquent point dans un tel détroit, ni dans ceux qui se trouvent entre les Isles des Oranges, de Capoul & de Samar. Comme nous étions prêts de sortir, il survint des pluies si orageuses, avec une marée contraire, pendant que la Lune étoit sur l'horison, que malgré le vent favorable le Galion ne pût avancer, au contraire il perdit du chemin, & nous fûmes toute la nuit dans un grand danger. J'étois surpris, & je tremblois de voir que la mer bouillonnoit, comme de l'eau sur un grand feu, apprenant que l'impetuosité du courant avoit fait tournoier plusieurs vaisseaux, malgré leur gouvernail, & perir à la fin. Le Vendredi la marée nous devint favorable, & nous fumes hors du Détroit avant midi. Nous laissâmes premierement à gauche proche de la côte de l'Isle de Manille, le Mont de Bulessan où est le volcan d'Alvai, le rocher de Saint Bernardin qui

se trouve au treiziéme degré de latitude Septentrional, vers le soir le Cap
du Saint Esprit à droit, qui est la pointe
la plus Orientale de la côte de Palapa, &
la premiere que découvrent les Galions
en venant de la nouvelle Espagne, comme je l'ai déja dit ; il est au douziéme
degré trente minutes.

Etant arrivez en pleine mer, au con-
tentement de tout l'équipage, on commença à serrer les cables sous les ponts,
ne devant plus nous servir que dans la
nouvelle Espagne ; & on laissa aller la
chaloupe à la dérive, afin qu'elle n'em-
barassât point le vaisseau, d'autant plus
qu'en cas de besoin on en avoit une
toute démontée.

Le même vent de Sud-Ouest continua pendant la nuit, & la mer roulant
extrêmement rendit plusieurs de nos
gens malades.

Le Samedi le même Sud-Ouest nous
favorisa, & nous nous t ouvâmes par
l'observation du Soleil à la latitude de
quatre degrez. Lorsqu'on vient de la
nouvelle Espagne aux Isles, on fait toûjours route sur le même parallele de
treize degrez ; car d'Acapulco qui est
au dix septiéme degré, gagnant au treiziéme on fait le voyage heureusement

ſur une même ligne, avec vent en poux-
pe, & une mer unie, comme un canal
d’où les Eſpagnols ont appellé cet eſ-
pace, Mer Pacifique, & l’on arrive en
ſoixante ou ſoixante-cinq jours au plus,
aux iſles Marianes, & de là en quinze
ou vingt aux Philippines. Au contraire, quand on va de ces Iſles à la nouvelle Eſpagne, le voyage eſt bien plus
difficile; parce qu’on peut appeller la
mer plutôt-endiablée, que furieuſe, que
pour avancer, & non pas retourner en
arriere, comme il arrive ſouvent, il faut
neceſſairement gagner juſqu’à la hauteur de quarante & quarante-un degrez
Nord, côtoyant, & reconnoiſſant quelquefois le Japon, pour retomber enſuite, quand on rencontre les marques,
qui ſont des herbes que la Mer de Californie porte plus de cent lieues avant
en mer, & ainſi continuer le voyage
avec des vents ordinaires qui ſont plus
favorables. Le Pilote propoſa de paſſer
les Iſles des Larrons au dix-neuviéme
degré vingt minutes, (quand on les paſſe ordinairement par les vingtiéme
juſqu’au vingt-cinquiéme,) afin de pouvoir plus facilement gagner une plus
grande hauteur; l’experience ayant fait
voir depuis quelques années, que c’étoit

le meilleur paſſage, & là-deſſus il mit
le Cap à l'Eſt.Nord-Eſt.

Le vent frais qui avoit duré pendant
toute la nuit ceſſa le Dimanche, & l'on
fut pris du calme. On trouva la hauteur de quatorze degrez treize minutes. On diſtribua ce jour là aux Matelots l'étoffe que le Roi leur donne pour
ſe garantir du froid. Le calme dura encore le Lundi, & la hauteur fut de quatorze degrez vingt minutes.

Le Mardi il s'éleva un vent de Nord-
Oueſt qui nous fit faire l'Eſt $\frac{1}{4}$ de Nord-
Eſt. La hauteur fut de quatorze degrez
trente-quatre minutes. Le Mercredi on
fit le Nord-Eſt avec le même vent, &
la hauteur ſe trouva de quatorze degrez quarante-cinq minutes. Le Jeudi
on fut pris de calme, mais la marée
nous fit avancer quelque peu, & l'on
ſe trouva à quatorze degrez cinquante-
trois minutes.

Le Vendredi nous eûmes un petit
vent, qui fit tout le tour de la Bouſſole, & nous nous trouvâmes à la même hauteur. Le Vendredi on fit l'Eſt-
Nord-Eſt, avec un Nord Nord-Oueſt,
& la hauteur fut de quinze degrez une
minute. L'on commença à diminuer la
portion de l'eau, parce qu'il y en avoit

peu, & que l'on avoit beaucoup de chemin à faire. La nuit il soufla un Ouest-
Nord-Ouest qui nous fit faire l'Est, &
nous tinmes même route le Samedi dans
la latitude de quinze degrez vingt-quatre minutes, & le Lundi dans celle de
quinze degrez trente-quatre minutes :
nous eûmes la nuit une tempête violente, qui tint tout le monde alerte, &
nous fit bien rouler le Mardi. Il tomba quelque peu de pluie ce jour là,
chacun s'empressa d'en ramasser autant
qu'il pouvoit. On trouva la hauteur de
seize degrez seize minutes, & un vent
d'Ouest-Sud-Ouest qui dura encore le
Mercredi, nous fit faire l'Est $\frac{1}{4}$ Nord-
Est, & la latitude fut de seize degrez
vingt-six minutes, nous fimes le jour suivant l'Est avec un vent de Nord-Ouest,
& nous trouvâmes seize degrez quaran-
te-quatre minutes : le Vendredi le vent
vint au Nord, ce qui nous fit faire l'Est $\frac{1}{4}$
Nord-Est, & la latitude fut de seize de-
grez quarante-six minutes : le Samedi
on eut un vent de Nord-Ouest, & l'on
fit le Nord-Est $\frac{1}{4}$ Est, sans s'éloigner
de la même latitude.

Le Dimanche le vent fut Ouest Sud-
Ouest, mais on ne changea pas la route, la hauteur de dix-sept degrez une
minute

minute. On fit le même chemin le Lundi, avec le même vent, & l'on trouva dix-sept degrez quinze minutes, mais le Mardi on trouva trois minutes d'avantage quoiqu'il eût fait calme.

Le vent tourna au Sud le Mercredi, mais l'on avança peu, & l'on trouva la hauteur de dix-sept degrez trentequatre minutes. Le Jeudi nous fimes le Nord avec un Est-Nord-Est, & l'on ne pût point faire d'observation. Le Vendredi le vent passa de l'Ouest-Sud-Ouest à l'Ouest-Nord-Ouest, & l'on ne prit point de hauteur. Sur le soir il tomba une fort grande pluie, & tous les Mariniers alterez se mirent nuds, pour recueillir l'eau, de sorte que tous les vaisseaux vuides furent promptement remplis. La tempête continua pendant toute la nuit, sans qu'on pût recueillir d'eau faute de vaisseaux ; de sorte que la voyant en si grande abondance, chacun en fit son ris.

Le Samedi premier Septembre on mit le Cap à l'Est-Nord-Est avec un Sud-Ouest, & la hauteur se trouva de dix-huit degrez cinquante minutes. Le Dimanche avant le jour le vent tourna à l'Est, & fut si violent qu'on ne pût dire la Messe, ni prendre hauteur ; ce qui

obligea les Pilotes d'amener les mats
de hune, de crainte qu'ils ne se rom-
pissent, & empêchassent le voyage,
comme il étoit arrivé d'autres fois faute de mats. Tout le monde veilloit jour
& nuit, à cause du grand danger où l'on
se trouvoit, parce que les vagues jettoient beaucoup d'eau dans le Galion,
& lui donnoient de terribles secousses
de temps en temps. Nous étions pendant ce temps là avec nôtre grande voile à la cape; après que l'on eût exposé l'Image de Saint François Xavier, le
Général fit un vœu du prix de ladite
voile qui pouvoit valoir deux cent pieces de huit, attribuant à son interces-
sion la conservation de la voile & le
calme de la mer. Le vent devint favorable trois heures avant le jour.

Le Lundi le vent étant au Nord-Ouest,
nous fimes l'Est-Nord-Est, & l'on re-
hissa les deux mats de hune. Le même
jour on prit pour la premiere fois un
poisson que les Espagnols appellent Ca-
choreta ou Faon, on l'exposa en vente,
selon la coûtume. Le Capitaine en offrit
jusqu'à soixante pieces de huit, pour en
faire une offrande à la très-sainte Mere de la Conception; mais quatre Matelots y ajoûterent cinq pieces, & le

poiſſon leur reſta. On prit enſuite près
de vingt, tant Cachoretas que Boni-
tes ; ce ſont des poiſſons très-pleins de
ſang, de l'eſpece des maquereaux. La
tempête revint encore la nuit avec une
ſi grande pluie, qu'il fallut ſe ſervir du
bâton pour faire aller les Matelots ſur
le pont. Ce temps nous empêcha d'obſerver le Soleil, auſſi-bien que le Mardi ſuivant, que nous fimes route avec
le même vent.

Le vent commença à ſoufler le Mercredi d'abord Sud-Oueſt, & ſur le midi Sud-Sud-Oueſt : on trouva la hauteur
de dix-neuf degrez trente trois minutes. Le Jeudi a la pointe du jour on
commença à voir quatre des Iſles Marianes, mais le vent contraire ne permit pas au Pilote de les paſſer au dix-
neuviéme degré vingt minutes, comme il l'avoit réſolu. Lorſque nous fumes un peu plus avancez, on voyoit de
loin vers le Sud la plus grande, qui a
la figure d'une longue ſelle de cheval.
La ſeconde du même côté étoit un volcan pointu & rond, que l'on appelle
Griga dans les Cartes, & du ſommet
duquel il ſortoit de la fumée. On me
dit qu'il avoit trois lieues de circuit, &
que le bas étoit habité du côté duSud,

fur quoi le contre-maître du Navire me
dit qu'y ayant paffé une fois, plufieurs
des Habitans vinrent avec leurs barques, & lui apporterent du poiffon, des
cocos, & de très-excellens melons ;
mais qu'ils ne venoient plus prefentement à la rencontre des Galions, depuis
qu'un paffager extravagant s'avifa de
maltraiter un de leurs gens.

C H A P I T R E I V.

La découverte & la conquête des Ifles Marianes.

ON a appellé autrefois ces Ifles de
las Velas ; enfuite les Efpagnols
leur ont donné celui des Larrons, parce que lorfqu'ils y mettoient pied à
terre, en allant & venant de la nouvelle Efpagne aux Philippines, les Habitans leur voloient ce qu'ils pouvoient
& s'enfuyoient enfuite dans les bois.
Michel Lopez de Legafpi en prit le premier poffeffion au nom de Philippe II.
en 1565. lorfqu'il alloit avec quatre vaiffeaux & une fregate pour la conquête
des Philippines. Mais cette poffeffion
fut feulement de paroles, parce qu'il

n'y mit point de garnison, & n'y bâtit
point de fort : on n'y envoya pas même
de Missionnaires pour convertir les Habitans à nôtre sainte Religion, parce
qu'on croyoit peut-être alors une chose impossible, de parler de Religion à
des hommes, qui abhorroient toute
communication avec les Espagnols, en
s'enfuyant dans les plus épais de leurs
bois. Les Peres de la Societé depuis,
en allant & venant à leurs Missions des
Philippines, touchez d'un zele de Religion en voyant ces malheureux peuples abandonnez & plongez dans les tenebres de l'Idolatrie, proposerent à la
Reine mere, alors Regente pendant la
minorité de son fils, la culture de cette vigne devenue sauvage sous le Paganisme ; lui persuadant que l'on pourroit avec fruit y semer l'Evangile, si
l'on y établissoit une Mission de leur
Ordre. La Reine, par sa pieté naturelle, consentit à cette demande ; sur quoi
le Gouverneur de Manille ayant reçû
les ordres de la Cour, arma un nombre suffisant de vaisseaux & de Soldats,
pour la conquête des Isles, & emmena
avec lui le nombre des Peres que l'on
jugea necessaires. Les Espagnols furent
maîtres en peu de temps de l'Isle d'Y-

guana, située au treizième degré de latitude Septentrionale, & de Sarpana; & continuant leur conquête sans grande peine, ils les subjuguerent toutes depuis le treizième degré jusqu'au vingtiéme où est le volcan.

Les Peres Missionnaires n'eurent pas le même succès, car ayant risquez d'aller seuls dans l'Isle pour y prêcher l'Evangile, ils furent maltraitez, & le Pere Morales entre autres fut blessé d'un coup de javeline à la cuisse, dans un endroit proche du volcan. Ce fut aussi dans la même Isle où le Pere de Saint Victor reçût il y a 29. ans la couronne du Martyre, pour avoir bâtisé une petite fille, sans la permission de son pere; & l'on compte jusqu'aujourd'hui dix Missionnaires que l'on y a fait mourir. C'est pourquoi les Peres se sont retirez dans les Isles d'Yguana & de Sarpana sous la protection de la garnison Espagnole.

Depuis 177. ans que les Espagnols font ce voyage en passant toûjours entre ces Isles, ils ont trouvé qu'elles formoient une chaîne qui s'étendoit du Nord au Sud: c'est-à-dire, depuis l'endroit où elle commence, vis-à-vis de la Nouvelle Guinée, jusqu'au trente-sixiéme degré proche du Japon. Voici les noms que l'on a donné aux Isles qui sont découvertes : Yguana au treiziéme degré, Sarpana au quatorziéme, Buona vista au quinziéme, Saespara au quinziéme degré quarante minutes, Anatan au dix-septiéme degré vingt minutes, Sarigan au dix-septiéme degré vingt-cinq minutes, Guagan au dix-huitiéme, Alamaguan au dix huitiéme degré dix-huit minutes, Pagon au dix-huitiéme degré quarante minutes, le volcan de Griga au dix neuviéme degré trente-trois minutes, Tinay & Maug au vingtiéme degré quarante-cinq minutes, Urrac au vingtiéme degré cinquante-cinq minutes ; les trois autres volcans, le premier est au vingt troisiéme degré trente minutes ; le second au vingt-quatriéme, & le troisiéme, au vingt-cinquiéme ; l'Isle de Pattos au vingt-cinquiéme degré trente minutes, la Desconosida au vingt-cinquiéme degré cinquante minutes, Malabrigo au vingt-septiéme degré quarante minutes, la Guadalupe au vingt-huitiéme degré dix minutes ; les trois Isles de Tecla découvertes le 23. Decembre 1664. par le Galion le Saint Joseph, sont depuis le trente-quatriéme jusqu'à trente-six.

Il a d'autres Isles depuis le treiziéme
degré jusqu'à la Ligne & à la nouvelle
Guinée, que l'on ne connoît pas encore : outre cela il y a une autre chaîne
d'Isles qui commence à la Ligne à trois
cens lieues de Callao, & qui s'étend
vers l'Occident, sans que l'on en ait
encore pû connoître le bout. Celles qui
sont les plus connues ne sont point habitées, & ne nourrissent aucun animal
à quatre pieds, mais seulement des oiseaux que l'on tue à coups de bâton,
comme l'ont dit ceux qui y ont été.
Tous les Corsaires qui passent par le
Détroit de Magellan pour venir dans
la Mer du Sud, ont coûtume de care-
ner leurs vaisseaux dans ces Isles. On
les appelle de los Galappagos à cause
de la quantité des animaux de ce nom
là, que l'on y trouve, & qui ressemblent
aux grandes tortues.

La principale des Isles Marianes est
Yguana, où l'on a bâti un bon Château, gardé par quatre-vingt ou quatre-vingt-dix hommes. La seconde est
Sarpana, où il y a garnison aussi, mais
le Gouverneur demeure dans Umatta.
Les vaisseaux ne peuvent approcher de
toutes les deux, que de trois lieues. Il
y a deux Colleges dans Yguana, l'un

pour les garçons, & l'autre pour les filles Indiennes ; la direction en eſt entre les mains de douze Peres de la Compagnie, & le Roi donne trois mille pieces de huit tous les ans pour leur entretien, outre celui des Religieux. Sa Majeſté fait une dépenſe genereuſe de trente-quatre mille pieces de huit tous les ans pour l'entretien de ces Iſles ; à ſçavoir, trois mille pour le Gouverneur, & le reſte pour le Major, cent Soldats de garniſon, les Peres Jeſuites, & les Colleges dont nous avons parlé. On envoie cela de la nouvelle Eſpagne à Manille, avec de l'étoffe pour les Soldats. Il y a une patache entretenue pour leur porter ce dont ils ont beſoin. Les maiſons des Jeſuites ſont de terre ; l'Iſle ne fourniſſant pas d'autres materiaux, & celles des Indiens ne ſont que des cabannes couvertes de bois & de feuilles de palmier, comme des grottes. L'Iſle a dix lieues de tour, & eſt éloignée de ſix de Sarpana. Celle-ci eſt plus petite, & les Jeſuites n'y ont pas de maiſon, mais ont ſoin de s'y rendre quand il le faut. Il y a une petite garniſon, pour tenir ces barbares en bride.

CHAPITRE V.

Des Habitans, de la Religion, des fruits, du Climat & des surprenans bateaux des Isles Marianes.

LEs Habitans de ces Isles sont tous d'une figure gigantesque, de grosse corpulence, & d'une grande force; enlevant sur leurs épaules un poids de cinq cens livres, comme si ce n'étoit rien. Ils sont aussi si habiles nageurs & plongeurs, qu'ils attrapent même les poissons. Avant que les Espagnols missent pieds à terre dans ces Isles, ces peuples vivoient sous un Chef, errant tous nuds dans les montagnes. Ils ne connoissoient point le feu, ni l'usage du fer; mangeoient le poisson crud, quelquefois même pourri, des cocos, des racines, & bûvoient de l'eau pure, quoiqu'ils eussent assez de cocos, pour faire du vin & de l'huile. On ne sçavoit autrefois parmi eux, & on ne le sçait pas encore aujourd'hui, ce que c'est que de vendre, mais seulement de troquer. Un Espagnol auroit beau leur porter des pieces de huit, on ne lui donneroit pas un coco, ni une poule, & il mouroit de faim s'il n'avoit point à leur troquer d'étoffe, ou quelque chose, dont ils ont besoin.

On n'a trouvé aucune trace de Religion dans toutes les Isles que l'on a découvertes jusqu'à present, comme des Missionnaires qui y ont demeuré long-temps, me l'ont dit : mais il y avoit parmi eux une grande vénération pour leurs ancêtres, causée, non pas par l'amour, mais par la crainte, puisqu'ils gardoient leurs cranes dans leurs huttes, & les invoquoient dans leurs besoins : d'où l'on peut voir qu'ils ont quelque veritable connoissance de l'immortalité des ames, & qu'ils croyent qu'il y a quelque endroit où elle résident, & d'où elles peuvent aider ou nuire. Leur Langue est differente de celle des Philippines. Leurs armes font la javeline dont la pointe est faite de l'os d'une jambe humaine, ou d'une pierre aigue.

Quoique les arbres ne soient dans ces Isles, ni si grands, ni si épais que ceux des Philippines, cependant le terroir produit tout ce qui est necessaire pour les Habitans. Ils n'avoient autrefois que les fruits du pays & quelques poules ; mais depuis que les Peres Jesuites &

& les Soldats y font venus, on y a introduit le ris & les legumes ; & quant aux animaux on y a porté des chevaux, des vaches & des cochons, qui ont affez multiplié dans les montagnes. Il n'y avoit pas même de fouris, mais depuis que les vaiffeaux commencent à y paffer, il s'y en trouve beaucoup. Du refte on n'y voit aucun animal venimeux.

Le fruit le plus merveilleux, & qui eft particulier à ces Ifles, eft le Rima qui fert aux Infulaires de pain fort nourriffant. La plante eft épaiffe & pleine de feuilles ; le fruit eft gros comme la tête, de la couleur d'une datte, mais plein de piquans, comme la Jacca de Goa ; il y a dans le milieu un noyau blanc, gros comme une noix. On le mange bouilli ou rôti, & il fe garde quatre & fix mois. Le goût eft affez femblable à celui d'une figue d'Inde ou plantane. Les montagnes font toutes pleines de cocos.

Le Doucdou eft un arbre comme le Rima, dont le fruit qui eft verd en dehors, eft fait comme une poire longue. La poulpe en eft blanche & molle, & a quinze noyaux, qui étant rôtis, ont le goût de la chataigne, comme ceux de la Jacca. Il y a auffi quantité de racines

propres à manger, comme des Ubis, Gavas, Camottes & autres. Les eaux y font
excellentes : l'air y eſt meilleur & plus
temperé qu'à Manille, quoique fous le
même parallele d'Yguana & de Sarpana.

Les petits bateaux de ces Iſſes font fort
extraordinaires, tant pour leur conſtruction que pour leur viteſſe. Ils font faits
de deux tronc d'arbres courbés & creux,
qui font couſus & joints avec de la canne des Indes. Leur longueur eſt de quinze ou dix-huit pieds, & comme leur
largeur n'eſt que de quatre palmes, &
qu'ils pourroient tourner fort facilement, ils joignent aux côtez des pieces
de bois folides, qui les tiennent en équi-
libre : quant aux paſſagers, le bateau
pouvant à peine contenir les trois Matelots Indiens, ils font un plancher dans
le milieu, qui s'avance de chaque côté
fur l'eau, où fe mettent ceux qui veulent aller d'un lieu à un autre. De ces
trois Matelots, il y en a toûjours un
dans le milieu occupé à jetter l'eau qui
entre par dehors & par les fentes ; les
deux autres font aux extrêmitez pour
conduire le bateau. La voile eſt comme
celle que nous appellons Latine, faite
de nattes & longue comme le bateau,
c'eſt ce qui fait qu'ils evitent autant

qu'ils peuvent d'avoir le vent en poupe, parce que cela les feroit renverser
facilement. Il n'y a point de bateaux
qui les égalent pour la vitesse, puisqu'ils font dix & douze milles d'Italie
par heure. Lorsqu'ils ont à retourner
d'un endroit à un autre, ils ne font
que changer la voile, sans tourner le
bateau, la proue devient la poupe, &
celui qui y étoit devient le timonier.
S'il y a quelque chose à raccommoder
au bateau, ils mettent les marchandises & les passagers sur la voile les rac-
commodent promptement, & le redres-
sent s'il étoit renversé. Enfin cela est si
surprenant, que les Espagnols qui
voyent cela tous les jours, ont peine à
croire leurs yeux. Quoique ces fortes de bateaux ne soient faits que pour
de courts voyages ; cependant dans un
pressant besoin, il en partit deux d'Yguana, pour les Philippines, & ils traverse-
rent ainsi une mer de neuf cens milles
d'Italie ; il y en eut un cependant de
perdu. Afin que le Lecteur puisse mieux
comprendre comme ils font faits, j'en
ai fait graver le dessein.

BARQUES DES ISLES MARIANES
Voile faite de Nattes
Proüe
Poupe
Passagers

CHAPITRE VI.

L'ennuyeux & épouvantable voyage de l'Aute. r jusqu'à Acapulco.

LE Vendredi septiéme le vent étant à l'Est, nous fimes le Nord-Nord-Est sans faire aucune observation. Le Samedi avec un Sud-Est nous fimes l'Est-Nord-Est, & l'on trouva la latitude de vingt-un degrez.

Le Dimanche le vent étant Sud-Sud-Est, nous fimes le Nord-Est, & trouvâmes vingt-un degrez quarante minutes ; le Lundi même vent & même cours, on ne put faire d'observation que sur le soir, que l'on trouva la hauteur de vingt-deux degrez ; on vit le Ciel d'une couleur violette, avec des nuages verds, ce que je trouvai être un prodige, aussi bien que les Peres Jesuites, pour n'avoir jamais vû ce phenomene ailleurs ni dans d'autres temps. Le premier Pilote commença sa neuvaine pour obtenir de la Sainte Vierge un heureux voyage, & le soir on se divertit autant que le permettoit l'étroite prison d'un vaisseau.

Le Mardi nous fumes pris du calme
& la hauteur se trouva de vingt-deux
degrez dix minutes : le Mercredi avec
un Est-Sud-Est : on fit le Nord-Est, &
on trouva vingt-deux degrez trente-sept
minutes. Il est bon que le Lecteur sçache que l'on observe dans cet endroit
une étrange variation de la boussole,
dont les Mathematiciens, ni les Pilotes n'ont pû donner aucune raison depuis 180. ans que l'on y navige. Elle
commence du Cap S. Bernardin au douziéme & treiziéme degrez, & va toûjours augmentant jusqu'à dix-huit &
vingt pendant le cours de plus de mille
lieues, qui est environ la moitié du chemin ; & de là elle va en diminuant jusqu'au Cap Mendocino, où elle ne se
trouve plus que de deux degrez : mais
comme cette variation est dans un endroit au Nord-Est, dans un autre au
Nord Ouest, dans un lieu moindre,
dans un autre plus grande, cela est cause que la matiere est si difficile à expliquer. On ne peut pas l'attribuer aux
pierres d'aiman, qui se trouveroient
dans les Isles, puisqu'on est éloigné de
plus de mille lieues. Les Pilotes la connoissent au coucher du Soleil, parce
qu'ayant le veritable point de l'Ouest,

ils voyent s'il correspond juste avec le
Nord & les deux autres points cardi-
naux.

Le Jeudi avec un Sud-Est on fit le
Nord-Est, la hauteur se trouva de vingt-
trois degrez cinquante minutes, & ainsi
on passa de la Zone torride dans la temperée : la nuit nous eûmes une grande
tempête : & le lendemain avec un Est-
Nord-Est on fit le Nord : le Samedi nous
fimes la même route avec le même vent,
mais étant devenu trop violent sur le
midi, le Pilote fut obligé de mettre à
la cape, & trois heures avant la nuit il
devint Nord-Est. On prit pendant toute la journée tant de Cachorretas, que
les Matelots en étoient rebutez, & les
donnoient à ceux qui les demandoient.
Elles goboient avidement l'hameçon,
étant trompées par un faux poisson volant, fait avec des chiffons, que l'on
ne peut pas bien distinguer du veritable,
lorsque le navire est à la voile, comme
on le dira dans la suite.

Le Dimanche après la Messe avec un
Sud-Est on fit le Nord-Est $\frac{1}{4}$ Est, & la
hauteur fut de vingt-cinq degrez cinq
minutes : le Lundi avec un Sud-Sud-
Est on fit le Nord-Est : le Mardi on fit
le même cours, quoique le vent fût

au Sud-Oueſt. On ne put pas obſerver
la hauteur du Soleil. On prit quatre
Requins, on ouvrit le ventre d'un, &
l'on y trouva ſept petits tout vivans.
Ce fut un ſujet de diſpute entre les Jeſuites, l'Auguſtin & le Dominiquain,
de ſçavoir ſi ce poiſſon engendroit ou
non. Quelques-uns diſoient que la mere les avoit avalez, pour les revomir
après, afin de leur conſerver la vie; &
qu'ils venoient d'œufs premierement
pondus, & puis conſervez enſuite dans
une ouverture au-deſſous des machoires : comme l'on dit que font les autres poiſſons, ſur tout les truites. Mais
l'opinion la plus vraie & la plus commune, eſt que les poiſſons font leurs
petits lorſqu'ils ſortent de l'œuf; puiſque pluſieurs perſonnes qui avoient
long-temps voyagé ſur les mers, m'ont
dit avoir trouvé dans des Requins, des
œufs & de petits Requins. Jean Savaletta Baſque me dit là-deſſus, que lorſqu'il avoit été à la pêche de la Baleine
en Europe, dans les Mers du Nord,
il avoit pluſieurs fois trouvé de petites
Baleines dans le ventre des meres. Le
même jour il tomba une grande pluie,
& les Matelots tout nuds en ramaſſe-
rent de quoi remplir les vaiſſeaux vui-

des, & au lieu de diminuer la portion d'eau, après deux mois & demi de voyage, on l'augmenta.

Le Mercredi avec un vent d'Eſt on fit le Nord-Nord-Eſt, & la hauteur ſe trouva de vingt-cinq degrez cinquante minutes ; on ſe divertit un peu avec les Requins ; on donna la liberté à un des grands (parce qu'aucun des paſſagers ne ſe ſoucioit plus d'en manger) avec une planche qu'on lui avoit attachée à la queue, & c'étoit un grand plaiſir de le voir courir, ſans pouvoir plonger. On en lia enſuite deux enſemble par la queue, après avoir crevé les yeux à un; & lorſqu'on les eût jetté dans la mer, l'aveugle reſiſtoit tant qu'il pouvoit à l'autre qui le vouloit tirer en bas, ſe croyant pris. Le Jeudi nous fumes pris du calme juſqu'à midi, enſuite avec un petit Sud-Eſt, nous fimes l'Eſt-Nord-Eſt, la hauteur du Soleil ſe trouva de vingt-ſix degrez, le Vendredi on fit la même route avec un Sud-Oueſt, & l'on prit quantité de Cachorretas, avec le même poiſſon volant dont on a parlé. Le ſoir les deux ſous-Pilotes commen-cerent leur neuvaine avec quantité de lumieres & de petites lanternes. Ils re-galerent la compagnie avec des confi-

rures, & enfuite il y eut des danfes &
des comedies que l'on faifoit fur le
champ.

Le Samedi avec un vent de Sud on
fit le Nord-Eft $\frac{1}{4}$ Eft, & l'on fe trouva
au vingt-feptiéme degré : le Dimanche
on fit la même route avec un Sud-Eft,
& la hauteur fut de vingt-fept degrez
trente minutes : le Lundi de même, &
la hauteur de vingt-huit degrez douze
minutes : le Mardi avec un Sud-Sud-Eft
gaillard, nous fimes l'Eft-Nord-Eft, &
nous trouvâmes la latitude de vingt-
neuf degrez trois minutes : on fut fur
fes gardes pendant la nuit, pour éviter
deux petits rochers que l'on trouve vers
le trentiéme degré : le Mercredi nous
fimes le Nord-Eft avec un vent de Sud,
& nous eûmes la hauteur de vingt-neuf
degrez cinquante-huit minutes : le Co-
netable du vaiffeau voyant que j'écri-
vois tout ceci dans mon petit livre,
commença à fe moquer de moi, ce qui
m'obligea de lui donner de mon cha-
peau fur le vifage, & fi l'on ne m'eût
pas retenu, je lui auroit caffé la tête à
coups de bâton.

Le Jeudi il tomba une grande pluie
& un vent d'Eft nous fit faire le Nord $\frac{1}{4}$
Nord-Eft , jufqu'au trentiéme degré

trente minutes : le lendemain nous fîmes le Nord-Eſt juſqu'au trentiéme degré quarante-neuf minutes, & la bouſſole varioit d'une pointe vers l'Oueſt : le Samedi on celebra la Fête de S. Michel parce que c'étoit le nom du Général du Galion ; on donna des confitures, & on repreſenta une Comedie. Le vent fut Sud Eſt, & l'on fit le Nord-Eſt $\frac{1}{4}$ Eſt juſqu'aux trente-uniéme degré cinquante-huit minutes.

Le Dimanche nous trouvâmes la même latitude, & nous nous croyons déja être à la hauteur d'une certaine Iſle imaginaire qu'on appelle Rica de oro, & que l'on met dans les Cartes au trente-deuxiéme degré moins quelques minutes, quoiqu'il ſoit certain que perſonne n'a jamais vû une telle Iſle. Le vent de Sud-Eſt qui dura juſqu'à midi, nous fit faire le Nord-Eſt $\frac{1}{4}$ Eſt, après quoi nous fumes pris du calme juſqu'à minuit, que le vent ſouflant Eſt-Sud-Eſt, nous fit faire le Nord-Eſt. Cette nuit le Maître du Galion commença ſa neuvaine ; il traita la compagnie & l'on danſa.

Lundi le premier d'Octobre, le vent continuant à l'Eſt-Sud-Eſt, nous fimes le Nord-Eſt $\frac{1}{4}$ Eſt, & trouvâmes la hau-

teur de trente-deux degrez vingt-huit
minutes : il tourna enfuite au Sud-Eft,
& l'on prit quantité de Cachorretas &
d'Albacoras , à caufe que le vaiffeau
alloit fort vite ; mais la nuit un vent
de Sud violent obligea le Pilote d'amener les mats de hune & la grande ver-
gue. Ce même vent nous caufa une grande tempête , nous contraignit de ne
nous fervir que de la civadiere, & la
mer nous battit fi violemment qu'elle
rompit la barre du gouvernail. On trouva la hauteur de trente - trois degrez
vingt-minutes ; le vent changea au Nord-
Oueft , mais la furie de la tempête ne
s'appaifa point ; au contraire elle s'augmenta , & après avoir porté lê vaiffeau fur le fommet de très-hautes montagnes , elle l'abimoit dans de profondes & épouvantables vallées , & les vagues paffoient de part & d'autre par
deffus , ce qui nous obligea à manger
tout froid , étant impoffible d'allumer
du feu , & ainfi on ne pût point prendre de chocolat. Perfonne ne pouvoit
refter debout ni affis , parce qu'on étoit
renvoyé comme un ballon , & en danger de fe caffer la tête contre un coffre
ou quelque autre chofe. Vers minuit il
tomba fur mon lit deux baguettes de

canons qui vinrent avec tant de violence, que peu s'en fallut qu'elles ne me
tuassent.

Le Mercredi le même vent continua, la tempête ne diminua pas, &
l'on fit le Nord Est ¼ Est. Nous avions
vû tout le long du voyage des oiseaux
de mer, mais ce jour là deux canards
passerent proche du vaisseau, & un Marinier prit un petit oiseau semblable à
un serin, que le vent avoit enlevé, &
qui n'avoit trouvé d'autre lieu pour se
retirer que sur les cordes du vaisseau.
Le Capitaine fit ce qu'il pût pour le garder dans une cage; mais il étoit si fort
extenué par la faim & par la lassitude,
qu'il mourut le même jour, & on lui
trouva du sable dans le ventre. Ce petit animal donna sujet de philosopher
au Pilote, aux sous-Pilotes, & aux passagers, pour sçavoir d'où il pouvoit
venir; & l'on conclut, qu'il étoit
venu sans doute de Rica de plata, Isle
éloignée de trente lieues du côté du
Sud, & que le vent l'avoit emporté
ici; la hauteur se trouva de trente quatre degrez sept minutes. Les Pilotes
croient que les Isles Rica de Oro, Rica de plata, & plusieurs autres aux environs sont les Isles de Salomon, mais

pour moi je crois qu'elles font imagi-
naires, puifque depuis fi long-temps
que l'on fait ce voyage, on ne les
a jamais vûes. La fituation & la latitude des Ifles de Salomon eft inconnue, & depuis tant d'années qu'on
les cherches par ordre du Roi, on ne
les a pas pû trouver. Un Galion qui
alloit de Manille à la nouvelle Efpagne, fut jetté par la tempête fur une
Ifle ; & comme la tempête avoit écar-
té toute la terre qui étoit dans le foyer,
on en prit d'autre de l'Ifle pour le racommoder. Lorfqu'il fut arrivé à Acapulco, on défit la terre du foyer, &
l'on trouva un morceau d'or, que la
violence du feu avoit fondu & feparé
de la terre. Le Commandant furpris
de cette nouveauté, le fit fçavoir au Vice-Roi du Mexique, & celui-là au Roi,
qui commanda que l'on équipât une
Flotte pour chercher ces Ifles dont le
Pilote avoit pris la hauteur. Effectivement le Général Dom Alvaro de Men-
doza partit de Callao en 1595. pour découvrir les Ifles de Salomon, dont on
croyoit que celle-ci en étoit une. Après
un voyage très-long & très-fatiguant,
il arriva dans une Ifle de Noirs de la
nouvelle Guinée, proche de la Ligne

du

du côte du Sud, où il mourut, & une bonne partie de son équipage, & d'où sa femme Dom Isabella Barretti partit au mois de Fevrier 1596. pour se rendre à Manille, avec un vaisseau seul, tout le reste s'étant perdu, en cherchant inutilement ces riches Isles.

Il y a trente ans que Dom Antonio de Medina s'offrit au Roi pour faire cette découverte, comptant sur la grande experience qu'il avoit dans ces Mers. On envoya donc ordre au Vice-Roi de Mexique, & au Gouverneur de Manille, de le faire passer dans les Philippines, & de lui donner le Commandement du Galion qui devoit aller à Acapulco ; le Vice-Roi l'expedia avec cet emploi, mais le nouveau Gouverneur de Manille qui venoit dans le même Galion, lorsqu'il fut un peu éloigné de la nouvelle Espagne, le priva du commandement, & mit à sa place celui qui étoit venu de Manille. Medina chagrin d'un si grand affront, fut à peine arrivé dans les Isles, qu'il passa en cachette à la Chine avec une petite barque, pour aller de là à Madrid, faire ses plaintes au Roi : mais comme on n'a point entendu parler de lui depuis ce temps là, on croit qu'il aura été tué par quelques Corsaires.

Le Jeudi le vent étant Nord , &
Nord Nord-Ouest, on fit l'Est, pour
ne pas donner dans Rica di plata ; &
l'on se trouva à la hauteur de trente-
trois degrez trente minutes. Le froid
se faisoit sentir beaucoup. Les Pilotes
disoient que le courant en cette latitude faisoit aller le Galion plus vite.

Le Vendredi le vent étant Est on
courut Nord , & puis Nord $\frac{1}{4}$ Nord-Est
la hauteur fut de trente-trois degrez
cinquante minutes ; la tempête qui survint la nuit, nous fit mettre à la cape.
Etant devenue plus forte le lendemain,
on amena les deux mats de hune , &
l'on se tint à la cape. Ces tempêtes sont
ordinaires devant & après le jour de
Saint François, peut être à cause de l'E-
quinoxe. L'après midi nous fimes le
Nord-Est avec un Sud-Est, ne nous servant que de la misene, & parce que
le vent devint plus violent & excita une
tempête , nous mîmes à la cape.

Le Dimanche on fit le Nord $\frac{1}{4}$ Nord-
Ouest, avec un vent d'Est, & des vagues si furieuses qu'elles couvroient
d'eau toute la poupe, & ne permirent
pas que l'on celebrât la Messe. Le Lundi nous eûmes un vent de Sud qui nous

fit aller au Nord-Eſt ¼ Eſt ; en laiſſant
l'Iſle imaginaire de Rica di plata au
trente-quatriéme degrez trente minutes, & nous trouvâmes la hauteur de
trente-ſix degrez vingt minutes : le
Mardi nous fimes la même route avec
un Sud-Eſt, qui devint fort pendant la
nuit.

Le Mercredi nous fimes l'Eſt-Nord-
Eſt avec le même vent, & trouvâmes
la hauteur de trente ſept degrez trente quatre minutes : le Jeudi on fit le
Nord-Eſt ¼ Eſt, & après midi le Nord-
Eſt à cauſe que le vent s'étoit mis à l'Eſt-
Sud-Eſt : le Vendredi on courut le Nord-
Eſt ¼ Eſt, & puis le Nord-Eſt, à cauſe
du vent de Sud-Eſt & de Eſt-Sud Eſt.
Le Pilote ne voulant point monter plus
haut, fit aller le vaiſſeau au Sud-Eſt
avec un Eſt-Sud-Eſt très-gaillard. On
trouve en cette hauteur le tems preſque toûjours pleins de nuages, & il
tombe une petite pluie fine, que les
Eſpagnols appellent Garuva.

Le Samedi de bonne heure on mit
le cap au Nord-Eſt avec un Sud-Eſt.
Le froid ſe faiſoit fort ſentir, & ſur tout
aux Indiens & aux Noirs qui ſont nez
dans les pays chauds.

Le Dimanche on ne dit point la Meſ-

ſe à cauſe des ſecouſſes que les vagues
donnoient au vaiſſeau, & de la quantité
d'eau qu'elles envoyoient dedans. Le
ſoir nous mîmes à la cape à cauſe du
vent contraire, & vers minuit on courut Eſt, le vent étant Nord Nord-Eſt :
le Lundi un vent de Nord nous fit faire le Sud-Eſt, & étant devenu Eſt-Sud-
Eſt avant midi, il fallut retourner d'où
nous étions venus. On trouva la hauteur de trente-ſix degrez trente minutes. Le vent changea ſur le ſoir, & le
Mardi on fit route au Nord-Eſt avec
un Eſt-Sud-Eſt, qui s'étant changé enſuite en Eſt, nous obligea de faire le
Nord Nord-Eſt, & le Nord-Eſt ¼ Nord,
& la hauteur fut de trente-ſept degrez
deux minutes. Les pluies qui étoient
tombées pendant les jours paſſez, gâ-
terent pluſieurs balles & coffres pleins
d'étoffes de ſoie & d'évantails de la
Chine, au grand dommage de ceux à
qui ces marchandiſes appartenoient.
Nous fumes pris du calme le Mercredi, & l'on obſerva la hauteur de trente-ſept degrez ; ſur le ſoir un vent de
Sud-Sud-Oueſt nous fit faire l'Eſt, mais
à minuit le calme nous reprit, & on
deriva vers le Nord Nord-Oueſt. Le
même vent revenant le Jeudi, nous

courûmes l'Eſt qui étoit nôtre route,
quoique pour la faire ſûrement il faille
ſe tenir entre la latitude de trente-ſix &
de quarante-deux qui eſt la plus grande
qu'ayent tenue tous les vaiſſeaux qui
font ce voyage. On obſerve cela, parce que ſi les navires ne prennent pas
cette hauteur avant de rencontrer les
ſignes ou herbes, dont nous avons parlé, ſe trouvant enſuite ſous le vent depuis la Côte du Cap Mirdo, juſqu'à
Californie, il leur eſt très-difficile de
pouvoir gagner le Nord. C'eſt ce qui
arriva il n'y a que ſix ans à la Patache
qui partit pour la nouvelle Eſpagne
après la perte du Saint Joſeph; parce
que s'étant élevée juſqu'au trente-cin-
quiéme degré, & ne le conſervant point,
elle ne pût jamais rencontrer les ſignes:
& certainement tout l'équipage ſeroit
mort de faim, ſi Dieu ne les avoit fait
tomber dans une Iſle inconnue à la hauteur de dix-huit degrez vingt-minutes,
que l'on appella de Saint Sebaſtien, à
cauſe qu'elle fut découverte ce jour là.
Ils firent proviſion d'eau dans un lac
qu'ils y trouverent, & de viande en
tuant quantité de ces oiſeaux de marine, appellez Bobos, qu'ils ſalerent &
mirent dans des vaiſſeaux de terre.

L'Isle étoit petite, plate & pleine de beaux arbres. Le vent devint Nord l'après dînée, l'on fit l'Est $\frac{1}{4}$ Nord-Est, & la hauteur se trouva de trente-six degrez trente minutes.

Le calme nous prit le Vendredi, & le courant nous fit perdre quelques minutes. Il s'éleva ensuite un Sud-Ouest qui nous fit faire Est $\frac{1}{4}$ Nord-Est, & devint le soir plus fort. Le Major Arambolo commença sa neuvaine. Le Samedi nous eûmes le même vent & fîmes la même route. Une petite pluie qui tomba abbatit le vent. On trouva la hauteur de trente-six degrez trente minutes.

Le Dimanche nous fûmes pris d'un ennuieux calme ; mais à la fin il revint un Sud-Ouest qui nous fit faire l'Est $\frac{1}{4}$ Nord-Est. On trouva la hauteur de trente-six degrez trente-sept minutes, & la Boussole varioit d'une pointe vers l'Est. Quoique cette variation soit toûjours inégale, les Pilotes ne laissent pas de connoître combien ils sont éloignez de terre. La vûe d'un Pigeon réjouit tout le monde ce jour là, prenant cela comme un bon présage, & comptant que dans un mois on pourroit voir terre. On croyoit que ce Pigeon avoit été enlevé

par le vent hors de l'Isle, qu'on appelle
de Dom Maria Laxara, (à cause qu'une
Espagnole de ce nom là s'étoit jettée
en cet endroit dans la mer, en revenant
de Manille,) où il s'en trouve une si
grande quantité, qu'ils obscurcissent le
jour. Au reste ce ne sont pas des pigeons de terre, quoiqu'ils ayent le bec
& les plumes semblables ; mais de mer,
ayant les pattes comme des canards.
Cette Isle est à la hauteur du trente-
uniéme degré.

Le Lundi nous eûmes un violent Sud-
Ouest qui nous fit faire l'Est $\frac{1}{4}$ Nord Est
& le soir il devint Nord Nord-Ouest.
Le lendemain avant le jour, le vent se
mit au Nord, & fut si violent, que le
Galion fit beaucoup de chemin sur l'Est $\frac{1}{4}$
Nord-Est, mais il nous empêcha de fai-
re la cuisine. On trouva la hauteur de
trente-six degrez seize minutes.

Il n'y a point de doute, que dans les
tems passez une telle navigation n'ait été
très-dangereuse & très-terrible. En 1575
le navire le Saint Esprit se perdit à Catanduanes, par l'ignorance du Pilote
qui ne pût pas trouver l'Embocadero.
En 1596. les vents contraires emmene-
rent le Galion le Saint Philippe dans
le Japon, où il fut saisi, & toute la

charge deſtinée pour la nouvelle Eſpagne, par voie de represailles ; ce qui
donna occaſion à l'Empereur Taycoſa-
ma alors regnant, de perſecuter les
Chrétiens, juſqu'à ôter la vie au Pere
Pierre Recollet, qui y étoit allé de Manille avec le caractere d'Ambaſſadeur,
pour mieux exercer la fonction de Miſ-
ſionnaire. En 1602. il y eût encore deux
Galions de perdus, & puis d'autres
après. La difficulté & le danger ne ſont
pas moindres aujourd'hui, quoiqu'on
ait fait ce voyage pendant près de deux
ſiecles ; car il ſe perd beaucoup de Galions ; & d'autres ſe trouvant ſans mats,
où repouſſez par des vents contraires,
lorſqu'ils ſont à moitié chemin, ſont
obligez de retourner, après avoir perdu beaucoup de monde, & le reſte étant
en très-mauvais état ; comme il eſt arrivé au Galion le Santo Chriſto, il n'y
a pas long-temps.

Pendant toute la nuit, & le jour ſuivant le vent continua avec la même
force, & nous fimes la même route.
On voyoit beaucoup de pigeons autour
du vaiſſeau. Comme le froid étoit grand
le Général fit diſtribuer aux Matelots
quelque peu de vin de Nipa pour leur
rechaufer l'eſtomac. On trouva la hau-

teur de trente-cinq degrez quarante-
cinq minutes. Il fallut faire aller la pompe huit ou dix fois toutes les vingt-quatre heures, à cauſe que le navire faiſoit beaucoup d'eau : le vent vint du
Nord au Nord Nord-Eſt, ce qui obligea le Pilote de mettre à la cape, afin
de ne pas perdre d'élevation.

Le Jeudi nous fûmes encore à la cape, tantôt d'un côté, tantôt de l'autre,
pour ne pas fatiguer trop le vaiſſeau.
Nous ne trouvâmes de hauteur que trente-cinq degrez dix minutes ; le vent
étant devenu plus fort le ſoir, on amena les deux mats de hune. Une grande pluie vint le Vendredi, qui apaiſa
le vent & la mer, mais on fut à la cape la plus grande partie de la journée,
la pluie continuant avec éclairs & tonnerre. On regardoit cela comme des
ſignes que nous n'étions pas loin de terre
ferme, ou au moins de quelques Iſles ;
parce que quelques-uns croyoient que
le tonnerre & les éclairs ne pouvoient
être produits que par des exhalaiſons
ignées que la terre envoyoit, & non
par les vapeurs qui ſortent de l'eau :
comme ſi dans l'air, qui eſt au-deſſus
de l'eau, il ne pouvoit pas y avoir beaucoup de nitre, de ſoufre & choſes ſem-

blables, qui caufent les tonnerres &
les éclairs. Le foir on fit le Nord $\frac{1}{4}$ Nord-
Eſt avec un vent d'Eſt & d'Eſt-Sud Eſt.
Sur les trois heures de cette nuit ora-
geuſe, on vit au haut du mat le feu
Saint Elme, que tous les paſſagers fa-
luerent comme un preſage de beau
temps.

Le Samedi ont fit premierement le
Nord Nord-Eſt, & puis l'Eſt $\frac{1}{4}$ Nord-Eſt,
avec des vents d'Eſt & d'Eſt-Sud Eſt,
qui furent accompagnez d'une grande
pluie. Le Dimanche la pluie & les tonnerres continuerent; on rehiſſa les deux
mats de hune, & l'on fit d'abord l'Eſt $\frac{1}{4}$
Nord-Eſt, puis l'Eſt-Nord Eſt, & enfin
le Nord-Eſt avec les vents de Sud-Sud-
Eſt, de Sud-Eſt, & d'Eſt-Sud-Eſt. On
trouva la hauteur de trente-fix degrez
dix minutes : le vent devint meilleur
pendant la nuit, on fit l'Eſt-Nord-Eſt
afin de regagner la hauteur que nous
avions perdue malgré nous.

Le Lundi le Ciel s'étant éclairci, le
Soleil parut brillant, & réjouit les cœurs
des paſſagers, qui avoient été enfevelis
tant de jours fous des brouillards épais
& des pluies; un vent de Sud-Oueſt nous
fit mettre le cap à l'Eſt $\frac{1}{4}$ Nord-Eſt.

Ceux qui fe trouvent fur le Galion

qui va à la terre promise de la nouvelle
Espagne, comme parlent les Espagnols,
n'endurent pas moins de miseres que
les enfans d'Israël, lorsqu'ils passerent
de l'Egypte dans la Palestine. On y sent
une cruelle faim, une pareille soif, des
maladies, du froid, il faut veiller continuellement, outre les chocs perpetuels
que les vagues donnent au vaisseau, &
que le vaisseau fait sentir aux passagers.
Je pourrois dire qu'ils souffrent tous les
fleaux que Dieu envoya à Pharaon, pour
amolir son cœur endurci ; parce que s'il
a été attaqué de la lepre, le Galion
n'est jamais sans une rogne universelle,
qui est encore une addition aux autres
miseres. Si l'air fut alors rempli de moucherons, le vaisseau est rempli de certains petits animaux, qui s'engendrent
dans le biscuit, & qui sont si vifs, que
non-seulement en très peu de temps ils
courent dans les cabines, les lits & les
plats où l'on mange, mais s'attachent in-
sensiblement à la chair. Au lieu de sau-
terelles, il y a diverses sortes de ver-
mines de toutes couleurs, qui sucent
le sang. Les mouches tombent en abondance dans la soupe que l'on mange,
& où n'agent déja quantité de petits
vers de diverses especes. Enfin, si Moïse

a miraculeufement converti fa verge en
ferpent, dans le Galion, fans aucun mi-
racle un morceau de pain fe change en
bois & en figure de ferpent.

J'éprouvai une bonne partie de cette
mifere, parce que le Gardien avec qui
je m'étois accommodé, me donna des
poules au commencement, mais lorfque nous fumes en pleine mer, il me
fit jeûner à l'Armenienne, ayant banni
de la table, le vin, l'huile & le vinaigre ; & accommodant le poiffon avec
de l'eau & du fel. Les jours de viande
il me donnoit des tranches de vaches
ou de bufle fechées au Soleil, ou au
vent, & qui font fi dures, qu'on ne
peut abfolument les mâcher fans les bat-
tre long-temps avec un morceau de
bois, dont elles ne font pas fort differentes, ni les digerer fans une forte pur-
gation. On aprêtoit à midi un de ces
morceaux de viande que l'on faifoit
bouillir dans de l'eau claire. Il m'ôta
auffi dans la fuite la confolation de rompre un bon bifcuit, parce qu'il ne voulut
plus confumer du fien, mais il mettoit
à table de celui du Roi, & à chaque
morceau on avalloit un nombre de ces
petits animaux qui s'y engendrent.

Les jours maigres, l'ordinaire étoit

un poiſſon rance, cuit avec de l'eau &
du ſel : à midi on donnoit une ſoupe
faite d'une eſpece de petites feves, qui
étoient ſi pleines de petits vers, qu'on
les voyoit nageants ſur le bouillon, de
ſorte qu'outre le dégoût qu'ils me cau-
ſoient, ils me faiſoient douter ſi le dîner
étoit en gras ou en maigre.

A la fin du dîner on donnoit un peu
d'eau & de ſucre, mais en ſi petite quantité, qu'elle irritoit plutôt la ſoif qu'elle
ne l'étanchoit. La Providence nous ai-
da pendant un mois avec les Requins
& les Cachorretas que les Matelots prenoient, & que l'on mangeoit bouillis &
rôtis.

On doit plaindre celui qui en tient
un autre à ſa table, parce que la longueur du voyage cauſe toutes ces incommoditez. Certainement ceux qui
prennent ce ſoin dépenſent des milliers
de pieces de huit à faire les proviſions
neceſſaires de viandes, de poules, de
biſcuit, de ris, de confitures, de chocolat & autres choſes ; & en ſi grande
quantité que depuis le premier jour du
voyage juſqu'au dernier, on a toûjours
à table des confitures, & du chocolat
deux fois par jour, dont les Matelots
font autant de conſommation que les

perſonnes riches. Le long-temps que
l'on eſt ſur la mer, fait que les vivres
ſe gâtent, excepté les confitures & le
chocolat, qui ſont d'un grand ſecours
pour les paſſagers.

Une quantité de Matelots tomba malade, par les pluies continuelles, le froid,
& autres rigueurs du temps, où ils
étoient expoſez ; cependant ils ne goû-
toient point du bon biſcuit, du ris, des
poules, du pain d'Eſpagne, & des confitures qui étoient à la garde du Maître de la part du Roi, pour les diſtribuer aux malades ; mais le Maître les
conſommoit lui-même à ſa table.

Malgré cependant toutes les terribles
peines que l'on ſouffre dans ce prodi-
gieux voyage, l'avidité du gain en en-
gage pluſieurs à le faire deux fois, quatre fois, dix fois même. Les Matelots
quoiqu'ils jurent à tous momens ſur la
route de n'y jamais revenir, à peine
ſont-ils arrivez à Acapulco, pour
prendre les 275. pieces de huit que le
Roi leur donne pour leur retour, qu'ils
ne ſe ſouviennent plus des peines qu'ils
ont ſouffert. Toute la payè eſt de trois
cens cinquante pieces, mais ils n'en
reçoivent que ſoixante-quinze à Cavite, quand ils vont en Amerique ; car

s'ils en avoient la moitié, très-peu re-
tourneroient aux Philippines pour avoir
le reste. Ce voyage là apporte cent cinquante & deux cens pour cent de profit aux Marchands, neuf pour cent aux
Facteurs, ce qui ne fait pas une petite
somme, dans une affaire de deux à trois
cens mille pieces de huit. Cela est effectivement fort agréable de retourner
chez soi, avec dix-sept & dix-huit mille
écus de profit en moins d'un an, sans
compter ce qu'on fait pour soi-même.

Le Capitaine Dom Manuel Arguelles me dit, que sans avoir aucun emploi, il gagnoit dans ce voyage vingt-
cinq à trente mille pieces de huit, seulement pour les commissions. On comptoit au Pilote vingt mille, aux sous-
Pilotes neuf mille chacun ; au Général
quarante mille, au contre-Maître, Maître & Gardien, qui peuvent serrer plus
de balots de marchandises, il ne faut
qu'un voyage pour les rendre riches.
Celui qui prend de l'argent à cinquante pour cent, peut en gagner encore
autant, sans que la marchandise qui se
perd soit sur son compte. Or tous ces
gains si grands en engagent plusieurs à
faire un voyage si penible & s'exposer
à tant de miseres & de dangers. Pour

moi, toutes ces efperances , & encore
de plus grandes , ne m'exciteront jamais à recommencer une telle navigation, qui eft fuffifante pour faire perdre la vie, ou tout au moins pour la
rendre inutile à jamais. J'ai fait cette
digreffion pour faire voir au Lecteur
quelles épines les hommes doivent fen-
tir pour poffeder les rofes des richeffes,
qu'ils fouhaitent tant.

Les Efpagnols & les Geographes ont
donné à cette mer le nom de Pacifique,
mais cela ne s'accorde pas bien avec
fes terribles & orageux mouvemens,
pour lefquels on devroit plutôt l'appeller Turbulente. La verité eft que les
Efpagnols lui ont donné ce beau nom
dans le voyage d'Acapulco aux Philipines, qui fe fait fans peine en trois
mois , fans aucun mouvement violent
de la mer, & toûjours avec vent arriere, comme on l'a dit ci-deffus.

Le Mardi un bon vent de Sud-Oueft
nous fit faire l'Eft $\frac{1}{4}$ Nord-Eft; il devint Oueft enfuite, & trouvant la hauteur de trente-fix degrez quarante minutes, nous fimes l'Eft-Nord-Eft pour
gagner une plus grande latitude. Les
vagues furent fi violentes pendant la
nuit, qu'il fallut mettre dix hommes au
ou vernail.

Le Mercredi nous eûmes à la pointe du jour un Nord-Ouest, qui nous fit faire l'Est $\frac{1}{4}$ Nord-Est ; nous vîmes en mer un morceau de bois d'environ huit palmes de long, travaillé, qui nous parut être une marque que nous étions proche de terre, mais ce pouvoit être également celle d'un naufrage.

Le Jeudi premier de Novembre, le Ciel parut fort serein, & la mer fut fort calme, mais la nuit il vint un vent de Nord-Ouest qui se changea en Ouest, & nous fit courir l'Est-Nord-Est ; la hauteur se trouva trente-sept degrez treize minutes ; le Nord-Ouest revint le soir, & dura tout le Vendredi, ce qui fit que nous continuâmes la même route. On prit hauteur, & l'on ne trouva que trente-sept degrez dix minutes, ce qui nous obligea de mettre le cap au Nord-Est $\frac{1}{4}$ Est, puisque les courans nous faisoient perdre de nôtre latitude.

Le Samedi le vent étant au Nord-Nord-Ouest, nous fimes l'Est-Nord-Est. On vit un autre morceau de bois, mais qui n'étoit pas travaillé, ce qui augmenta les esperances que nous avions d'être proche de terre ; quoique les Pilotes, trompez par les courans qui vont vers l'Est, se comptassent plus de cent lieues

arriere. Le soir un vent de Nord-Ouest
nous fit faire le Nord-Est ¼ Est, mais
étant devenu la nuit Nord-Nord-Est,
nous mîmes le cap à l'Est.

Le vent étant revenu plus favorable le Dimanche, nous courûmes l'Est-
Nord-Est, & la latitude fut de trente-
sept degrez quatorze minutes ; le lendemain avec un Nord-Ouest nous fîmes
le Nord-Est ¼ Est, & ayant trouvé la
hauteur de trente-neuf degrez vingt
minutes nous fîmes l'Est ; mais le vent
devenant foible, nôtre route fut à l'Est-
Sud-Est. Le Mardi avec un Nord-Nord-
Est & un Nord-Est, on fit l'Est & l'Est-
Sud-Est : en prenant hauteur on s'ap-
perçût qu'on en avoit perdu beaucoup,
puisqu'on ne la trouva que de trente-
six degrez quarante minutes, ce qui ne
pouvoit pas être autrement avec un tel
vent. Pendant la nuit on courut Est,
avec un Nord-Nord-Est : le lendemain
le vent s'étant remis au Nord-Est il fallut faire l'Est-Sud-Est, on trouva la hauteur de trente-six degrez dix minutes.
Le soir on mit le cap au Nord-Nord-
Ouest, pour ne pas tomber si fort au
Sud.

Le Jeudi on fit la même route, jusqu'à la latitude trente-six degrez treize

minutes. Il y eut éclipse de Lune, mais on ne pût pas la voir, à cause des nuages. Le Vendredi matin nous fimes le Nord-Ouest $\frac{1}{4}$ Ouest avec un Nord-Nord-Est, on trouva la hauteur de trente-six degrez dix-sept minutes; le même vent contraire continua le Samedi, & nous nous élevâmes jusqu'au trente-sixiéme degrez quarante minutes.

Le vent se mit à l'Est le Dimanche, on fit le Nord-Nord-Est, & on arriva au trente-septiéme degrez vingt-cinq minutes; le Lundi un vent d'Est-Sud-Est s'éleva, ce qui nous fit mettre le cap au Nord-Est, & ensuite à l'Est Nord-Est, la hauteur fut de trente-huit degrez; le Mardi on fit l'Est $\frac{1}{4}$ Nord-Est avec un vent de Sud. Le froid se faisoit sentir, & le peu de vivres qui restoit se corrompoit. On les épargnoit beaucoup, & l'on donnoit aux meilleures tables, dès le grand matin une tasse de chocolat, quelque petite chose deux heures avant dîner, & le dîner après midi. Le soir on donnoit une autre tasse de chocolat, & sur le tard quelques confitures, sans aucun souper. Le vent fit tout le tour de la boussole.

Le Mercredi on eut un Sud-Ouest

qui fit bien avancer le vaiſſeau, & qui devint Oueſt ſur le ſoir. On vit un tronc d'arbre avec ſes branches, que les cou-rans emportoient de terre ferme. On fit beaucoup de chemin le lendemain avec le même vent, ſur l'Eſt Nord-Eſt, mais il devint Nord-Oueſt. On fit l'obſervation du Soleil, & l'on trouva trente-neuf degrez, de ſorte que pour gagner une plus grande hauteur, on fit après midi le Nord Eſt $\frac{1}{4}$ Eſt, de peur qu'un vent de Nord-Eſt ne nous rejet-tât au Sud. On vit beaucoup de tons au tour du galion, l'on dit qu'ils ne s'é-loignent pas de terre. Après minuit le vent revint au Sud & au Sud-Eſt, qui dura tout le Vendredi, & ſe changea ſur le ſoir en Oueſt-Sud-Oueſt, qui nous fit toûjours faire l'Eſt-Nord Eſt. Pen-dant la nuit le vent ſe remit au Sud.

Le Samedi un fort Sud-Oueſt. Les Indiens nez à Manille, où l'on ſue toû-jours à cauſe de la grande chaleur, ne pouvoient pas ſupporter le froid de ce climat. L'on continua toûjours l'Eſt-Nord-Eſt avec la mizene, parce qu'une tempête nous empêcha de porter plus de voile ; elle continua le Dimanche, & fut ſi violente, que l'on ne pût pas dire la Meſſe ; le vent s'étant un peu appai-

té, & revenant au Nord-Ouest, nous
fîmes toûjours la même route, & trouvâmes par l'observation trente-neuf
degrez vingt minutes ; le soir un vent
de Sud-Ouest revint & dura une partie du Lundi , d'où il passa à l'Ouest,
& devint si violent, que nous ne pûmes nous servir que de la mizene. La
hauteur se trouva de trente-neuf degrez trente-huit minutes ; ce qui fit
que les Pilotes ne se souciant plus
d'une plus grande hauteur, mirent le
cap à l'Est $\frac{1}{4}$ Nord-Est, & d'autant plus
que le soir il s'éleva un vent de Nord-
Ouest , nous vîmes une cinquantaine
de canards passer par devant nous, ce
qui nous fit croire que nous étions proche de terre. Le Mardi on fit l'Est qui
étoit nôtre droit chemin. Ce jour-la le
vent de Nord fut le plus froid que nous
eussions senti, & il grêla pendant une
demie heure ; chose que je n'avois pas
vûe depuis que j'étois parti d'Europe.
Les Noirs du Galion se mirent jusques
dans les cages aux poules ; & l'on ne
pût faire travailler ceux qui s'étoient
cachez sous les ponts , quelque coups
qu'on leur donnât ; ce qui fit qu'ils em-
pesterent le lieu où ils avoient couché,
& que le lendemain on n'entendit que

des plaintes de tous les Matelots. On
trouva la hauteur de trente-neuf degrez vingt minutes, de sorte que l'on
avoit perdu dix-huit minutes. Le premier Pilote enfuite & les deux fous Pilotes déclarerent de combien ils s'é-
toient trompez. Le premier avoit crû
être a quatre vingt-dix lieues de terre,
& les deux autres, l'un à foixante-dix
& l'autre à foixante au-deffous du Cap
Mendocin. Le vent de Nord continua
avec un grand froid & de la grêle, nous
fimes l'Eft.

Le Mercredi, étant le dernier jour,
auquel j'avois gagé que nous verrions
terre, & ne la voyant pas, je perdis
une paire de boutons d'or avec des Eme-
raudes. La hauteur fut de trente-huit
degrez quarante-cinq minutes : le vent
fe tourna à l'Oueft avec quelque commencement de tempête, qui alloit toûjours en augmentant, jufques fur les
quatre heures que l'on vit le feu Saint
Elme, que tout le monde falua, comme étant un bon augure. Le vaiffeau
roula fort toute la nuit ; le vent étant
au Nord-Oueft , nous fimes l'Eft $\frac{1}{4}$
Nord-Eft. On fit la même route le Jeudi avec un vent de Nord, & on fe trouva à la hauteur de 38. degrez 3. minutes.

Comme l'on vit que nous tombions
trop vers le Sud, à cauſe que le courant portoit au Sud Eſt ; on mit à la cape ; il vint un grand tourbillon de grêle, & le vent devint ſi furieux la nuit,
que la mer violemment agitée, nous
fit terriblement rouler.

Le Vendredi le vent fut Nor-Nord-
Oueſt, avec des grêles & des pluies.
Le Galion reſta à la cape, & fut fort
ſecoué ; on prit hauteur, & l'on trouva que le vent & le courant nous avoient
fait perdre trente-ſept minutes du jour
précedent, ce qui obligea le Pilote à
faire marcher le vaiſſeau, en mettant
le cap au Nord-Eſt ¼ Eſt, parce que le
vent étoit Nord-Nord-Eſt.

Le Samedi matin on fit le Nord-Eſt
avec un Nord-Oueſt, & le ſoir l'Eſt-
Nord-Eſt, avec un Oueſt-Sud-Oueſt.
On vit ce jour là encore un autre morceau de bois en mer. La nuit on eût
une grande tempête, avec un vent
d'Oueſt, & l'on vit le feu Saint Elme
pour la troiſiéme fois. On fit la même
route le Dimanche, mais on commença à deſeſperer de voir les ſignes, ou
les herbes ; parce que nous avions déja fait le chemin que les Pilotes avoient
calculé touchant nôtre éloignement de

la terre. Il s'éleva un vent furieux, avec
de la grêle, qui batit fort le Galion,
mais le fit auffi bien avancer. Après
midi, le vent augmentaut, on mit le
cap au Nord-Eft $\frac{1}{4}$ Eft pour tâcher de
de découvrir la terre, ou les fignes :
pendant la nuit on fit l'Eft-Nord-Eft,
& l'Eft-Sud-Eft, les Pilotes changeant
la route comme le vent changeoit. La
tempête dura pendant toute la nuit, &
la mer étoit fi irritée, que douze hommes pouvoient tenir à peine le gouvernail. Le feu Saint Elme parut pour la
quatriéme fois, mais la tempête continua toûjours avec un vent d'Oueft.

Le Lundi nous courûmes vers l'Eft,
& l'Eft-Nord-Eft fur une mer furieu-
fe, & nous avançâmes beaucoup. La
hauteur fe trouva de trente-fept degrez
quinze minutes. Le Mardi la furie de
la tempête commença à s'abatre, après
nous avoir fatigué pendant trois jours,
quoiqu'avec vent en poupe. Nous fîmes l'Eft avec un Sud-Oueft ; la latitude fut de trente-fept degrez quarante-
cinq minutes. On effuyà la nuit fuivan-
te une fi grande tempête, que les Pilotes furent obligez de mettre à la cape, quoique le vent fût favorable.

Le Mercredi avec un vent de Sud-
Oueft

Ouest très-fort, nous fimes l'Eſt $\frac{1}{4}$ Sud-Eſt, & nous nous trouvâmes à la hauteur de trente-ſept degrez vingt minutes. Nous fumes toute la nuit à la cape, crainte de donner à terre. Le Jeudi nous fimes route avec le même vent, pas ſi violent, mais accompagné de beaucoup de pluie. Le vent paſſa au Nord-Oueſt, & puis revint au Sud-Oueſt, ce qui nous fit toûjours faire l'Eſt. On fit la même choſe le Vendredi, & on ſe trouva à la hauteur de trente-ſept degrez ſeize minutes, mais la nuit avec un Sud-Oueſt on fit l'Eſt $\frac{1}{4}$ Nord-Eſt, & l'on eut beaucoup de pluie.

Le Samedi premier de Decembre, nous tinmes le même cours, le vent étant premierement Sud, & enſuite Sud-Oueſt. Un de nos Matelots mourut ce jour là, on le jetta auſſi-tôt en mer, ce fut le premier que nous perdîmes, malgré tout ce que nous ſouffrions. Il n'y avoit point d'autre maladie parmi nous, qu'une gale de chien, cauſée par les viandes ſalées.

On tint encore le Dimanche le même cours, le vent s'étant trouvé le même. Le Lundi on ſe trouva au trente-huitiéme degré, & l'on mit cap à l'Eſt, puis à l'Eſt $\frac{1}{4}$ Sud-Eſt, avec un vent

d'Oueſt. On vit ce jour là d'autres ſignes de terre qui étoit encore bien éloignée de nous, quoique nous allaſſions
bien vite. Tous ceux du Galion, eurent
une grande joie, lorſqu'ils virent une
herbe fort longue, avec une grande racine en forme d'oignon, que l'on diſoit
avoir été arrachée à l'embouchure de
quelque riviere par la violence de la
mer. Alors les Matelots, ſelon la coûtume, ayant acquis droit de Juriſdiction, prirent auſſi-tôt la cloche, la por-
terent à la proue, & les Juges qu'ils
avoient élû, qu'on appelle en badinant
de la Cour des Signes, publierent des
ordres, pour juger les Officiers du vaiſſeau. On chanta le *Te Deum*, on ſe
congratuloit les uns les autres, au ſon
des tambours & des trompettes, comme ſi on fût entré dans le port, quoiqu'il y eût encore ſept cens lieues de
chemin. On doit attribuer cette rejouiſ-
ſance de ſi peu de ſaiſon au long & hor-
rible voyage de plus de trois mille lieues
qui leur fait croire qu'ils ſont dans le
Port, lorſqu'ils n'en ont plus que ſept
cens à faire. Le Matelot qui vit le premier l'herbe, eût une chaîne d'or du
Général, & bien cinquante pieces de
huit des particuliers. On attribua en-

fierement le bonheur du voyage au glorieux Saint François Xavier , parce que cela arriva le jour de fa Fête ; on connut auffi que les Pilotes s'étoient trompez de plus de deux cens lieues. Nous fumes pris du calme pendant la nuit, & le Mardi nous eûmes un petit vent frais du Sud , avec lequel nous fimes l'Eſt. On chanta la Meffe pour remercier Dieu. Ce jour là on vit un poiſſon que les Eſpagnols appellent Lobillo ou l'Ouveteau, qui a la tête & les oreilles, comme un chien, & la queue, telle qu'on la peint au Sirenes; & avec lui une autre herbe de la figure d'une canne de ſucre, avec ſa racine. Ces deux choſes nous faiſant voir que nous étions proche de terre , nous changeâmes nôtre cours de l'Eſt au Sud-Eſt $\frac{1}{4}$ Eſt ; & ainſi nous nous éloignâmes de terre, pour le trouver plus au Sud , comme cela ſe fait ordinairement, quand on rencontre les Signes. Le Sud-Oueſt devint plus fort pendant la nuit. La grande pluies qui tomba fit que les Juges , Matelots differerent de tenir leur cour juſqu'à Mercredi, mais le mauvais temps les en empêcha auffi. Le vent étantau Sud-Sud-Oueſt , on fit l'Eſt-Sud-Eſt, & on vit beaucoup de

Lobillos, & de ces herbes dont nous avons parlé, qui ont plusieurs palmes de longueur , & paroissent nouvellement arrachées. Le vent étant devenu contraire pendant la nuit, on mit à la cape.

Le Jeudi on fit le Sud-Est $\frac{1}{4}$ Est avec un vent de Sud-Sud-Ouest, qui se changea en Ouest-Sud-Ouest, & la pluie, l'obscurité, & la violente agitation de la mer continuerent. Le vent contraire fut cause que l'on mit la nuit à la cape.

Le Vendredi un autre malade mourut, & on le jetta aussi en mer. Vers le midi avec un Sud-Sud-Ouest on fit le Sud-Est , & le Sud-Est $\frac{1}{4}$ Est. On éleva un dais pour la Cour maritime des Signes, & le President avec deux Juges habillez ridiculement, s'assirent dessous. Ils commencerent par le Général, le premier Pilote, les sous-Pilotes, le Maître , le contre-Maître, & les autres Officiers du Galion ; ils procederent ensuite au jugement des passagers. L'écrivain lisoit premierement l'accusation d'un chacun, & là-dessus les Juges prononçoient Sentence de mort ; mais cette peine se changeoit sur le champ en peine pecuniaire, ou en chocolat, sui-

ere, bifcuit, viande, confitures, vin,
& autre chofe. Ce qu'il y avoit de beau,
c'eft que celui qui ne payoit pas promptement, ou ne donnoit pas bonne cau-
tion, étoit irremiffiblement traité à
coups de corde, au moindre figne que
faifoit le Prefident Matelot. On me dit,
que dans un Galion, ils firent une fois
mourir un paffager, en le faifant paffer par deffous la quille ; car il n'y a
parole, ni autorité qui puiffe retenir
ou perfuader tout l'équipage d'un vaiffeau. Je ne leur échapai pas, & fus
accufé de manger trop de Cachorettas.
La fête dura jufqu'à la nuit, & toutes
les amendes furent partagées entre les
Matelots, felon la coûtume. On trouva la hauteur de trente-fept degrez cinquante minutes.

Le Samedi on fit le Sud-Eft avec un
vent d'Oueft ; mais devenant plus foible, on fit l'Eft-Sud-Eft. Nous mîmes
la nuit à la cape à caufe du vent contraire. Le Dimanche le vent fouflant
très-violemment du Sud-Oueft, nous
fimes le Sud-Eft, & nous nous trouvâmes au trente-feptiéme degré trente-
huit minutes. Pendant la nuit on fit
Sud-Sud-Eft, crainte de la terre, à caufe qu'on avoit vû des ferpens que le

P iij

courant des rivieres entraîne.

On mit le lendemain le cap au Sud-
Eſt , avec un vent d'Oueſt , & l'on trouva la hauteur de trente-ſept degrez dix
minutes , parce que le Galion ayant de
très-mauvaiſes voiles , alloit fort len-
tement. On fut toute la nuit à la cape,
& le Mardi auſſi , à cauſe du vent contraire. On remit alors la voile qu'on
avoit ôtée depuis l'Embocadero. Le
Mercredi on fit l'Eſt-Sud-Eſt , & l'Eſt $\frac{1}{4}$
Sud-Eſt pour découvrir terre. On re-
tira les ancres qui étoient depuis pluſieurs mois dans le fonds de cale. On
trouva la hauteur de trente-ſept degrez,
& l'on prit ce jour là une de ces herbes qui avoit vingt-cinq palmes de longueur, étoit groſſe comme le bras vers
la racine, & comme le petit doigt vers
le haut. Elle étoit creuſe en dedans,
comme les oignons en graine, & la racine leur reſſembloit vers l'extremité.
Du côté le plus gros il y avoit de longues feuilles, en façon d'algue, larges
de deux doigts, longues de ſix palmes,
toutes d'égale longueur & de couleur
jaunatre. Il y en avoit qui ne ſçavoient
qu'elle étoit la racine, de la partie groſſe ou de la menue, faute de conſiderer
la nature des herbes qui croiſſent dans

l'eau ; & ils ne pouvoient comprendre
que la grosse, étant le haut de la plante, pût se dresser ; quoiqu'ils vissent sur
la partie menue, quantité de coquilla-
ges, parce qu'elle croit sur des rochers
couverts d'eau. Certainement c'est une
des plus extraordinaire que j'aie vû dans
les pays où j'ai été. J'en goûtai & je n'y
trouvai aucun mauvais goût ; les Ma-
rinieres mêmes la mettent confire dans
le vinaigre, pour la manger ensuite. La
nuit au lieu d'avancer, nous retournâmes en arriere, crainte de la terre.

Le Jeudi on fit le Sud Est $\frac{1}{4}$ Est avec
un Sud-Ouest, & on tint les ancres
toutes prêtes pour s'en servir en cas de
besoin. Après midi le vent devint Nord-
Nord-Ouest, & ainsi nous fimes le Sud-
Est pendant la nuit même.

Le Vendredi matin, en faisant la même route, avec un vent de Nord, on
découvrit à la hauteur de trente-six degrez l'Isle de Sainte Catherine, éloignée
de douze lieues de la terre ferme, &
un peu par de là la Baïe de Toque. Il
y a cinq petites Isles, dont Sainte Catherine est la plus grande, & elle est
habitée par des Indiens Sauvages. On
peut bien juger qu'elle fût nôtre joie
en la voyant, puisque depuis tant de

mois, nous n'avions vû que le Ciel &
l'eau. On trouva la hauteur de trente-
six degrez quatre minutes. Vers le soir
on connut que cette Isle étoit d'une figure un peu longue, ayant fait voile
le long d'un de ses côtez.

On vit encore terre le lendemain,
en faisant le Sud-Est $\frac{1}{4}$ Sud, sur une mer
calme, telle que l'on la trouve toûjours
le long de la côte. Le vent devint plus
fort, ayant passé au Nord-Ouest, lorsque nous étions à l'élevation de trente-cinq degrez onze minutes. Le même jour on tira du fonds de cale, le
peu de canons que le vaisseau portoit,
pour les remettre sur leurs affuts ; &
on tint le bois tout prêt, pour faire une
nouvelle chaloupe le même vent continua bien fort pendant toute la nuit,
& l'on fit le Sud-Est $\frac{1}{4}$ Sud aussi-bien
que tout le Dimanche. Chacun com-
mença à prendre courage, esperant
de sortir bien-tôt de tant de peines, & sur tout d'être délivré de provisions puantes, qui causoient plusieurs
sortes de maladies. On trouva la hauteur de trente-trois degrez quarante-
neuf minutes. Le Lundi on tint le même cours avec un vent d'Ouest, & la
hauteur fut de trente-deux degrez vingt-

fept minutes. Un des fous-Pilotes mourut vers le foir ; on eut beaucoup de
peine à le réfoudre à mourir, à caufe
qu'il efperoit tout de la force de fon
temperament.

Le Mardi après que l'on eût celebré
toutes les Meffes pour le défunt & fait
les Obfeques , on le jetta à la Mer ,
avec un vaiffeau de terre attaché aux
pieds. On fit le Sud-Eft avec un Nord-
Oueft , & après avoir trouvé la hauteur
de trente-un degrez dix minutes , on
fit l'Eft-Sud-Eft. Un autre Matelot mourut ce jour là.

Le Mercredi nous fimes la même
route avec le même vent ; on mit la
chaloupe en état, vû que le calme de
la mer le permettoit. Cette nuit là mourut le Capitaine du vaiffeau , que les
Efpagnols appellent Capitaine de mer
& de guerre, fa maladie étoit le Berben. Quoiqu'on n'embarque point de
Soldats dans le Galion, mais feulement
quelques Canonniers ; le Gouverneur
de Manille y met toûjours un Major,
un Capitaine, & un Enfeigne du Roi,
qui ont tous les honneurs de ces titres,
fans aucun commandement. Mais dans
le retour que le vaiffeau fait à Manille , il y a deux cent cinquante ou trois
P y

cens Soldats, sous quinze ou seize Capitaines, qui, par ambition achetent
l'honneur d'un tel poste, & qui sont
reformez aussi-tôt qu'ils sont à Manille, comme il arrive aux Napolitains,
lorsqu'ils vont en Flandres, ou dans le
Milanois. Il y a deux maladies dange-
reuses dans ce voyage, sur tout quand
on approche de l'Amerique : l'une est
le Berben, qui fait enfler le corps &
mourir en parlant ; & l'autre est le Scor-
but, qui gâte les gencives, & fait tomber les dents. Le meilleur remede est
de mettre pied à terre.

Le Jeudi avec le même vent, nous
fîmes le Sud-Est $\frac{1}{4}$ Est, & nous nous
trouvâmes au matin vis-à-vis l'Isle de
Cenisas, qui n'est qu'à dix lieux du con-
tinent, & nous la côtoyâmes de fort
près. Elle a onze lieues de longueur,
quatre en certains endroits, & six en
d'autres de largeur, mais elle n'a aucun
arbre ni Habitant : nous laissâmes à
droit vers l'Ouest l'Isle de Guadaloupe,
que les Galions reconnoissent ordinairement, parce qu'elle est éloignée de
terre ferme. Les Religieux & le Chapelain ayant celebré cinq Messes, pour
le repos de l'ame du Capitaine défunt,
on le jetta dans l'eau. La hauteur se

trouvant de vingt-neuf degrez neuf minutes, on fit le Sud-Est $\frac{1}{4}$ Sud. On découvrit devant le vaiſſeau l'Iſle de Cer-
ros, éloignée de dix-ſept lieues du con-
tinent. Elle a trente lieues de tour, &
ſes deux caps ou extrêmitez fort éle-
vées, lui font avoir la figure d'une ſelle
à cheval. La nuit étant venue, on changea de route, pour ne pas donner ſur
l'Iſle, cependant dans l'obſcurité nous
apperçûmes que nous en étions fort
proches, ce qui nous donna quelque
allarmes. Nous retournâmes en arriere,
en faiſant l'Oueſt $\frac{1}{4}$ Nord-Oueſt.

Le Vendredi nous nous trouvâmes
devant la même, & le vent étant Nord
nous fimes le Sud-Eſt. La hauteur ſe
trouva de vingt huit degrez. On continua la nuit avec le même vent, & le
Samedi matin on fit le Sud-Eſt avec
Nord-Nord Oueſt. On trouva l'élevation du Soleil de vingt ſix degrez trente-cinq minutes. Le Dimanche on tint
le même chemin avec le même vent,
la hauteur fut trouvée de vingt-huit degrez dix-neuf minutes, & puis après on
fit le Sud-Eſt $\frac{1}{4}$ Sud.

Le Lundi à la faveur du Nord-Oueſt,
qui regne ordinairement ſur cette côte,
pendant cette ſaiſon, le vaiſſeau fit le

Sud-Est pour chercher la terre , qui s'étend Sud-Est & Nord-Ouest, depuis Acapulco , jusqu'au Cap Mendocin. Le même jour on publia au son du tambour, qu'on eût à reveler toutes les marchandises qui étoient hors du fonds du vaisseau , pour payer les droits du Galion. Le Mardi jour de Noel , on celebra quatre Messe après minuit ; en faisant toûjours l'Est-Sud-Est pour découvrir plutôt la terre. La latitude se trouva de vingt-trois degrez cinquante-six minunutes. Quand on eût mis les dix canons dans leur lieu, on donna des mousquets à tout l'équipage , pour se défendre des ennemis que l'on trouve souvent sur la côte de Californie. On vit terre au coucher du Soleil , mais elle étoit fort éloignée , c'est ce qui nous obligea à faire la même route pendant la nuit , avec le même vent de Nord-Ouest.

On fit la même chose le Mercredi en côtoyant une terre haute, vis-à-vis le Cap de Saint Lucar , à la faveur d'un courant qui nous portoit vers Acapulco. Nous passâmes de la Zoze temperée , dans la torride , puisque l'on trouva la hauteur de vingt-trois degrez vingt-trois minutes , & par consequent on commença à sentir la chaleur. Le

vent changea si fort pendant la nuit,
qu'il nous obligea de faire le Nord-Est,
& puis il cessa tout-à-fait.

Le Jeudi on fit le Sud-Sud-Est, parce qu'on avoit découvert à l'Est une
terre haute, qui est à vingt lieues en
deçà du Cap de Saint Lucar. On trouva la hauteur de vingt-trois degrez dix
minutes. Le Vendredi au point du jour
nous nous trouvâmes vis-à-vis ce Cap,
qu'on peut appeller chauve, parce que
l'on ne trouve aucun vestige d'arbres,
ni sur ses montagnes, ni sur ses roches.
Il est situé au vingt-deuxiéme degré
trente-cinq minutes, & a une petite
Isle à sa pointe.

Le Galion le Saint Augustin qui se
perdit dans le Port de los Reyes, fut
en 1595. le premier à la découverte de
cette terre. En 1602. le Comte de Monterey qui gouvernoit alors la nouvelle
Espagne, y envoya par ordre du Roy
Sebastien le Basque avec deux gros
vaisseaux & une patache. Sebastien partit d'Acapulco, & après avoir reconnu
toute la côte jusqu'au Cap Mendocin,
& les Isles voisines, il en fit une carte
marine. J'ai vû cette carte, avec les
relations, qu'avoit un des aides-Pilo-
tes, & j'y ai lû, qu'il avoit traité en

plusieurs endroits avec des Indiens Sauvages ; qu'il les avoit trouvez humains, traitables, & même qu'il y en avoit quelques-uns qui paroissoient vouloir faire amitié avec les Espagnols, ce qui fit qu'ils inviterent l'équipage de l'Escadre de descendre dans leurs cabannes, proche du Port de Monterey, qui est au trente-septiéme degré ; qu'il avoit trouvé la même inclination chez les Habitans des Isles de la côte ; mais que les Espagnols doivent bien se garder des Indiens de la Baye de Saint Quentin, à la hauteur de trente-deux degrez, & de ceux qui habitent la côte à celle de vingt-sept degrez, parce qu'ils sont guerriers, & n'ont point de foi.

Celui qui a écrit ces relations dit, que le Port de Monterey a de l'eau assez ; que l'on trouve à l'entour du bois pour bâtir des vaisseaux & pour autres usages ; qu'il y a dequoi chasser dans les montagnes voisines, comme des ours, des cerfs, & autres animaux, qu'à six lieues du port vers le Nord-Ouest, il y a une riviere rapide, qui a pour le moins six brasses de profondeur, & une autre semblable au quarante-uniéme degré, dans laquelle on ne peut pas entrer à cause de la violen-

ee du courant, quand même on se ser-
viroit de toutes les voiles. Il dit encore
que le Port de los Reyes, où se perdit le
S Auguſtin, eſt bon, auſſi-bien que celui de Dom Gaſpar, au trente-huitiéme
degré, & parle encore de pluſieurs autres, rendant compte de leur profondeur,
du bois que l'on y trouve, & de pluſieurs autres choſes, qui ne conviennent
point à nôtre journal, mais ſeulement
aux Pilotes qui frequentent ces endroits.
Je remarquai ſeulement qu'on trouve
dans ces Ports une ſi grande quantité
d'excellens poiſſons, outre les baleines
qui ſont en pleine Mer, qu'avec un
ſeul ameçon en un jour on en peut preſque charger un vaiſſeau. Les Habitans
de ces endroits ſe ſervent de canots ou
de barques ſemblables à celles des Iſles
Marianes, pour la pêche des perles &
du poiſſon. Ceux qui demeurent dans
le Canal de Californie, ſe ſervent de
petits radeaux, & ils s'en ſervent har-
diment, comme étant bon nâgeurs, &
ne s'embaraſſent pas d'avoir la moitié
du corps dans l'eau, parce qu'allant
tout nuds, excepté les parties qu'ils
couvrent d'une certaine écorce d'arbres,
ils n'ont pas peur de mouiller leurs habits. Quand ils ſont a terre, ils dorment

dans l'endroit où ils se trouvent ; en
Hyver ils échaufent la place avec du
feu, & après avoir tiré la braise, ils
se couchent sur la cendre chaude. Ils
ont differens langages, & il y a parmi
eux des inimitez mortelles, par rapport à leur gouvernement Sauvages. Ils
ont pour armes de longues piques avec
une pointe de bois endurcie au feu, &
des fleches avec des pointes de caillou.
Ils mangent le poisson crud. Ils troquent
leurs perles, dont toute la côte est pleine, d'autant plus que la pêche en est
défendue aux Espagnols & aux Indiens
conquis, pour des couteaux & autres
bagatelles, n'ayant aucune connoissance des monnoies.

L'Auteur de ces Relations ne parle
point de leur religion, & quels fruits
produit la terre, comme choses qui
n'appartiennent pas à son métier de Navigateur : mais on me dit, qu'ils sont
Idolatres, comme tous les autres, &
qu'ils se nourrissent de la chasse, de racines, d'herbes, de figues des Indes,
qu'ils appellent Pitaxayas ou Tunas,
dont le pays est fort rempli.

Cette Escadre employa plusieurs
mois à faire le voyage jusqu'au Cap
Mendocin, qui est au quarante-uniéme

degré vingt minutes , & dont on voit
le sommet sans arbres , & toûjours couvert de neges ; mais le grand froid y
ayant fait mourir beaucoup de monde,
le reste s'en revint malade. Ils se virent contraints de revenir, quand ils
furent arrivez à ce Cap , quoiqu'ils eussent découvert plus loin, un autre pointe de terre, qu'ils appellerent le Cap
Blanc , & que l'on voit dans les Cartes
au quarante-troisiéme degré.

En 1684. le Marquis de la Laguna
Vice-Roi de la nouvelle Espagne y envoya une autre Escadre avec plusieurs
Missionnaires , pour retirer ces peuples
dès tenebres de l'Idolatrie : mais elle
ne passa pas le Cap de Saint Lucar,
qui est situé au vingt-deuxiéme degré ,
& étant entré ensuite dans le Canal ,
elle y fit cent quatre-vingt-deux lieues
de chemin , jusqu'au vingt-neuviéme
degrez, qu'elle le trouva étroit de sept
lieues , & s'en retourna, crainte des seches & des courans , qui étoient d'une
très-grande violence dans ce détroit.
Ces courans firent conjecturer que ce
Canal avoit communication avec la
Mer Septentrionale, & que la Californie étoit une Isle. Mais au contraire ,
les seches, le manque d'eau, le Canal

étroit faisoient connoître que l'on ne
pouvoit pas aller plus loin, & que la
Californie est terre ferme. On ajoûte à cela que cette terre ferme confine avec la grande Tartarie, & les Jesuites de Pekin, Macao & Canton, m'ont
dit que lorsque le Pere Martin Martinez étoit Missionnaire à Pekin, on lui
amena une esclave Mexiquaine Chrétienne, qui étant allée à confesse à lui
& étant interrogée touchant son escla-
vage, lui dit, qu'elle avoit été faite esclave très-jeune au Mexique, & que de
là on la conduisit par terre dans la grande Tartarie, & enfin dans la Chine.
De plus, que dans ce long voyage, elle
avoit quelquefois été en bateau, mais
seulement pour passer quelque canal,
ou quelque détroit de deux jours au
plus de traverse. On croit que c'est celui d'Aynan, par lequel on dit qu'un
Navire Hollandois a passé dans la Mer
Septentrionale. L'Escadre étant de retour mouilla dans la Baïe & le Port de
Saint Barnabé, sur la rive duquel on
fit une espece de camp avec des cabannes, où les pauvres Indiens venoient
plutôt pour chasser la faim de leurs
corps, que pour guerir la maladie de
leurs ames. Ils dévoroient tout ce que

les Espagnols leur donnoient, mais re-fusoient les habits qu'on leur offroit pour couvrir leur nudité.

Il y avoit sur nôtre vaisseau un Re-ligieux de Saint Jean de Dieu, qui s'é-toit trouvé dans cet escadre, & qui me dit, qu'on n'executa point l'intention du Roi, parce que le Commandant passa inutilement cinq mois au Cap, dont nous avons parlé, faisant seule-ment son profit en prenant de bonnes perles de ces malheureux, pour de mé-chantes bagatelles. Il ajoûta que les In-diens n'apportoient au camp que du poisson, (qu'ils mangent ordinairement crud) des racines & des herbes ; & qu'avant de partir, le Commandant, pour se vanger de la mort d'un de ses gens que ces Barbares avoient tué, fit charger un canon avec des balles de mousquet, & lorsque ces malheureux furent venus pour ramasser le reste des Espagnols, il le fit tirer sur eux, dont il y en eût deux de morts, & plusieurs de blessez. On ne doit pas douter pre-sentement que les Europeans qui iront dans ces endroits là, n'y soient mal reçûs.

Nous fimes route ensuite au Sud-Est avec un petit vent de Nord-Ouest, afin

de traverser le Canal de Californie. Le
Samedi on fit le Sud-Est $\frac{1}{4}$ Est avec un
bon vent, & l'on perdit la terre de vûe.
On trouva la hauteur de vingt-un degrez trente-deux minutes. On mit ensuite le cap à l'Est-Sud-Est, & l'on fit
assez de chemin la nuit avec un fort
vent de Nord : le vent s'abatit entierement le Dimanche , & puis il s'éleva
un petit Nord-Nord-Est , & la latitude
fut de vingt degrez quarante-cinq minutes. Comme l'on trouva que le courant avoit trop éloigné de terre le Ga-
lion , on fit l'Est $\frac{1}{4}$ Sud-Est avec un petit vent.

Ce fut pour cela que le Lundi nous
ne vîmes point les Isles qu'on appelle
les trois Maries , comme on le croyoit,
puisque nôtre vaisseau étoit à quarante lieues du Cap de Saint-Lucar , & à
vingt de celui de Corrientes, qui forment l'embouchure du Canal. Ces trois
Isles ne font qu'à dix lieues de l'embouchure Nord-Ouest & Sud-Est. Il y
a beaucoup de bons arbres ; on y trouve de l'eau ; la chasse y est abondante;
ce qui fait que les Corsaires François &
Anglois qui ont passé par le Détroit de
Magellan, pour piller dans la Mer du
Sud, y viennent hyverner. On trouva

la hauteur de vingt degrez vingt-quatre minutes, parce que nous avions presque toûjours été dans le calme. La nuit il fit fort peu de vent.

Le Mardi premier jour de l'an 1697. le calme revint, & l'on vit au tour du Galion quantité de Lobillos qui hauffoient la queue & les pieds en l'air, comme des chiens de Saltinbangues. On prit cinq bonnes tortues, dont la chair est toute semblable à celle de la vache, mais n'a pas le même goût que les nôtres d'Europe. La hauteur fut de vingt degrez onze minutes, & le calme continua toute la nuit. Le Mercredi on mit la Chaloupe en mer, & l'on prit sept tortues qui flotoient endormies, on prit aussi quelques Requins, & quelques dorades avec le harpon. La latitude se trouva 20. degrez 5. minutes. Vers le soir on eut un vent de Nord-Ouest, qui la nuit passa au Nord, & avançant ainsi nous découvrimes le Jeudi matin, le terroir de la nouvelle Espagne, bien au-delà du Cap de Corrientes. Toute la côte est habitée par des Indiens qui sont fort pacifiques, en commançant au vingtiéme degré cinquante-cinq minutes. Nous ne pûmes approcher de terre, parce que le courant nous en éloignoit,

& pour ne pas tomber sur certaines seches qui sont vis-à-vis le Cap. On prit hauteur, & l'on ne trouva que trois minutes de moins ; & cela, parce que nous avions toûjours fait l'Est, & puis l'Est ¼ Sud-Est. Nous mîmes donc le Cap à l'Est-Sud-Est pour nous approcher de terre, & y laisser celui qui devoit porter le paquet à Mexico. Nous fûmes le long de la côte, où l'on voit une chaîne de très-hautes montagnes qu'on appelle de *Sametla*. Le peu de vent que nous avions cessa pendant la nuit, & nous nous trouvâmes le Vendredi fort peu avancez. Le Nord-Ouest que les Espagnols appellent *Virazon*, étant revenu, nous fûmes doucement, pendant toute la journée, le long de ces montagnes, qu'on dit être remplies de mines d'or & d'argent, & nous vîmes autour du Galion quantité de serpens de diverses couleurs, que le courant des rivieres avoit entrainez.

L'on tira plusieurs coups de mousquet avant la nuit, pour avertir la Galiote, qu'on a coûtume d'envoyer dans ces temps ci, d'Acapulco au devant du Galion, ou pour faire venir quelque barque d'Indiens avec des rafraîchissemens : mais tout cela fut inutile ; &

feulement fur le foir, on vit deux feux fur ces hautes & fteriles montagnes, qu'on jugea être des feux de Payfans.

Le vent continua à foufler pendant la nuit, tantôt Nord-Oueft, & tantôt Sud-Oueft. Le Samedi matin on mit la chaloupe en mer, pour mettre à terre celui qui devoit porter les lettres pour Mexico & pour Madrid. Le Pere Borgia Jefuite, qui avoit le fcorbut, & plufieurs autres malades s'y embarque-rent auffi. La nouvelle en eft cependant fçûe à Mexico auparavant par le Courier qu'y envoie l'Alcalde de Chia-mela, auffi-tôt que la Sentinelle qui eft fur le fommet des montagnes ap-perçoit quelque vaiffeau en mer. Sur cet avis incertain de l'Alcalde, touchant un grand Navire que l'on aura vû, & qui peut être ennemi, on commence à faire des prieres à Mexico, jufqu'à ce que celui qui apporte les lettres, foit arrivé; & à fon arrivée on fonne toutes les cloches, en figne de rejouif-fance; & cette fonnerie continue juf-qu'à ce que le troifiéme courier venant d'Acapulco, apporte au Vice-Roi la nouvelle de l'arrivée du Galion de la Chine dans ledit Port. On fait de pa-reilles rejouiffances lorfque la Flote arrive, les Bourgeois n'y étant pas moins interressez ; & la même chose à Manille au retour du Galion.

Le Port de la Nativité est au dix-neuviéme degré trente-trois minutes, & a de l'eau assez pour toutes sortes de vaisseaux, mais il y a un rocher à son entrée. Celui de Chiamela, n'est que pour de petites barques ; il est cependant grand, & couvert de plusieurs Isles au Sud-Est & au Nord-Ouest, & par la terre ferme. On y trouve beaucoup de perles & de bon poisson. Tout ce pays depuis le Cap Corrientes jusqu'au port de la Nativité, porte le nom de la nouvelle Galice, & est habité par des Indiens conquis.

Après le calme, que l'on a ordinairement tous les matins sur cette côte, vient la Virazon du Sud-Ouest au Nord-Ouest. Nous fimes pendant la nuit le Sud-Est le long de la côte. Le Dimanche nous continuâmes à faire les quatre-vingt lieues que l'on compte de la Nativité à Acapulco ; mais que les Pilotes disent ce qu'ils voudront, il y en a bien cent cinquante. On tira un coup de canon pour avertir les gardes de la côte, que le vaisseau étoit ami. Sur le soir nous nous trouvâmes vis-

à

à-vis le Port & le Village de Salagua.

Le Lundi on fit le Sud-Est avec un Ouest-Nord-Ouest, & avant midi on se trouva vis à-vis le port & le volcan de Colima, où l'on fait beaucoup de sel aussi-bien qu'à Salagua. Continuant toûjours à côtoyer ces montagnes chauves & escarpées, nous arrivâmes le soir à la côte de Motines, ou Montines, comme certains le veulent, à cause que pendant sept lieues on trouve toûjours les montagnes égales. Le Pays est presque toûjours désert, & à peine trouve-t-on un Village au bout de quelques journées de chemin. On fit la même route le Mardi, mais après deux lieues, ce peu de vent que nous avions cessa. Il s'éleva le soir un petit Sud-Ouest, mais qui dura si peu, que nous n'avançâmes point du tout. Ce quartier de los Motines est un vrai lieu de calmes, on y voit le jour un Ciel sans nuages, & la nuit une clarté d'étoiles incroyable, sur tout après le temps des pluies, qui commencent en Juin, & finissent avec Decembre.

Le Mercredi nous fumes encore dans le même calme, & nous sentimes une chaleur aussi grande que celle des jours Caniculaires en Italie. Un vent de Nord.

Oueſt s'éleva ſur le ſoir & dura quelques heures : le lendemain calme encore, & le ſoir un petit Nord-Oueſt qui dura peu. On eût le même ſort le Vendredi, & nous eûmes au commencement de la nuit un vent qui nous amena devant le port & le Village de Siguataneio, qui a trois écueils à ſon entrée. On y pêche de belles perles, & on y fait du ſel. Depuis cet endroit le pays commence à être moins ſterile, les montagnes ſont couvertes de quelques petits arbres, & la mer a du poiſſon de differentes eſpeces, dont nous voyions des troupes autour du vaiſſeau.

Le vent de Nord qui eſt ordinaire en cette ſaiſon ſur la côte, nous fit peu avancer pendant la nuit, parce qu'il n'étoit pas des plus favorables ; & le Samedi matin nous étions encore vis-à-vis de Siguataneio. Il ceſſa enſuite tout-à-fait, ce qui nous fit reſter toute la nuit dans le même endroit, avec une chaleur inſuportable.

Le Dimanche nous eûmes un vent tout-à-fait contraire, & on ne fit autre choſe que de pêcher des Cachoretas, dont la côte eſt pleine. Enfin après tant de mois, on jetta l'ancre à demi lieue de terre, mais la nuit on fut fort incommodé d'une quantité de couſins &

de petites mouches qui mordoient comme des enragées.

Le calme continua encore le Lundi, & quand le vent s'élevoit, il étoit contraire, ce qui nous faisoit rester dans le même endroit. Le cap tantôt à l'Est, & tantôt à l'Est-Sud-Est, selon les caps qu'il falloit doubler.

Le Mardi on eut un vent de Nord qui fit beaucoup avancer le vaisseau. La chaloupe revint avec peu de rafraîchissemens, & nous aprimes que celui qui portoit le paquet, n'ayant pû trouver de chevaux à la Nativité ; s'étoit fait conduire à Siguataneio, où des pêcheurs lui avoient fourni des montures pour Mexico, & que les autres s'étoient mis en chemin, les uns par terre, & les autres par mer. On sçût aussi que la Flote étoit arrivée au Port de la Vera Cruz avec le Comte de Cañette Vice-Roi du Perou, & le Comte de Montezuma pour le Mexique, qui avoient eu du bruit avant de mettre pied à terre. Sur le soir nous passâmes Salina, pays qui dépend de l'Alcalde Major de Patatan, qui est un endroit éloigné de quelques lieues dans les vallées. C'est dans cet endroit que croit la meilleure Vanille, qui n'est pas d'un petit profit à l'Alcalde, aussi bien

que le cacao & la pêche des perles. Le
vent étant pendant la nuit tantôt Nord,
tantôt Eſt-Nord-Eſt, & le courant contraire, nous reculâmes plutôt que d'a-
vancer ; & cela continuant encore le
Mercredi, nous ne pûmes paſſer le Port
de Patatan, où peuvent entrer de gros
vaiſſeaux.

Le calme dura pendant la nuit, & le
même vent contraire le Jeudi matin,
mais après dîner nous eûmes un Sud-
Oueſt, qui nous fit avancer & paſſer la
côte del Calvario, où l'on trouve beaucoup d'arbres de cacao & d'excellente
Vanille.

On fit pendant la nuit l'Eſt-Sud-Eſt
avec un vent de Nord, de ſorte que le
Vendredi dix-huit nous nous trouvâmes à la vûe du Port d'Acapulco. Le
premier Pilote avoit le ſcorbut & le
Berben, qui le mettoient en grand danger. Sur le midi nous eûmes un bon
Sud-Oueſt qui nous fit bien avancer.
Pendant que nous allions le long de la
côte de Coyuccia, nous apperçûmes
une Pirague, ou grande barque quive-
noit vers nous. Lorſqu'elle nous eût
abordé, nous trouvâmes que c'étoit des
rafraîchiſſemens, ſçavoir, un bœuf, des
poules, du pain, des confitures & des

limons , que le Gouverneur & Dom François Mecca envoyoient au Général ; outre plusieurs choses pour les particuliers , de sorte que chacun eût dequoi se rafraîchir. Le vent de Nord qui soufla pendant toute la nuit , nous fit faire l'Est $\frac{1}{4}$ Sud-Est, & nous porta vis-à-vis le Village & le Port de Coyucca; dont la côte pendant quatorze lieues est pleine de cocos, de cacao, de Vanille , & de plusieurs autres choses. Le vent se trouvant favorable nous entrâmes par la grande embouchure dans le Port d'Acapulco, & nous y mouillâmes à cinq heures après midi. On passa toute la nuit à touer le vaisseau dans la Baie, de sorte qu'avant le jour on l'amarra à un gros arbre ; car quoique le Port soit bon, à l'abri de tous vents, cependant comme il est fait en limaçon, le vent, qui est bon pour entrer par le Sud Est & le Nord-Ouest, n'est pas propre pour le mettre en sûreté proche de terre.

Le Dimanche matin tout le monde réitera les embrassemens accompagnez de larmes de tendresse, se voyant dans le Port, après un penible voyage de deux cens quatre jours & cinq heures. On chanta le *Te Deum*, pour en rendre gra-

ces à Dieu & à sa très-Sainte Mere :
mais le Général n'eût pas la bonté de
le solemniser en faisant tirer quelques
coups de canon, disant pour ses raisons
qu'on lui feroit rendre compte de la
poudre à Manille. On salua le Château
de sept coups, & il répondit de trois,
en arborant le pavillon du Roi.

Je demandai aux Pilotes combien de
lieues & de degrez nous avions fait,
mais ils furent tous de differens avis :
& cela parce que l'on n'avoit pas na-
vigé en droite ligne, mais en serpen-
tant inutilement sur la mer. Pierre Fernandez Portugais, né à Madere, le premier Pilote, me dit, que nous avions
parcouru cent vingt-cinq degrez &
fait deux mille cinq cens lieues d'Espagne. Mais Isidore Montes d'Oca de
Seville son camarade, dit que c'étoit
cent trente degrez & environ trois mille lieues. Lorsqu'on fait voile d'Acapulco à Manille, on ne fait pas ce grand
tour, parce qu'après être descendu du
dix-septiéme degré au treize on continue le voyage sur le même parallele
jusqu'à Manille, avec vent en poupe,
& l'on y arrive heureusement en deux
mois & demi, ou trois tout au plus,
sans aucune tempête.

On peut prendre un autre chemin, en allant d'Acapulco au Cap Mendocin, & là mettre le cap aux Isles Marianes & à Manille, ils disent alors qu'on parcourt cent vingt-sept degrez, & que l'on fait deux mille cent cinquante-neuf lieues.

On attendit tout le Dimanche pour la visite des Officiers du Roi, afin de pouvoir mettre pied à terre. Ils vinrent sur les trois heures, sçavoir, le Gouverneur du Château, Dom François Mecca Controlleur, & le visiteur, à qui on donna la facture de la charge du Galion, pour regler les droits du Roi, qui se montoient à quatre-vingt mille pieces de huit, y compris le present que l'on fait au Vice-Roi ; on lui remit aussi le double des lettres pour Madrid, afin de les envoyer par un autre courier en toute diligence à Mexico. Lorsqu'ils eurent sçû qui j'étois, ils me firent mille civilitez. Aussi-tôt qu'ils furent partis, on porta à terre l'Image de la Sainte Vierge, & je l'accompagnai jusqu'à l'Eglise Paroissiale, au bruit du canon du vaisseau. Je retournai le soir coucher à bord du Galion, pour ne pas laisser à la garde d'un esclave mes hardes qui auroient pû être endommagez par fa negligence.

Je fus le Lundi à terre, où l'on me dit que la Sentinelle de Perou avoit découvert deux vaiſſeaux qui faiſoient voile pour ce port. Il faut ſçavoir que ſur une montagne proche de la Ville il y a deux ſentinelles, une qui regarde vers le Perou, & l'autre vers la Chine, afin de donner avis des vaiſſeaux qu'elles découvrent. On jugea que c'étoit le Vice-Amiral, & la Patache du Perou qui venoient prendre le Comte de Cañette nouveau Vice-Roi. Je dînai avec Dom François Mecca; & pendant que nous étions à table j'entendis un coup de canon. Je lui demandai ce que cela ſignifioit, & il me dit que c'étoit pour faire ſçavoir aux vaiſſeaux, qu'ils pouvoient entrer dans le port, s'ils étoient amis, & s'ils ne l'étoient pas, que les Eſpagnols étoient ſur leurs gardes & prêts à les recevoir. Le Gouverneur envoya le Major Arambolo avec la chaloupe de nôtre vaiſſeau pour les reconnoître, parce que celles des deux pataches du Perou qui étoient dans le port, n'étoient pas propres pour cela. Il eſt à propos que je m'arrête ici, afin de reprendre haleine, & de donner plus commodement mon dernier volume.

Fin du cinquiéme Volume.

TABLE.

DES MATIERES

DU TOME CINQUIE'ME.

Fin de la Table du Tome cinquième.